생활 속의 **금기어** 이야기

생활 속의 금기어 이야기

허 재 영 지음

도서출판 **역락**

목 차

펼치는 글 : 문화와 사회적 산물로서 금기어

　이 책은 한국인의 금기어를 살피고자 한 책이다. 글쓴이는 사회언어학에 깊은 관심을 갖고 있었는데, 사회언어학은 언어 이론 면에서의 엄격한 규칙을 탈피하여, 통계 및 사회 구성원의 관념을 중시한다는 특징이 있다.

　금기어는 문화적인 산물이다. 특히 사회 구성원의 사고 방식이 금기어를 낳는 중요한 요인이 된다. 이 점에서 금기어를 살피는 것은 당시 사회 구조나 사람들의 의식을 살피는 것과도 같은 의미를 지닌다. 서양 사학자들 가운데, 중세사를 연구하는 사람들은 흔히 ‘정신사’라는 말을 쓴다. 이들은 정신사가 중세 봉건 사회에 잘 어울리는 말이라고 설명하고는 하는데, 이 때 쓰이는 정신사의 개념은 ‘사람들의 의식 속에 좀처럼 바뀌지 않고 남아 있는 의식의 세계가 역사적으로 이어진 것’이란 뜻을 갖는다. 물론 정신사는 매우 추상적이기 때문에 많은 사람들로부터 반박을 받기도 한다. 더욱이 현대에 이르러서는 사람들의 공통된 의식이란 거의 존재하지 않는 것처럼 보이기 때문에 정신사라는 말 자체가 무의미하다.

　그러나 금기어 발생의 심리를 따져본다면, 하나의 민족이 갖고 있는 정신 세계를 탐구할 수 있다. 민족성이라든가 민족 문화라는 수식어를 쓰지 않더라도, 한 민족이 갖고 있는 의식의 세계는 독특함을 이룰 수 있다. 이는 역사적인 조건이나 지리적 환경과도 밀접한 관련을 맺는다. 유의할 점은 이와 같은 정신 세계를 따질 때 선입관을 가져서는 안된다는 점이다. 선입관 가운데 가장 보편적인 형태는 ‘민족성’ 논의에서 나타난 바대로 ‘어느 민족은 어떠어떠한 성격을 갖고 있으므로 못난 민족’이라는 사고 방식이다. 우리 민족의 경우도 일제 관학자들에 의해 이와 같은 민족성 논의가 제기된 바 있었다. 특히 일인들은 자신들의 조선 지배를 정당화하기 위한 목적에서, 한국사를 왜곡하고, 한국 민족의 성격이 열악한 것처럼 선전했다. 이들은 고도의 학문 방법을 도입하여, 좀처럼 비판 정신을 갖지 않는다면 이와 같은 논의가 사실인 것처럼 믿

을 수밖에 없을 정도로 정교한 논리를 개발했다. 흔히 '한국인의 정서
는 한(恨)'이라 말하는 것도 이와 같은 식민 사관의 유산일 가능성이
높다. 일인들에 따르면, 우리 민족은 외침이 많았고, 당파성과 사대성
이 강했기 때문에 타율적이고 한스러운 일이 많은 민족이라는 것이다.

　이와 같은 논리가 사실이 될 수는 없다. 이 글에서 글쓴이는 금기 발
생 과정과 금기어의 모습을 통해 우리 민족의 삶의 모습을 좀더 사실적
으로 탐구해 보고자 했다. 틀림없는 것은 금기 발생은 어느 민족의 민
족성을 나타내는 징표는 아니라는 것이다. 더욱이 민족의 특성이, 저절
로 생겨나는 것이 아니라 사회 문화적인 산물임을 생각한다면, 금기어
의 모습도 이와 유사한 성격을 띤다고 할 수 있다. 그렇기 때문에 금기
발생의 심리가 세계적으로 보편성을 띤다 하더라도 민족에 따른 독특한
금기어가 생기는 것이다. 이는 시대적인 상황도 마찬가지이다. 원시인
이라고 해서 더 많은 금기어를 갖고 있는 것도 아니고, 현대인이라고
금기어가 적은 것도 아니다. 곧 금기 발생은 보편성을 띤다. 단지 환경
속에서 변화의 과정을 거칠 따름이다. 그런데도 일부 학자들은 금기어
는 원시적인 사회 모습을 띠고 있다고 강변하거나, 한국인의 정서는 어
떻다는 식의 주장을 펼치곤 한다. 이 또한 식민 교육의 잔재일 가능성
이 높다.

　금기는 사회와 문화의 산물이다. 이를 모으고, 합리적으로 풀이하는
일은 나름대로 가치가 있는 일일 것이다. 다만 글쓴이의 재주없음으로
말미암아 좀더 폭넓고 재미있는 글이 되지 못한 아쉬움도 남는다. 그럼
에도 기꺼이 책을 펴내 주신 이대현 사장님, 그리고 역락 식구들께 고
마운 말씀을 올리고자 한다.

2000년 9월

검단산 아래에서　지은이 적음

<table>
<tr><td>첫째 마당</td><td>규범과 윤리</td></tr>
</table>

규범과 윤리는 사회를 유지해 나가는 기본 틀이 된다. 따라서 이를 지키지 않으면 제재를 받게 되는데, 직접적인 제재를 회피하고 싶은 욕망에서 금기어가 생겨나기도 한다. 여기 모은 것들은 집안이나 이웃간에 지켜야 할 규범으로부터 생겨난 금기어이다. 간혹은 낱말을 파생시키기도 하는데, 강원 지방에서는 고집세고 남의 말을 듣지 않는 사람을 일컬어 '곤조통이 될래?'라고 말하는 경우가 있다. 이 말은 사전에 올림말로 올라 있지 않기 때문에 어디에서 파생되었느지는 알 수 없으나, 그런 사람이 되어서는 안된다는 뜻으로 해석된다. 금기어 가운데는 윤리 규범에 어긋나면 벌을 받는다는 뜻의 말들이 상당히 많은 편이다

1. 가족 윤리

- 자식 둔 놈 도둑놈 흉 못본다
- 자식 둔 사람은 앞쩖은 소리를 하지 말아야 한다
- 매를 아끼면 자식을 버린다

맹모삼천지교란 말이 있다. 맹자의 어머니가 맹자를 가르치기 위해 세 번이나 이사를 했다는 뜻이다. 비슷한 경우로 한석봉의 어머니에

얽힌 일화가 전해져 온다. 그만큼 자식 교육이 힘들다는 뜻이리라. 그래서인지 우리말에는 자식 교육과 관련된 말들이 매우 많다. 그 가운데 하나가 '팔불출(八不出)'이란 말이다. 팔불출은 한자로 풀면 '못난 놈'이 된다. 그러니 '이러이러한 일을 하는 놈은 못난 놈'이란 뜻이 된다.

팔불출 가운데 으뜸은 단연코 마누라 자랑과 자식 자랑이다. 마누라 자랑은 오죽 못났으면 마누라 자랑인가라고 하듯이 가장 하찮은 계집 자랑에 열을 올린다는 뜻이다. 물론 여권 운동가들이 볼 때에는 매우 마땅치 않은 표현이 될 것이다. 더욱이 오늘날에는 아내도 잘 만나야 자신이 하고자 하는 일을 잘 할 수 있는 세상이 아닌가. 어떻든 불출 가운데 하나가 자식 자랑이다. 자식 자랑은 결국 자식의 앞날을 예측할 수 없기 때문에 조심스러워야 한다는 뜻이다. 그렇기 때문에 자식 둔 놈은 도둑놈 보고도 함부로 말하지 못한다 했다. 뿐만 아니라 남의 작은 허물을 탓했다가 자식이 더 큰 허물을 지을 때에는 그만큼 망신스러운 일도 없다. 또한 '자식도 품안에 있을 때 자식'이란 말도 있지 않은가. 그러니 '자식 없는게 상팔자'라는 말이 나옴직도 하다. 흔히 자식의 잘못은 부모의 탓으로 돌리는 풍조가 있지 않은가. 그렇기에 '자식 씨와 감자씨는 못 속인다'거나 '자식 수치가 부모 수치다'라는 말을 한다. 뿐만 아니다. '호로자식'이란 말이 있는데, 이 말은 오랑캐처럼 못돼 먹은 녀석, 곧 애비없는 자식을 뜻하는 말이었다.

'매를 아끼면 자식을 망친다'는 말은 한국식 교육의 특징을 가장 잘 드러내 주는 말일지도 모른다. 어찌본다면 이 말은 지극히 당연한 말이므로 금기어라 볼 필요도 없다. 단지 '…하지 말라'는 의미에서 금기 사항이 될 따름이고, 교훈적인 경계 사항일 따름이다. 그러나 사랑의 매는 가장 흔히 쓰이는 교육 방법 가운데 하나였다. 그렇기에 훌륭한 어머니는 엄한 어머니가 많았다. 물론 이러한 교육 방법을 고집하고 맹신하는 것이 옳은지는 생각해 볼 일이다. 때로는 매가 필요

할 때도 있다. 그렇지만 매가 오히려 역효과를 가져올 수도 있음은 교육자들 사이에서 경험으로 증명된다. 더욱이 오늘날의 가족 모습은 핵가족이란 표현을 쓰기도 힘들 정도로 단출하지 않은가. 그렇기에 '아들 딸 구별 말고 둘씩 낳아 잘 기르자'는 말도 듣기 힘든 세상이 된 듯하다. '무남독녀' 또는 '외아들' '삼대 독자' 따위의 말들도 점차 의미를 잃어 가고 있다. 그런 현실에서 매로 아이들을 가르치고 윽박 지른다는 것은 가장 비교육적인 방법을 맹신하는 것에 불과할 지도 모른다. 금기어는 일정 시대의 세태를 반영하듯이, 오늘날의 현실에 비추어 본다면 또다른 금기어가 만들어 질 수 있는 시대일지도 모른다. 그렇다면 '매를 아끼면 자식을 버린다'가 아니라 '한 대의 매가 자식을 버린다.'는 말이 어울리는 시대가 되었는지도 모른다.

2. 시집살이

- 시집가서 그 해에 사발을 깨면 일 년에 한번씩 깬다
- 시집갈 때 남의 이불 해가면 남편될 사람과 이별한다
- 시어머니 웃음은 두고 보아야 안다

처녀가 시집을 가면 시집 식구는 누구든 부담스런 사람들이다. 더욱이 얼굴도 모른 채 남편을 맞이하고는 지독한 시집살이에 접어들기 일쑤였다. 물론 모든 집안이 다 그런 것은 아니지만 시집살이가 지독했던 것은 민요에도 나타난다. 그렇기에 시부모나 시집과 관련된 금기어가 생겨나게 된다.

그 가운데 시어머니의 웃음을 조심하란 뜻에서 '시어머니 웃음은 두고 봐야 안다'는 말이 생겼는데, 이 말 속에는 시어머니가 웃는 모습이 진정한 웃음인지 아니면 두고 보라는 웃음인지를 살펴야 한다는 뜻이다. 이 말 속에는 아무리 작은 일이라도 시어머니 앞에서는 조심

하고 삼가란 뜻이 담겨 있다. 고부간의 갈등은 예전이라면 며느리보다는 시어머니쪽이 더 드센 편이었다. 그렇기 때문에 시어머니와 관련된 말들이 비교적 많이 생겨난다. 이 말은 물론 금기어라 볼 수는 없다. 하지만 며느리에게 시어머니가 얼마나 조심스럽고 대하기 힘든 사람인가를 간접적으로 드러낸다.

- 시어머니 드센 집 강아지 꼴이다
- 시어머니에게 역정나서 개 배때기 찬다
- 시어미가 죽으면 안방이 내 차지
- 시어미 미워서 개 배때기 찬다
- 시어머니 역정에 배 밥구유 찬다
- 시어미 죽을 날도 있다
- 시어미 죽고 처음이다.(오랫만에 기분 좋은 일이란 뜻)

이러한 말들은 시어머니와 며느리의 불편한 관계에서 비롯된 말이다. 이런 말들 속에는 대체로 시어머니에게 역정을 개에게 화풀이하는 내용으로 되어 있다. 그러나 때로는 시어머니라도 며느리의 입장을 이해해 준다는 뜻의 속담도 있다.

- 어머니 생긴 조왕 며느리도 생긴다(시어머니 쓰던 부엌을 며느리도 쓰게 된다는 뜻으로 시어머니는 자기 과거를 생각하며 며느리를 아끼라는 뜻)
- 시어머니 죽기를 기다렸더니 죽고 나니 생각난다.(살아서 밉던 어머니도 죽고 나니 그립다는 뜻)

이러한 가족 관계에서 며느리는 시어머니에게 행동을 삼가고 조심해야 한다. 그렇기 때문에 시어머니 웃음은 두고 보아야 한다는 금기어가 생긴 것이다. 곧 함부로 판단하지 말라는 뜻이다. 이 뿐 아니라 시집살이의 어려움을 나타내는 금기어도 비교적 많다. 흔히 귀머거리

삼년, 벙어리 삼년이라 한다. 그만큼 말조심을 해야 하고, 보아도 못
본 척해야 한다는 뜻이다. 이런 뜻에서 나온 말로는 다음과 같은 것
들이 있다.

- 시집 밥은 피밥이요 친정밥은 쌀밥이다(시집살이 하는 것보
  다 소박 맞고 친정살이 하는 편이 낫다는 표현)
- 때리는 시어미보다 말리는 시누이가 더 밉다

  어떻든 시집 식구들은 여러모로 며느리에게 힘든 존재이다. 다만
삼종지도의 도리에 따라 자식이 생겨났을 때에는 다소 여유가 생기는
것이 사실이다. 그렇기에 '시어머니 앞에서도 아이 젖 핑계하고 눕는
다'는 말이 있다. 이 말은 뒤집어 풀이하면 시어미 앞에서는 누울 수
없다는 말이 된다.

  시집 식구 가운데 가장 대하기 껄끄러운 존재는 시누이다. 그래서
인지 '때리는 시어미보다 말리는 시누이가 더 밉다'고 했다. 또한 금
기어로 볼 수는 없겠지만 '올케는 시누이 자식을 키우지 못한다'는 말
도 생겨났다. 시누이에게 흠잡히면 될 일도 안되는 것이며, 또한 평
소 시누이와 올케 사이는 편안할 수 없다는 의미도 된다. 반면 시집
식구 중에서 며느리에게 가장 호의적인 사람은 시아버지로 표현된다.
그렇기에 '며느리 사랑은 시아버지 사랑'이란 말도 있다. 그러나 엄격
히 따지자면 시아버지야말로 그 집에서 가장 어려운 사람이다. 아무
리 며느리를 귀엽게 대한다손 치더라도 집안에서 가장 어른인 시아버
지야말로 호랑이보다도 무서운 존재가 될 수 있다. '외나무 다리 어
렵대야 시아버지 같이 어려우랴. 시어머니 꾸중새요, 시아버지 호랑
새'라던 시집살이 민요만 보아도 며느리의 가족 관계는 또 다른 설명
이 필요없을 정도라 할 것이다. 그렇기에 '시아버지 보는 앞에선 젖
도 함부로 못 먹이는' 것이다. 젖을 먹이다 보면 몸 가운데 일부를
드러낼 수밖에 없을테고, 그 모습이 눈밖에 날 수도 있는 것이다.

그러니 자연 긴장할 수밖에 없고, 불안한 심리가 아이에게 전달될 우려도 있다. 어찌본다면 현대인의 육아 방식도 이와 유사한 성격을 띠는 것은 아니겠는가. 젖을 먹으면서 어머니의 심장 박동 소리를 들을 수 있고, 그것은 또 하나의 정서를 이루어 낸다. 그러나 오늘날 아름다움만 추구하는 많은 젊은 여성들이 자신의 미모를 위해 모유 대신 우유만을 선호하는 경향이 높다고 한다. 몇 해전 우유를 먹는 아이들이 모유를 먹는 아이들에 비해 성격이 급하고 과격한 면을 보인다는 연구 결과가 나온 적이 있었다. 실제로 우유를 먹는 아이들이 손가락을 빠는 습관을 갖거나 자주 뒤척이는 버릇을 갖고 있다는 것은 아이를 길러본 사람이라면 쉽게 깨달을 수 있을 것이다. 그렇다면 오늘날 수많은 인간 파괴 현상들이 어쩌면 우유병을 빠는 아이들로부터 비롯된다고 추측하면 지나친 억측일까? 다행히 요즘 모유를 먹이자는 운동이 확산되고 있다는 이야기도 들린다. 이야기가 다소 빗나갔지만 금기 풍속은 다의적으로 해석해 보면 어떤 면에서는 그에 알맞는 합리적인 문화 풍토가 자리잡고 있는 듯하다.

행동이나 윤리와 관계되는 가족 질서로 며느리가 이질적인 존재가 되는 것은 당연한 일이다. 며느리는 자기 혈육이 아니다. 결혼과 이혼이 자유 의사에 의해 결정되는 현대인들은 '등 돌리면 남남'이라는 말까지 할 수 있는 정도니까, 한국 사회에서 며느리의 위치는 쉽게 짐작이 갈 수 있다. 어원 연구를 한 일부 학자들 사이에서는 '며느리'의 어원을 '메(밥)'와 '나리(나르다)'가 합쳐진 말로 보는 견해도 있다. 물론 이와 같은 어원이 타당한 지는 의심할 여지가 있다. 그러나 가족 관계로 볼 때 이와 같은 견해도 상당한 근거를 갖는 셈이다.

그렇지만 문학에서는 다르다. 곧 시아버지와 며느리 사이가 나쁘게 설정되는 경우가 거의 없다. 이는 아마도 문학적 현실이 인간의 욕망을 바탕으로 했기 때문일 것으로 보인다. 가장 엄한 시아버지이지만 그 시아버지가 며느리의 옹호자가 될 때, 그 가족은 비로소 안정을 얻을 수 있는 것이 아니겠는가. 이런 점에서 김정한의 〈옥심이〉라는 작품을 소개해 보고자 한다. 작품 내용은 문둥병에 걸린 천수의 아내 (옥심이)가 바람을 피우다가 가출을 한다. 그러나 시간이 흐름에 따라 자식을 보고 싶어 견딜 수 없는 옥심이는 다시 집을 찾아 들어온다. 이 과정에서 진정 며느리를 이해하는 사람은 시아버지이다. 이 소설의 결말은 다음과 같이 끝난다.

" 왜 도로 왔어?"
" 수복이를 못 잊겠어요...."
옥심의 느낌은 더욱 커졌다. 길다란 한숨이 줄곧 터져 올랐다. 허서방(시아버지)은 그렇게 되리라고 생각하던 것이 결국 그렇게 되었다는 듯이 고개만 두어번 끄덕거리고는 , 다시 며느리를 추켜 일으켰다.
" 아이고 저런 웅천 좀 봐! 그만 또 속는구먼. 애도 곤도 없는 바보지 뭐야"
마누라의 빈정거리는 소리가 들리자 허서방은 곁에 있는 지게 작대기를 들어서 안방 쪽을 보고 핑 내던졌다.
"예끼 이 가살이 같은년"
작대기가 밑창살을 지끈 부수고 방안으로 튀어들어가자, 아내는 그만 쥐 죽은 것 같이 끽소리가 없어졌다.
그러나 천수는 참다 못해 아버지에게 와락 덤벼들어 옥심이를 몰아내려 했다.
" 이놈이 미쳤나!"
허서방은 아들을 힘대로 떠밀쳐버렸다. 천수는 두어발이나 나가자빠지면서,
" 그 더런 잡년을 이 집에 떠 두겠단 말씀요? 집안이 망하려니 참..."
천수는 연방 악담을 하며, 분에 받쳐서 전신을 와들와들 떨어댔다.
"너나 나가거라! 이 더러운 놈아! 그렇지 않으면 이 애비를

　　좋게 잡아 먹든지! 전라도 소록도가 그렇게도 무섭더냐? 이
　　소같은 놈아!"

(이하 생략)
-------김정한 〈옥심이〉 1936 〔조선일보〕

이 작품에서도 엄한 듯 하면서도 집안을 가장 냉정하게 판단하고 있
던 사람은 바로 시아버지였다. 이는 달리 말한다면 엄격함과 다정함
이라는 상반된 감정이 하나로 통일될 수 있음을 의미하는 것이라 할
수 있다.

　시집살이의 어려움은 여러가지 또다른 금기어를 낳았다. 그 가운데
는 시집 가는 것 자체를 조심해야 한다는 표현이 있는데, 시집가서
그릇을 깨면 일년에 한번씩 깬다거나, 시집갈 때 남의 이불을 해 가
면 남편과 이별한다는 따위의 말이 이 경우에 속한다. 그릇을 깨는
것은 시어머니에게 가장 미움을 받을 일에 속하며, 남편과의 이별은
수절해야 하는 여성의 감옥을 의미한다. 물론 오늘날이야 이런 풍경
이나 금기어는 유명무실한 표현일 따름이다. 다만 아직도 옛 말대로
시집갈 때 혼수를 잘못 해가면 운수가 사납다는 말을 곧잘 들을 수
있다. 아마도 이런 말들은 옛 관습에서 온 말일 듯하다. 오히려 오늘
날은 시부모가 며느리살이를 해야 하는 시대가 되었는지도 모른다.
며느리는 외출하고, 시어미는 며느리 눈치를 보면 손주를 보아야 하
는 세대, 어쩌면 이런 모습은 우리 시대 드라마에서 나타나는 현실이
아니라, 아파트 한 공간에서 흔히 일어나는 모습이 아니겠는가. 자
그러니 이제는 시부모님이 된 분들께 한 말씀 올려야 할 것 같다.
"며느님 앞에서 손주에게 무엇을 함부로 먹이면 나쁩니다."

3. 행동 조심을 일컫는 말

- 머리를 풀고 다니면 어머니가 돌아가신다
- 사람 머리를 타고 넘으면 키가 크지 않는다
- 머리를 서쪽(아랫목)에 두고 잠을 자면 어머니가 돌아가신다

우리 나라는 예법을 매우 중시했던 나라다. 그렇기 때문에 예법과 관련된 금기어가 매우 많다. 위에 적은 말들은 '머리'와 관련된 금기어이다. 예법과 머리 모양에서 단정한 행동을 요구하고자 한 것이라 볼 수 있다. 이 말들 속에서는 모두 평소의 생활에서 머리(신체에서 가장 중요한 부분의 뜻을 내포하는 의미로서)의 소중함을 담고 있다. '머리'라는 낱말은 두 가지 의미로 쓰인다. 곧 머리카락과 목 위 부분이 모두 머리로 쓰이는 것이다. 이 점에서 머리의 소중함은 머리카락을 단정히 하는 것과, 머리 자체를 소중히 하는 것을 모두 나타낸다.
  머리를 풀어헤친 모습이 금기어로 바뀐 과정은, 장례식 때 상제가 머리를 풀어헤치고 우는 모습에서 연상된 것이라 할 수 있다. 부모가 죽은 아이 – 어른도 마찬가지지만 –나 늙어 아무도 돌보는 이 없는 노인이야말로 가장 측은한 존재이다. 인간은 누구나 이와 같은 불행한 처지에 놓이기를 원하지 않을 수밖에 없다. 그렇기에 상제의 머리처럼 풀어 헤치는 것을 좋게 보지 않는 것이다. 한편 '머리를 타넘지 말라'는 말도 있다. 이 말 속에서도 머리의 소중함을 알 수 있는데, 특히 자신의 머리만큼이나 남의 머리도 소중히 볼 줄 알아야 하는 것은 인간의 도리상 당연한 일이다. 그렇기에 남을 존중하지 않는 행동을 하면 당사자에게 해를 줄 수 있다는 뜻에서 '남의 머리를 타넘으면 키가 크지 않는다'는 말을 쓰기도 한다. 뿐만 아니라 동향이나 남향, 위를 지향하는 한국인의 습성에서부터 '서향, 아랫목에 머리를 두는 것'은 세상살이를 거스르는 것이란 뜻이 생겨나기도 했다. 이러한 말들은 대체로 마음가짐이나 행동과 연관된 예법으로 해석할 수 있

다.

　이를 위해 예절과 관련된 몇 가지 개념을 알아두는 것이 편리할 것으로 보인다. 예절이란 다른 사람과 좋은 관계를 맺기 위한 자기 행동 규범을 말한다. 따라서 예절은 시대와 사람 관계에 따라 달리 나타날 수 있다. 그렇기에 많은 사람들은 예절의 성격을 다음과 같이 규정한다..

　　우리는 남과 더불어 살기 위하여 옛날부터 전해 내려오는 예의를 배워 익히고 몸소 실천하며, 때에 따라서는 이를 개선하고 보완하기도 한다. 또 생활 방식이란 변하고 발전하는 것이므로 그에 걸맞은 새로운 의례를 창안하여 보편화되면 그를 지켜 남과의 관계에서 자신을 지키는 규범으로 삼는다.(박동오, 〔현대인의 예절〕 동문사)

　금기어 가운데 이와 같은 예법을 빗댄 것도 수없이 많다. 위 아래 사람을 무시하는 행위나 의식주가 법도에서 벗어나면 불길하다는 따위의 말들이 모두 이러한 사상에서 연유한 것이라 할 수 있다. 이제 예절과 관련된 금기어를 알아보자. 먼저 예의범절이 드러나는 마음가짐과 관련된 표현을 살펴보자.

　예절은 마음의 표현에서 비롯된다. 상대방을 존중하는 의미와 함께 자신을 낮추는 겸손이 들어 있어야 예의가 드러날 수 있다. 그러기에 옛말에 "의로운 것을 보고도 행하지 않으면 용기가 없는 것이고, 악한 것을 보고도 다스리지 않으면 예의가 없는 것이다"라고 했다. 마음가짐이 바르지 못해 악한 마음을 먹으면 상대방을 해치거나 분에 넘치는 일을 하게 마련이다. 그렇기에 예절은 마음가짐으로부터 나온다. 따라서 마음을 바로 해야 한다는 뜻에서 〈나쁜 마음, 시기하는 마음을 갖지 말라〉는 금기어가 생겨난다. 심재기 교수는 이를 다음과 같이 유형별로 정리하고 있다.(〔국어어휘론〕 집문당)

〈부모 앞 조심〉
· 시아버지 앞에 아이 젖을 먹이면 나쁘다
· 부모 초상 때는 머리를 빗지 않는다
· 부모 앞에 방구 뀌면 밖에 나가 창피를 당한다

〈노인 / 어른을 대하는 태도〉
· 어른의 신을 아이가 신으면 해로운 일이 생긴다
· 어른에게 드릴 물을 자기부터 마시면 그릇에 입이 붙는다
· 어른의 모자를 써보면 키가 자라지 않는다
· 어른의 수저로 끓는 음식물을 저으면 그 어른이 옥밥을 먹는다

〈이웃을 대하는 태도〉
· 동네 초상 났을 때 머리를 감으면 해롭다
· 밤에 빨래 방망이질을 하면 동네 늙은이 죽는다
· 밤에 맷돌을 돌리지 않는다

〈남의 집 살림 관련〉
· 남의 광문을 열어보면 복을 가져가는 일이다
· 남의 부엌에 들어가서 솥뚜껑을 열면 그 속으로 제 복 들어
  간다

〈음식 먹는 습관〉
· 밥그릇에 손을 받치고 먹으면 가난해진다
· 밥 먹을 때 턱을 괴면 나쁘다
· 밥을 흘리고 먹으면 군식구가 많다

〈손버릇〉
· 손을 까불면 복 나간다
· 손가락을 입에 물면 아버님 돌아가신다

〈말씨 관련〉
· 송장 보고 냄새가 난다고 하면 늘 코에서 냄새가 난다
· 시체 앞에서 여러 말을 하면 시체에 변화가 생긴다
· 악담을 너무하면 자기도 그렇게 된다
· 남을 비웃으면 입이 비뚤어진다

〈몸가짐〉
· 남의 대변보는 것을 쳐다보면 귀먹는다
· 남의 몸을 함부로 넘어가면 불길하다
· 나무 잘 타는 놈은 나무에서 떨어져 죽는다

　예절과 관련된 금기어는 때로는 신체부위를 포함하고 있는 경우가 많다. 그 까닭은 사람의 행동은 신체를 통해서 이루어지기 때문이다. 특히 신체 언어는 여러가지 뜻으로 바꿔어 흥미로운 말을 만들어 내는데 각 부위에 대해 하나씩 알아보기로 하자.

　첫째로 머리를 살펴보자. 상대방에게 예의를 표하기 위해서는 우선 머리를 곱게하고, 숙일 줄 알아야 한다. [소학]에서는 '두용직(頭容直)'이란 말을 쓰고 있는데, '머리를 반듯하게 하고 용모를 온화하게 해야 한다'는 뜻이다. 그러니 윗 분이나 처음보는 사람과 대화를 나눌 때 머리를 뻣뻣하게 들고 서 있으면 '머리가 굳었나'(속된 말로 기부스했나라고 할 것이다)라는 핀잔을 듣기 일쑤다. 그렇기에 머리 모습을 단정히 하지 않으면 해를 입을 것이라는 금기어가 생겨난다.

　둘째로는 눈과 관련된 금기어를 들 수 있다. 눈은 사람의 외모를 드러내는 가장 중요한 부분 가운데 하나이다. 흔히 사람을 판단할 때 '그 사람의 눈을 보라'는 말을 하는 것도 이 때문이다. 총명한 사람은 눈에 총명한 기운이 나타날 것이고, 피곤한 사람은 피로가 나타날 것이다. 대화 중 시선을 다른 곳에 두거나 눈을 찌푸린다면 그것으로도 대화는 단절될 수밖에 없다. 그렇기에 눈과 관련된 금기어도 많다.

- 말할 때 곁눈질하면 사팔뜨기가 된다
- 눈이 크면 겁이 많다
- 눈이 크면 명이 짧다

  셋째로는 입을 들 수 있다. 입의 기능은 먹는 것과 말하는 것 두 가지를 들 수 있다. [주역]에는 '사람은 입으로써 말하고 먹는다'라고 되어 있는데, 우리 민족은 말은 적게 하고 음식은 함께 먹는 것을 최상의 예절로 여겼다. 그렇기에 '입은 비뚤어졌어도 말은 바로 해야 한다'는 격언은 사람살이에서 최상의 교훈이 될 수 있었다. 또한 '쇠스랑은 두 갈래라도 입은 한 갈래다'라는 말에서는 음식을 차별하지 말라는 뜻을 배울 수도 있었다.

- 사람이 자면서 입맛 다시면(이를 갈면) 근심 생긴다
- 입으로 손톱을 깎으면 어머니가 돌아가신다
- 어린애 배에 입대고 불면 밥투정한다

입이 사람살이에서 식생활, 언어 생활에 중요한 역할을 한다면 이에 따른 금기어가 생겨나는 것은 당연하다. '입맛만 다시는 버릇'이나 '손톱을 물어 뜯는 행위', '배에 입을 대고 부는 행위' 따위는 모두 점잖지 못함을 넘어서 암시적으로 '그 사람이 어떤 처지에 놓이게 될 것이다'라는 전조(어떤 일이 일어날 것을 예측하는)의 성격을 띤다고 볼 수 있다.
  넷째로 손과 발에 얽힌 금기어를 들 수 있다. 사람의 예의는 행동을 통해 드러나기 때문에 손과 발에 얽힌 금기어가 가장 많은 편이라 할 수 있다.

  〈손〉
- 손가락 펴고 자면 복 나간다
- 손으로 턱을 괴면 부모와 이별한다

· 손을 머리에 올려 놓으면 부모와 이별한다

〈발〉
· 발등 밟히면 그날 재수 없다
· 발을 까불면 복 나간다
· 발을 재어보면 재판거는 일이 생긴다
· 발을 포개놓고 자면 가난해진다

이러한 말들은 모두 손발을 함부로 놀리는데 대한 금기어다. 손은 공손히 하고 마주 잡아 윗사람에게 온화한 모습을 보이도록 해야 하는데, 간혹 대화중 손을 비빈다든지 입에 물고 있는 경우를 보면 보는 이도 불안감을 느끼게 된다. 이러한 일들은 평소 습관에서 형성되는 경우가 많기 때문에 이를 경계하는 말들이 생겨나는 것은 당연하다. 특히 오늘날은 다리나 앉은 모습을 꾸짖는 말이 많은데, "다리를 벌리고 앉으면 복 나간다."거나 "다리를 꼬고 앉으면 하는 일마다 꼬인다."는 말이 있다. 이러한 말들은 새로 생긴 금기어로 보이는데 여성의 경우는 좀더 심한 모욕적인 말을 들을 수도 있다. 노골적으로 처녀성을 의심하는 남성이 생길지도 모르니까.

발을 밟힌다든지, 발놀림을 자주 하는 따위도 인간으로 하여금 불안 심리를 갖게하는 요소가 될 수밖에 없다. 또한 '발을 포개 놓고 자면 가난해진다'라는 말 속에는 선조들의 가난한 삶의 모습이 은연중 연상될 수도 있다. 곧 사지를 펴고 잘 만큼도 못되는 비좁은 공간에서 온 가족이 함께 자야만 했던 빈곤한 살림살이가 이와 같은 금기어를 낳게 한 것은 아닐까. 이런 점에서 금기어는 시대상을 반영한다고 할 수 있다.

4. 타인과의 관계

- 악담을 너무 많이 하면 자기도 그렇게 된다
- 남의 흉을 보면 제 흉 된다
- 아무 이유없이 속상하다고 하면 슬픈 일이 생긴다
- 이야기를 즐기는 사람은 가난해진다

모든 화는 세치 혀로부터 온다고 했다. 그렇기에 말조심을 극도로 시켰던 것이 우리 선조들의 태도였다. 말을 많이 하는 것은 천한 행위 가운데 하나였다. 그렇기에 군자는 말을 조심하고, 행동을 삼가야 한다. 흔히 '말 많기는 과부집 종년'이란 속담이 있다. 과부도 말이 많은 사람이다. 남편없이 살아가노라면 자연스레 남의 일에 간섭하는 경우가 많아지게 되고, 남의 흉 보기를 좋아하게 된다. 그런데 그 집 종년이니 얼마나 말이 많은 여자이겠는가. 과부집 종년으로 표현할 만큼 말 많은 사람을 천박하게 여겼던 것이다. 또한 '말은 반만 하고 배는 팔부만 채우랬다'고도 한다. 말을 아껴야 한다는 뜻이다.

악담의 경우는 더욱 심하다. 악담을 하면 그 말은 구르고 굴러 눈덩이처럼 커진다. 악담이 덕담된다는 말이 있기는 하되 실제로 악담이 덕담되는 경우는 극히 드물다. 그렇기에 '남의 흉을 보면 제 흉이 된다'거나 '남의 아이 흉을 보면 제 아이도 닮는다'는 말을 쓴다. 심지어는 '임신한 여자가 어떤 사람을 미워하거나 남의 흉을 보면 뱃속의 아이가 그 사람을 닮는다'는 말도 있다. 태교의 하나로 말조심이 포함되는 것은 지극히 당연하다. 이러한 말들은 〈함부로 말을 하지 말라〉는 경계구이다. 사실 말을 조심하라는 뜻에서 '남을 비웃으면 입이 비뚤어진다.'는 말을 쓰는 데는 또다른 이유가 있는 것으로 보인다. 하필이면 왜 입이 비뚤어지겠는가? 그것은 사람의 웃는 모습과 관련될 것으로 보인다. 남을 비웃을 때는 입을 비죽이 내밀어야 한다. 더욱이 눈에 보이지 않게 웃어야 하는 경우가 많기 때문에 손으로 가리거나 눈길을 다른 곳으로 돌리기도 한다. 이와 같은 습관이 웃는 모습으로 굳어질 가능성도 있는 것이다.

이와는 달리 특별한 이유없이 금기어가 형성되는 경우도 있다. '이야기를 즐기는 사람은 가난해진다'는 것도 그 경우의 하나이다. 이야기를 즐기는 것이 가난해질 사유가 되겠는가. 단지 일을 게을리 하면서 말하기를 좋아하거나 남의 말 듣기를 좋아하는 사람은 가난할 수밖에 없다는 뜻일 따름이다.

금기어 유형은 아니지만 말은 또다른 말을 만들어 낸다. 이러한 모습을 언어유희(말놀음)이라 하는데 말놀음 유형은 소리나 의미를 연상시켜 만든다. 특히 연암 박지원은 말놀음으로 날카로운 풍자 정신을 표현했던 사람인데, 그런 표현 하나가 '유학자는 아첨하는 자'라는 것이다. 이 말은 유학자의 '유자(儒者)'와 아첨하는 자의 '유자(諛者)'의 음이 같기 때문에 가능했다. [열녀춘향수절가]에 나오는 '이부를 섬기고도 어찌 열녀라 하겠는가'라는 이도령의 해학도 이부(李夫)를 이부(二夫)로 풀이했기 때문에 가능한 것이었다. 이러한 표현은 토박이말에서도 가능하다. 별명이 생기는 연유가 바로 이러한데서 말미암는 것이다.

연상작용은 금기를 만드는 가장 중요한 요인이 되는데, 말과 관련된 금기로 '말을 더듬는 아이가 말을 하지 못하는 어린 아이에게 입을 맞추면 그 아이도 커서 말을 더듬는다'고 한다. 그래서 말 못하는 아이더러 어린애 입을 맞추지 못하도록 가르친다.(경기, 강원 옛 풍습) 이는 사실 근거없는 일이다. 그러나 간혹 말더듬이 흉내를 내다보면 말을 더듬는 경우가 있다. 말을 더듬는 사람을 놀리기 위해 어린애들이 그 사람을 흉내내기도 하는데 흉내내던 아이도 점차 말을 더듬게 되는 것이다. 이는 후천적이 언어 습관 습득이라 할 수도 있는데, 충분히 있을 수 있는 일이다. 그러나 말을 못하는 어린애가 말더듬이를 보고 배우는 것도 아니요 아예 말을 못하는 아이에게 음성적으로 듣는 것도 아닌데, 입을 맞추었다고 해서 말을 배우지 못하리란 근거는 쉽게 찾을 길이 없다. 단지 그릇된 믿음일 따름이다.

지금까지 살펴보았듯이 말과 관련된 금기어는, 잘못된 말이 화를 부를 수 있다는 의미에서 형성된 것이 많았다. 이와 같은 금기어는 오늘날에도 사회 생활 속에서 종종 나타난다. 반면 악의 없는 말, 또는 말 재주를 지니고 있는 사람의 경우 여러 사람들에게 호의적으로 작용하는 경우도 있다. 그래서인지 간혹 '왈패'라는 말을 쓰기도 하는데 이 말은 입심이 좋고, 성격이 활달한 사람을 가리키는 말이다. 이러한 표현은 고금을 막론하고 나타난다. 하나의 보기로 〈왈자타령〉이란 것이 있다. 판소리 열두마당의 하나로 이름만 전해져 오다가 70년대 말에 정병욱 교수에 의해 확인된 작품이다. 이 가운데 일부를 소개해 보기로 하자.

(춘향이가 매를 맞고 돌아와 옥에 누은 장면 타령 앞섬)
한 왈자 내다르며 뺨따귀를 딱 부치거늘,
"엣구라니. 요 방정의 아들놈아. 산사람 메고 가며 상두꾼의 소리는 웬 일이니"
"오냐, 내가 무심하여 잘못은 하였다마는 조인광좌(稠人廣坐:빽빽하게 모인 사람들의 자리) 중에 무안쩍이 뺨은 제 어미를 불기에 그대지 치느냐. 이것도 가세(집안 형편)로 메여 먹느냐. 너희들이나 잘 먹고 살아라. 도모지 말을 아니하랴 하기에 만정 이것을 메고 가려는 내가 열없는 바삭이(팔삭이, 즉 팔삭동이)의 아들이지. 그 말하여 무엇하리"
하면서 와락 내어던지니 뒤에 따르던 왈자 혼이 떠서 하는 말이,
"이애, 저 목 보아라. 이것이 땀내고 열오르는 짓이나 주리를 할 자식이라니."
그 왈자 하는 말이
"너희는 뒤에서 부축하여 오는 체하고 등에 손도 넣어보며 젖가슴도 만져보고 뺨도 어찌 대여 만져보고 손도 또한 틈틈이

쥐어보고 온갖 맞있는 간간한 자미와 은근한 농창은 다 치고
우리는 두 돈 오 푼 받고 모군(募軍:토목공사 같은데서 삯을
받고 일하는 사람)서는 놈의 아들놈처럼 가면 좋은 줄만 알고
간단 말이냐. 다른 사람은 아해를 살오고 탯줄을 기른 줄 아는
고나"

　　이렇듯이 작난하고 그렁저렁 옥에 내려가 엄수(嚴囚:옥에 엄
중히 가둠)하니 모든 왈자 벌어 앉아 위로하며 소일할제 한 왈
자 노래 부른다.

이 작품은 판소리 가운데 몇 개의 대본을 왈자들이 여흥을 돋우면서
부르던 노래였다. 여기에서 왈자는 '말을 거치고 호쾌하게 하는 사람
들'이란 뜻으로 쓰였다. 곧 왈자(왈패)를 통해, 억울하게 수탈당하는
평민들의 입장을 대변하고자 한 것이다. 그렇기에 조선 후기 탈춤이
나 타령에서는 풍자적이고 자극적인 호쾌한 언어가 많이 등장함을 볼
수 있다. 이러한 풍자의 언어, 이는 말의 가장 고차원적인 모습이 아
니겠는가.

5. 마음의 거울

- 거울을 깨뜨리면 집안에 화를 당한다
- 밤에 거울을 보면 남에게 미움을 받는다(재수없다)
- 거울에 도배하면 나쁘다
- 깨진 거울을 보면 얼굴이 일러진다

거울은 얼굴을 비추어 보는 물건이다. 용도야 어떻든 거울과 관련
된 금기어도 상당히 많은 편이다. 물론 이런 말들은 거울의 용도를
잘못 사용할 때 생겨난 말들이다.

거울의 역사는 멀리 청동기 시대까지 거슬러 올라간다. 청동기 시

대의 거울은 청동 그릇이나 청동판을 반질하게 만들어 얼굴을 비출 수 있도록 만든 것이었다. 이러한 유물들은 오랜 시간이 흐르면서 녹이 끼어 파랗게 변색되곤 했는데 지금도 박물관에서 자주 찾아 볼 수 있다. 거울의 재료가 지금처럼 유리로 바뀐 것은 얼마 되지 않는다. 이러한 예로 거울을 뜻하는 또다른 낱말인 '쇠경(쇠껑이라고도 발음)'을 들 수 있다. 쇠경은 '쇠〔鐵〕'와 거울을 뜻하는 한자말인 '경(鏡)'이 합쳐진 낱말이다. 곧 거울의 재료가 대부분 금속으로 이루어져 있었음을 뜻한다.

거울에 대한 선조들의 의식은 깨끗하여 마음을 비출 수 있는 물건이라는 것이었다. 그렇기에 거울과 관련된 파생어들도 많이 생겨났다. 주로 한자말이지만 역사 용어로서 귀감(龜鑑)이란 말은 '본받는다'는 뜻을 담고 있다. 감이라는 낱말 또한 거울을 뜻하던 말이었다. 이 때 거북이가 앞에 들어간 것은 거울의 문양에 거북이가 많았음을 뜻한다. 또한 맑고 깨끗한 물을 '명경지수'라고 하는데, 이 말도 거울처럼 깨끗한 물이란 뜻이다.

거울에 관해 가장 심혈을 기울였던 시인은 이상(본명 김해경)이었다. 그는 '관찰하면 할수록 모순이 드러나는 나'를 거울을 통해 발견해 내는 수법을 시에서 구현하고 있는데, 이러한 구조는 거울에 얽힌 인간의 보편적인 의식을 그대로 반영하는 것이라 할 수 있다.

거울속에는소리가없소
저렇게까지조용한세상은참없을것이오

거울속에도내게귀가있소
내말을못알아듣는딱한귀가두개나있소

거울속의나는왼손잡이오
내악수를받을줄모르는-악수를모르는왼손잡이오

거울때문에나는거울속의나를만져보지를못하는구료마는
거울이아니었던들내가어찌거울속의나를만나보기라도했겠소

나는지금거울을안가졌소마는거울속에는늘거울속의내가있소
잘은모르지만외로된사업에골몰할께요

거울속의나는참나와는반대요마는
또꽤나닮았소

나는거울속의나를근심하고진찰할수없으니퍽섭섭하오

------ 이상 〈거울〉

이상의 시에서 거울은 자기가 처해 있는 세계와는 정반대에 있는 세계를 의미한다. 그렇기 때문에 평론가들은 이러한 세계를 내면세계 또는 심리세계라고 말한다. 그러나 이상에게 나타나는 거울은 단지 내면 세계로서만의 의미를 지니는 것은 아니다. '여기 한 페이지 거울이 있으니/ 잊은 계절에서는/ 얹은 머리가 폭포처럼 내리우고// 울어도 젖지 않고/ 맞대고 웃어도 휘지 않고/ 장미처럼 착착 접힌/ 귀/ 들여다 보아도 들여다 보아도/조용한 세상이 맑기만 하고/ 코로는 피로한 향기가 오지 않는다'(이상 〈명경〉에서)라는 시구에서도 이상의 거울이 어떤 의미를 지니고 있는지는 쉽게 드러난다.

거울은 외모를 비추어 주는 사물일 뿐 아니라 삶의 매개체이다. 특히 현대인에게 거울은 필수적인 소지품 가운데 하나이다. 거리를 지나는 여성의 핸드백 가운데 거울이 없는 사람은 아마도 많지 않을 것이다. 그 뿐 아니라 조직화된 현대 사회에서 개인을 상품처럼 여길 수밖에 없는 근로 시장에서 외모는 상품 가치의 척도가 될 수도 있다. 그러니 출근하는 샐러리맨이나 여성들에게 화장대 위의 거울은 생활 필수품이 될 수밖에 없다.

이야기가 다소 빗나간다는 느낌은 들지만 이상의 시 이야기를 좀더 해야 할 것 같다. 삶과 거울의 관계로서 이상의 시는 한 개인에게 특정 사물이 어떤 의미를 부여할 수 있는가를 보여준다. 곧 거울은 그의 삶을 보여주는 것이라 할 수 있다. 이상은 젊은 아내 밑에서 아내가 벌어다 주는 것으로 삶을 영위해야 했던 사람이다. 그의 소설 〈날개〉나 〈봉별기〉에는 이러한 모습이 사실적인 필치로 그려져 있다. 그러한 이상에게 거울을 보는 행위는 단순한 일상적인 의미로 해석될 수는 없었다. 그렇다고 아내가 화장을 하는 것과 아랫방에 손님을 받는 것을 거부할 수도 없는 입장에서 '거울'이 주는 의미는 어떠했겠는가.

　　　　나는 거울 없는 실내에 있다. 거울 속의 나는 역시 외출 중이다. 나는 지금 거울 속의 나를 무서워하며 떨고 있다. 거울 속의 나는 어디 가서 나를 어떻게 하려는 음모를 하는 중일까.

　　　　나는 거울 있는 실내로 몰래 들어간다. 나를 거울에서 해방하려고. 그러나 거울 속의 나는 침울한 얼굴로 동시에 꼭 들어온다. 거울 속의 나는 내게 미안한 뜻을 전한다. 내가 그 때문에 영어되어 있드키, 그도 나 때문에 영어되어 떨고 있다.

　　　　　　　　　　　------------ 이상 〈시제15호〉 1.3.

이상의 거울은 자기를 비추는 또다른 도구이다. 그러나 그 속의 자기는 현실 속의 자기가 전혀 접근할 수 없는 존재이다. 그렇기 때문에 이러한 거울은 인간으로 하여금 자기 고민에 빠져 들게 한다. 거울과 관련된 금기어가 생기는 까닭도 여기에 있다. 우리는 흔히 거울을 자주 들여다보는 사람에게 '얼굴 닳겠다'라는 말을 쓴다. 이 말 속에는 거울을 자주 봄으로써 자기도취에 빠져들거나 회의감에 빠져들 수도 있음을 뜻한다 하겠다. 뿐만 아니라 깨진 거울이나 일그러진 거

울 속에 나타나는 자기의 모습은 정말 싫은 존재가 아닐 수 없다. 그렇기에 '깨진 거울을 보면 얼굴이 일그러진다'거나 '깨진 거울을 보면 재수없다'는 말이 생겨났다. 또한 '밤에 거울을 보면 남에게 미움 받는다'는 표현도 지나친 미의식 때문에 남을 성가시게 할 수 있다는 의미로 받아들일 수 있다. 물론 '거울을 깨뜨리면 집안에 화를 당한다'는 말은 다소 과장된 것이겠지만 거울 파편으로 말미암아 상처를 입을 수도 있고, 또한 구리나 쇠로 된 거울을 구하기 힘든 때 망가뜨려서는 곤란하다는 표현일 수도 있다. 그 밖에 '거울에 도배하면 나쁘다'는 말은 민가에서 벽을 바를 때 주의하지 않고 아무렇게나 도배하는 것을 경계하기 위한 말일 것이다. 지금이야 도배 기술이 발달되어 있으니 걱정할 것이 없지만, 흙벽으로 되어 있는 옛집에서는 신문지와 밀가루풀이 유일한 도배 재료였으니 아무렇게나 벽에 바르는 것이 도배이다. 그런데 얼굴을 비출 수 있는 유일한 거울에 칠을 해 놓은 것처럼 흉물스런 모습도 발견하기 쉽지 않으리라.

6. 자녀 교육의 본보기

· 손자를 너무 귀여워하면 할아버지 수염 닳는다

자식을 소중히 하고 아끼는 것은 부모라면 누구나 당연한 일일 것이다. 더욱이 할아버지 할머니와 손자의 관계는 가장 다정한 사이임에 틀림없다. 그렇기에 할아버지 쌈짓돈 주머니는 손자에게 가장 친근한 물건임에 틀림없다. 설날 받는 세뱃돈, 때로 주시는 용돈, 간혹은 귀엽다고 주는 상금도 있다. 그렇기에 아버지를 무서워하는 아이들도 할아버지만 계시면 천방지축 날뛰는 경우도 있다.

그러나 교육이라는 측면에서는 문제가 달라진다. 글쓴이의 친구 집안에서는 아이가 잘못하면 할아버지가 있더라도 따끔하게 야단친다.

그것도 하나의 가풍인 모양이다. 아이에게 너무 잘해주면 버릇이 없다는 이유 때문이다. 우리 옛 사람들도 이 점에서는 민감했던 것으로 보인다. '귀엽다고 했더니 수염 뽑는다'라든가 '손주를 귀여워 하면 할아버지 수염 닳는다'는 표현은 이 때 쓰는 말이다.

사실 교육은 어떤 정답이 없다. 그렇기에 수많은 교육자들이 교육을 연구했어도 어떤 특정한 결론은 내릴 수 없었다. 생활 습관이나 예의범절을 가르치는 것을 비롯하여 지식을 전달하는 것까지 수많은 일들이 교육의 범주에 속한다. 그런데 특이한 일은 동서양 모두 교육 속에는 어느 정도 강제성을 포함시킨다는 사실이다. 물론 자유스런 교육, 열린 교육을 주장하는 이들도 있다. 그러나 대부분의 학부모나 선생님들은 교육을 '강제성 있는 행위'라고 여긴다. 이것은 아무리 참 교육을 주장하고 열린 교육을 주장하는 이들이라 할지라도 어느 정도는 공통성을 보인다. 물론 이러한 믿음은 때로는 잘못된 결과를 낳을 수도 있다. 그렇기에 아더 콤즈라는 사람은 [교육신화]라는 밀을 쓰기도 한다.

교육 신화란 무엇일까? 아니 좀더 구체적으로 손주는 정말로 할아버지 수염을 뽑는 것일까? 어쩌면 이러한 믿음 속에서 교육을 담당하는 사람들은 엉뚱한 일을 저지를지도 모른다. 참고로 아더 콤즈가 지적한 교육 신화 -교육에 대한 잘못된 믿음-를 살펴보자.

- 요즘의 청소년들은 옛날의 청소년보다 열등하다
- 마음과 몸은 별개의 것이므로 따로 떼어서 훈련시켜야 한다
- 지식은 학습자의 외부 세계에 존재한다
- 아이들은 본성으로 공부하기를 싫어한다
- 독특성은 악이고 획일성은 선이다
- 수준은 우리 교사들이 학생들을 위하여 설정하는 것이다
- 항상 누군가는 이겨야 하고 누군가는 져야 한다
- 검사의 결과는 결코 오류가 있을 수 없다
- 도덕성은 종교에 의해서만 가르칠 수 있다

- 학교는 진리를 가르친다
- 수업에는 강제로 출석시켜야 한다
- 반복 학습이 가장 좋은 학습 방법이다
- 착한 학생은 항상 조용한 학생이고 문제 학생은 항상 시끄럽다
- 교사는 학생들에게 절대로 화를 내서는 안 된다
- 학교에서는 사회에서 논쟁이 되는 문제를 다루어서는 안 된다
- 학생은 있는 그대로를 받아들이는 것을 배울 필요가 있다
- 훌륭한 시민은 언제나 순종적이다
- 교육받은 사람은 교육받지 못한 사람보다 더 가치가 있다
- 남자답다는 것은 강하고 공격적이며 감정에 사로잡히지 않는 것이다
- 여자답다는 것은 부드럽고 복종적이며 순종적인 것이다
- 사람들이 어떤 것에 자신을 조화시키는 법을 배우는 것은 좋은 일이다
- 사람들은 언제나 그들이 행하는 것에 기초하여 그 가치가 판단되는 것이다
- 교사는 아무리 해도 결코 충분히 훌륭한 교사가 될 수 없다
- 빈둥거리는 것은 나쁘다
- 분노 공포 탐욕 부정과 같은 혐오스러운 문제는 학교에서는 피하여야 할 주제이다
- 누구든지 무엇인가 될 수 있으면 되어야 한다
- 조기 교육은 가능하며 또 조기 교육은 반드시 실시되어야 한다
- 우리나라는 '좋은 나라이냐 나쁜 나라이냐'라는 선별이 가능하다.

----아더 콤즈/이성호 옮김 〔교육신화〕 서원

생활 습관이든 윤리든 최근 들어 교육 문제가 마치 모든 문제의 핵심인 것처럼 과장되고 있다. 큼직큼직한 사건도 많이 있었다. 더욱이 매스컴에서는 이러한 사건의 원인을 분석할 때면 습관처럼 교육 문제를 들먹거렸다. 그러나 사실 현대 사회에 나타나는 비인간적인 행위

는 제도 교육만으로는 해결되기 어려운 성질을 갖는지도 모른다. 폭력이나 존속 살해 따위의 심각한 문제라도, '수염을 만지도록 허락해 주는 다정한 할아버지'가 있을 때만이 자연스레 문제를 풀어갈 수 있게 될지도 모른다. 좀더 중요한 일은 교육이 단지 광고 상품만은 아니라는 사실이다. 교육 개혁을 부르짖지 않던 시대가 있었는가. 그런데 본질은 보지 못한 채 또다시 입시 제도의 문제만을 들먹거리는 언론이나 정책 입안자들을 볼 때면, 이젠 공개적인 깜짝 상품으로서 교육이 존재할 수밖에 없구나라는 생각을 하지 않을 수가 없다. 이쯤이면 '할아버지 수염'이 아니라 '교육 정책 입안자'의 수염이 아쉬울 때가 아니겠는가.

<table><tr><td>둘째 마당</td><td># 생활 속의 금기</td></tr></table>

　사람은 문화를 이루며 산다. 문화는 인간이 이룩에 놓은 정신 물질적인 모든 것을 일컫는 말이다. 어느 민족이든 문화 유산이 금기어로 작용한다. 곧 인간의 생활 자체가 금기어를 만드는 요인인 것이다. 이 때 연상작용이나 상징 의미는 금기어 생성의 기본 원리가 된다. 이러한 말들은 인간이 쓰고 있는 물건의 모양이나 속성과 연관된다. 그 가운데 상당수는 사람들의 생활 속에 남은 소망에서 비롯된다. 이 마당에서는 인간의 욕망이 특정 사물이나 날짜에 연상되어 금기어를 만드는 경우를 살펴보고자 했다.

1. 공부하는 습관

- 책상 위에 소금을 놓으면 못산다
- 책을 다림질하면 공부 못한다

　공부하는 습관이나 책을 대하는 태도도 시대에 따라 달라지게 마련인가보다. 그래서인지 책과 관련된 격언도 매우 많다. 금기의 종류만해도 여럿이 되는데 이러한 현상은 오늘날도 이어지는 것 같다. 이는 관료제 사회로 변화하면서 '공부하는 것은 곧 출세하는 것'이란 믿음 때문에 생긴 것으로 보인다. 요즘도 입시 때면 사찰이나 교회가 때

아닌 호황을 만난다. 백일 기도다 입시 기도회다 해서 분주하기 짝이
없다. 뿐만 아니라 수험생에게 엿이나 찰떡을 사주어 '찰떡같이 붙어
라'라고 기원하는 모습은 너무도 쉽게 눈에 뜨인다. 한술 더 떠서 요
즘은 아예 학교 정문에 엿을 붙이기도 한다. 아마도 엿을 붙일 하얀
종이라도 따로 마련해 놓지 않는다면 청소하는 분들의 입장에서는 정
말 짜증 나는 일이 될지도 모를 정도로.

　책을 읽는 풍습도 많이 달라졌다. 이러한 풍속도는 최근에 와서
'책 대여점과 서점, 출판사' 간의 마찰을 일으킬 정도로 심각해졌다.
그런데 사실 우리 격언에는 '빌려간 책은 돌려주지 않는다'는 말이 있
다. 이 말은 책이 귀한 시대에 지식을 얻고자 하는 노력은 결코 도둑
질이 아니라는 믿음 때문에 생겨난 것이다. 실제로 옛날에는 책을 구
하기가 쉽지 않았다. 오늘날처럼 활자 문화가 발달한 것도 아니고,
인쇄나 제본술이 발달한 것도 아니기 때문이다. 그러니 책 한 권을
만든다는 것은 곧 필사를 해야 하기 때문에 지식인들 사이에서 책을
탐내는 것은 당연한 일이 될지도 모른다. 아마도 요즘 이런 말을 하
면서 빌려간 책을 돌려주지 않는다면 아마도 '인간관계를 청산해야
할' 위험을 감수해야 될 일일 것이다.

　논란이 되고 있는 책 대여점만 해도 그렇다. 아마도 책 대여점이
성황을 이루었던 시대는 50년대였던 것 같다. 〔중앙일보〕 논설 위원
인 정규웅 님에 따르면 '50년대에 청소년기를 보낸 40대 중반 이후
세대들에게 책을 빌려주는 가게, 곧 대여점은 새로운 향수를 불러 일
으킬 것이다'라고 적고 있는데, 이 글을 보더라도 이 시기 책 대여점
이 얼마나 큰 구실을 했는지 알 수 있다. 그런데 사실 요즘의 책 대
여점은 다소 문제가 있는 듯하다. 과거 책 대여점은 '책을 사보기 힘
든 사람들을 위한 문화 공간'으로서 큰 구실을 했던 것 같다. 사회나
학교의 도서관이 빈약하고 – 학교 사정은 지금도 별반 다르지 않겠지
만 – 경제적 여건이 미흡한 상태에서 책을 쉽게 사보는 것이 쉽지 않
았기 때문이다. 그러다가 경제 수준이 향상되자 한 때는 전집류 장식

용 책이 유행한 적도 있었다. 책이 있으면 품위가 있어 보였던지 너도나도 책을 사들여 책꽂이에 꽂아 둔다. 하지만 요즘은 사정이 많이 달라졌다. 사람들 사이에서도 장식용 책은 별반 인기없는 품목에 속한다. 그렇기에 지금은 '이사할 때 책을 가져가면 못산다'는 말이 더욱 타당한 말이 되었음 직하다. 이 말은 요즘와서 생긴 말은 아니다. 옛날에는 공부만 아는 선비를 '샌님'이라 했다. 샌님은 생원님이 줄어든 말인데, 공부만 해서 세상 물정을 모르는 사람이란 의미로 쓰이게 되었다. 일석 선생은 '딸각발이'란 수필에서 남산골 샌님의 기개를 자랑스레 써 놓고 있지만, 사실 샌님이란 말 속에는 부정적인 요소가 더 많이 들어 있음을 부정할 사람은 없다. 그러니 공부만 하는 사람을 〈책상머리〉라고 비꼬는게 당연하다. 그러니 책을 갖고 이사하는 사람이 잘 사는 일은 드물 수밖에 없다.

대여점이 성업을 이루면서 새로 나타난 문제는 '베스트셀러는 빌려 본다'는 독자들의 자세 변화이다. 어찌본다면 이는 정규웅 님의 지적대로 '억지 베스트셀러 만들기'가 빚어낸 출판사 측의 자승자박일 수도 있다. 그런데 한편으로 곰곰히 생각해 보면 이 문제는 그리 단순한 시각으로 볼 수 만은 없을 것으로 보인다. 책을 사서 읽는 인구보다 빌려 읽는 인구가 많기 때문에 출판사의 영업을 위축시키고, 결과적으로 문닫는 출판사가 많아지리라는 경제적인 원리를 복잡하게 따지지 않더라도, 나와 같은 교육자나 저술가 입장에서 본다면 우울한 상상력 하나를 더 남긴다. 그것은 책이란 단지 일회성 면도기와 같은 것이 아니라는 느낌 때문에 일어난 것이다. 책을 읽는다는 것은 일회성 지식을 얻는 것만을 의미하지는 않는다. 때로는 책 속에, 때로는 머리 속에 깊이 갈무리 시켜 두어야 할 일들도 많이 있다. 그렇기에 어떤 때에는 빌려온 책은 왠지 쉽게 손이 가지 않는 버릇조차 생기기도 한다.

사실 나는 책에 대해서는 꽤나 관대한 편이다. 교양서로 읽었던 책들은 곧잘 후배들에게 주거나 도서관에 기증하기도 한다. 그러다보니 같은 책을 여러번 되풀이해서 사야 할 경우가 많다. 그 가운데 한 권이 이우성, 강만길 두 교수가 편역한 〔한국의 역사인식〕(창작과 비평)이다. 내 기억으로는 이 책은 네 번 정도를 샀던 것 같다. 처음 샀을 때에는 한국인이라면 꼭 읽어야 할 책이라고 생각하고는, 동아리 책방에 넘겨 주었다. 누구나 다 읽게 하고자 함 때문이었는데, 사실 '이 정도면 내가 얻고자 한 지식은 충분히 얻었어'라는 자신감도 작용했다. 그렇기에 선뜻 주면서도 아깝다는 생각을 하지 못했던 것이다. 그런데 얼마 지나지 않아 다시 책을 사야 할 일이 생겼다. 아이들을 가르치면서, 이 책에 있는 내용을 다시 편집해야 할 필요가 있었기 때문이었다. 이번에는 공책에 주요 내용을 정리해 놓고는 다시 학교 도서관에 기증했다. 그러나 아무리 해도 나의 독서노트는 책 내용을 정확히 간추린 것이라고는 할 수 없었다. 그러니 다시 살 수밖에. 그렇게 해서 나는 이 책만 네 번을 구입해야 했다. 책 대여점을 애용하는 사람들도 어쩌면 나와 비슷한 경우를 만날지도 모른다. 쉽게 읽고 흥미만을 느끼고자 하는 경우라면 별반 문제될 것이 없겠으나, 책으로부터 진정한 산 지식을 얻고자 한 사람이라면 아마도 '좀더 정성껏 읽을걸'이란 느낌을 받을 때가 있으리라.

책은 지나치게 두려워하거나 지나치게 경시해서는 안 될 물건인 듯싶다. 그렇기에 우리말에는 책을 함부로 다루면 공부를 못한다거나, 책에 지나치게 빠져들면 될 일도 안된다는 표현이 생겨나게 되었다. '책을 다림질하면 공부 못한다'는 말은 이같은 까닭에 생긴 말이다. 지금은 그런 일이 별반 없겠지만 젖은 책을 말려 보고자 하면 그것처럼 신경질 나는 일은 없다. 요즘 학생들은 그런 경우를 좀처럼 만나기 어렵겠지만, 옛날 책보따리나 가방에 도시락을 함께 넣고 학교에 다니던 기억을 갖고 있는 분이라면 쉽게 이해할 줄 안다. 한 번은 가방에 도시락을 넣고 아무 생각없이 학교에 간 일이 있었다. 그런데 수업을 받고자 책을 꺼내들었더니 물이 줄줄 흐르는게 아닌가. 도시락 반찬 국물이 쏟아져 책을 적시었던 것이다. 책을 말려 놓고보니,

젖었던 부분은 부피도 배는 늘었고, 색깔도 누렇게 변해 정말 펼치기
싫은 모습을 띠고 있었다.

'책 위에 소금을 놓으면 못산다'는 말도 '소금'의 부정함을 은근히
책과 연계시킨 표현이리라. 사실 소금 자체는 부정한 것이 아니다.
부패를 방지하고, 맛을 돋우는 데 소금처럼 긴요한 것이 없다. 그렇
기에 소금을 뿌림으로써, 부패를 방지하듯 재앙이 확산되는 것을 막
고, 악운으로부터 벗어나고자 한 소망을 나타내게 된 것이라 할 수
있다.그렇기에 재수없는 일이 생길 때마다 소금을 뿌리는 것이 우리
겨레의 풍습으로 굳어진 것이리라. 마찬가지로 기독교 문화권에서도,
소금의 의미를 매우 소중한 것으로 풀이한다. 그렇기에 항상 '빛과
소금'이라는 말이 자주 쓰인다. 이러한 생각도 각 겨레의 삶과도 밀
접한 관계가 있다. 기독교는 사막을 근원으로 생겨난 종교이다. 이
지역에서 소금이 귀한 존재임은 다시 말할 필요도 없을 것이다.

2. 남의 말 듣기

- 남의 귀를 후벼주면 재수없다
- 밥을 끓일 때 귀를 기울이면 귀먹는다

신체 부위 가운데 '귀'와 관련된 금기어도 꽤 많은 편이다. 특히 귀
는 불길함을 예언하거나 운수를 점치는데 사용되기도 했고, 음식을
만들거나 남의 말을 들을 수 있다는 것을 암시하기도 했다.

먼저 진정한 의미에서 귀와 관련된 금기어를 찾아보자. 위의 두 보
기는 귀와 관련된 금기어로 현실적인 가능성보다는 단지 '…하지 말
라'는 뜻에서 형성된 금기어다. '남의 귀를 후벼주면 재수없다'는 말은
남이 들어야 할 나쁜말까지 자신이 대신 들을 수 있다는 뜻으로 쓰인
다. 뿐만 아니라 이 말은 '(상대방이)듣지 말아야 할 말을 들을 수

있도록 도와주기 때문에 원망의 대상이 될 수도 있음'을 간접적으로 비유한다. 흔히 '낮말은 새가 듣고 밤말은 쥐가 듣는다'고 했다. 이 말처럼 은밀한 말까지도 널리 퍼져 나갈 수 있기 때문에 〈귓속말은 건너마을에서도 듣는다〉는 말이 생겨났다. 이러한 말로 '귀없는 고기도 듣는다'는 표현도 있다.

반면 '밥을 끓일 때 귀를 기울이면 귀먹는다'는 말은 여러 의미로 해석된다. 곧 밥을 끓일 때 귀를 기울이면 그 모습이 조급함을 드러내는 것처럼 보인다는 뜻도 되고, 방정맞은 것처럼 보이기도 한다는 뜻으로 풀이할 수 있다. 물론 귀를 기울였다고 그 소리에 의해 귀가 먹지는 않을 것이다. 다른 한편으로 '귀뿌리 만지고 음식을 만들면 맛이 없어진다'는 표현은 현실적으로 그럴 수 있는 가능성이 있다. 귀를 기울였다고 귀가 먹지는 않으나 음식을 만들 때 귀를 만지면 귀지가 음식에 떨어질 수도 있으니 충분히 경계하는 말로 쓰임 직하다.

귀는 또한 신체상 다른 사람의 말을 듣는 부분이란 뜻에서 여러가지 파생의미를 가져온다. '왼쪽 귀가 가려우면 남의 말을 듣는다/꾸중듣는다'는 말이 있는데, 이 말은 모두 귀가 말을 듣는 부분이기 때문에 생겨난 것이다. 어찌본다면 다분히 예언적인 의미가 들어 있는 것처럼 보이기도 한다. 그렇기에 이 말은 흉조어에 속할 수는 있으나 금기어는 아니다. 물론 오른쪽 귀가 아니고 왼쪽귀가 가려울 때 남의 말을 듣는 것처럼 표현한 까닭은 '왼쪽'이 '오른쪽'보다 무게 중심이 덜 실리기 때문이었다. 우리 풍습에 항상 왼손잡이보다는 오른손잡이가 많고, 무엇이든지 중심을 오른쪽에 두는 경향이 심한 까닭도 같은 연유이리라. 그렇기에 '남이 자기를 칭찬하면 오른쪽 귀가 가렵다'고 한다. 다만 요즘 정치판에서는 측근 세력을 표현할 때 〈좌로 누구누구, 우로 누구누구〉라고 쓰는데 이는 모든 사물이 왼쪽에서 시작되어 오른쪽으로 확대되기 때문인 것으로 보인다. 물론 이러한 일상생활의 구조는 어느 쪽이 우선이다라는 표현을 쓰기는 곤란하다. 한편 '귀가 작으면 명이 짧다'거나 '귀가 칼귀면 운수가 사납다' 또는 '귀문이 넓으면 복이 샌다', '귀가 내려붙으면 운수가 사납다'는 따위의 말들은 현실과는 거리가 있다. 다만 이 말들은 사람의 운수를 점칠 때 주로 사용되는 방법인데, 동양적 사고에서는 사람의 운수는 타고난다고 믿어왔으니, 그 운수를 알려주는 표지로써 귀도 쓰이는 것이다. 〔삼국지〕에 보면 유비는 귀가 척 늘어져 귀인의 상이라 했는데, 실제로 그가 촉한의 황제가 될 수 있었음도 이미 귀를 통해 예견된 것이었다. 어떻든 요즘도 외양을 판단하는 조건으로 신체상의 특징이 동원하는 경우가 많은 것은 사실이다. 보기를 들어 '목에 점이 있는 사람'은 운수가 사납다거나, '등에 일곱개의 점이 있는 사람이기 때문에 영웅이 될 소지가 있다(안중근 의사 전기)'는 식의 풀이가 이에 해당한다. 그렇지만 실제로 사람의 운명이 이렇게 신체상으로 조건지워졌는지는 아무도 알 수 없을 것이다. 그렇지만 신체 조건에 따른 운명론은 관상학을 나을 정도로 발달해 있다. 어찌본다면 이러한 관상학은 〔토정비결〕식 해석 때문에 가능한 현상이었을지도 모른다. 토정비결은 한국인에게는 베스트셀러다. 그도 그럴 수밖에 없는 것이 사람이라면 누구나 자신의 운명에 관심을 갖지 않을 수 없기 때문이다. 그렇기 때문에 사람은 누구든지 자신의 입장에서 모든 것을 해석하려 한다. 이러한 입장에서 김대행 교수는 토정비결이야말로 가장 문학적인 해석이 가능한 작품이라고 말한 바 있다. 곧 문학적으로 가장 다의적인 해석이 가능하다는 것이다. 김 교수가 인용한 토정비결 맨 앞에 나오는 괘를 다시 한 번 인용해 보자.

동풍에 얼음이 풀리니 마른 나무가 봄을 만나도다.
작게 가고 크게 오니 작은 것으로 큰 것을 이룬다.
이월에는 반드시 귀한 자식을 낳는다.
큰 일을 꾀하고자 하는데 어찌 의심과 염려를 하랴.

이와 같은 구절 속에서 사람은 누구나 자신의 입장을 그럴 듯하게 해석하려 한다. 70세 노인이 '이월에는 반드시 귀한 자식을 얻는다'라는 말을 듣더라도 결코 비웃지를 않는다. '아 좋은 일이 생긴다는 뜻이구나'라고만 풀이해 버리고 만다. 이쯤이면 관상학의 비결도 대충은 풀리는 셈이 아니겠는가. 저 사람은 '귀가 넓으니 반드시 귀한 사람이 될 것이야'라고 풀이하면 누구나 그 말을 곧이 듣고 싶어한다. 반대로 귀 큰 사람을 보고, '저 사람은 귀가 넓으니 아무 것이나 다 듣고자 할꺼야. 그러니 저 사람은 피곤한 삶을 살 사람이야'라고 말하는 이는 없을 것이다. 이쯤이면 신체와 관련된 금기어가 생기는 까닭도 다소는 쉽게 풀리리라. 몸가짐을 가지런히 하고, 소중히 하지 않는 것이야말로 자신의 복을 스스로 잃어버리는 셈이 아니겠는가. 하기야 오늘날과 같이 유행에 민감한 시대에는 오히려 이러한 말이 어색한 금기어가 될 수도 있을 것이다. 간혹 눈에 거슬리는 모습을 한 이런 분들에게 '자 이런 금기어도 있소'라고 한다면,그 분들은 내게 다음과 같이 한마디를 던질지도 모른다.

"넵둬유, 내머리칼 니 머리칼이유?(내 머리 모습이 당신 머리 모습입니까?) 꼴불견이슈."

그리고는, 한마디쯤 덧붙이리라.

"요즘은 개성 시대유. 아 멋진 내 머리...."

3. 희로애락

- 울다가 웃으면 배꼽(똥구멍)에 털난다
- 우는 아이도 입에 든 엿을 뺏지 않는다

기쁨과 슬픔, 인간의 가장 보편적인 감정에서 극치에 이를 때 나타나는 것이 울음일 것이다. 기뻐도 울고 슬퍼도 운다. 그런데 우는 것도 조심해야 할 때가 있다. 보기를 들어 혼례식 때 어린애가 식장 안에서 추적추적 울어대 보라. 이처럼 민망스런 일이 또 있겠는가. 그렇기에 울음과 관련된 금기어도 생겨나게 된다.

사실 인간의 모든 감정은 자연스런 것이다. 흔히 오욕 칠정이라 부르는데, 칠정은 맹자가 체계를 세운 것으로 기쁨, 성냄, 슬픔, 즐거움, 사랑함, 미워함, 욕심 냄 따위를 일컫는다. 이럴 때면 으레 눈시울이 붉어지는 것은 당연하다. 그런데 격에 맞지 않는 울음을 우는 것은 남에게 부담을 주는 행위가 된다. 자신의 일이 아닌데도 당사자보다 더 슬퍼한다거나 더 기뻐한다면 아마도 당사자는 어이없어 할 것이다. 또한 울음에 대립되는 표현은 웃음이 된다. 그러니 변덕스레 감정 표현이 자주 바뀌는 것은 보는 이로 하여금 혼란스럽게 만드는 것이다. 그래서 '울다가 웃으면 배꼽에 흰털난다'는 말을 쓰는 것이다. 흰털은 곱지 않은 털이니 놀림의 대상이 된다. 지금은 별로 들을 수 없지만 시골서 놀이를 하며 자란 사람들은 이러한 말을 많이 쓰면서 자랐을 것이다.

울음과 관련된 흥미로운 글이 있다. 허균이 지은 〈변변찮은 글〉이란 글 속에 들어 있는 '통곡하고 싶은 세상'이다. 이 글은 "내 조카 친(허친)이 집을 짓고는 통곡헌이라 편액을 걸었다 하니 사람들이 껄껄 웃으며 세상에는 좋아할 만한 일이 많은데 왜 하필이면 통곡한다는 뜻으로 편액을 걸었는가라고 물었다. 이에 친이 대답하기를 나는 세상을 즐기는 것을 등지고 시속이 좋아하는 것을 어기는 사람이다 세상이 기쁨을 즐기기에 나는 슬픔을 좋아하고 시속이 기뻐하므로 나는 또 슬퍼하노라"라고 하는 내용으로 되어 있다. 곧 조카 친은 세속이 좋아하는 부귀 영화를 버리고 차라리 가난하고 검약한 것을 택하겠다는 의지로 통곡헌이라는 편액을 걸었다는 것이다. 이 글에서 허균은 통곡을 여러 형태로 정의하고 있다. 이를 잠시 인용해 보자.

무릇 통곡도 도가 있는 것이다. 대개 사람의 칠정을 쉽게 움직여 나오는 것에 슬픔보다 더한 것이 없다. 슬픔이 지극하면 반드시 통곡이 나오는 것인데 슬픔이 오는 길은 또한 여러 갈래이다. 그래서 세상일이 어찌 해 볼 수 없는 것을 상심하여 통곡한 사람은 가의였고, 흰 실이 그 본 바탕을 잃는 것을 슬퍼하여 통곡한 사람은 묵자였고, 갈림길을 싫어하여 통곡한 사람은 양자였고, 갈 길이 막혀서 통곡한 사람은 완적이었고, 세상 돌아가는 꼴이 어이없음을 슬퍼하여 스스로 사람없는 곳에서 살며 통곡에 뜻을 붙인 사람은 당구였다. 이들 몇 사람은 모두 품은 생각이 있어서 통곡한 것이지 헤어지기가 싫거나 억울함을 품거나 해서 눈물이나 짜는 아이나 계집의 통곡을 본닫으려 한 것은 아니다.

(이이화 옮김 〈변변찮은 글〉에서)

이해를 돕기 위해 윗 글에 나온 다섯 사람이 어떤 사람이었는지를 알아보자. 가의라는 사람은 중국 서한 때의 정치가로 그 당시의 임금인 문제는 그의 정책을 받아들여 시행하지 않고 그를 좌천시켰다. 묵자는 널리 알려진 대로 중국 전국 시대의 제자백가 가운데 한사람이다. 형식, 계급 그리고 사욕을 타파하자는 사회 겸애설을 주장하였다. 양자 역시 제자백가의 한사람으로 쾌락적인 인생관과 극단의 개인주의를 주장하였다. 이것이 곧 사랑의 극치라 본 것이다. 완적은 중국 삼국시대의 정치가로 권모와 위선에 찬 조정을 버리고 죽림칠현이 된 사람이다. 당구는 당나라 때의 사람으로 세상일이 돌아가는 것이 싫어서 통곡하며 어찌나 애통해 했던지 보는 사람도 같이 울 정도였다고 한다. 그러니 통곡에도 여러 종류가 있는 것이다. 잘못하여 아무 곳에서나 눈물을 보이면 그것처럼 흉한 일이 없다. 하기사 요즘은 울음과 관련된 또다른 풍습도 생겨난다. 그 가운데 하나가 '결혼식에서 신부가 울면 딸을 낳고, 신랑이 웃어도 딸을 낳는다'는 것이다. 사실 딸을 낳는 것이 극단적으로 슬퍼해야 할 일은 아님이 분명한데 아직도 이 말이 공공연히 쓰이고 있다. 이는 분명 남존여비 사상의 잔재가 될 것이다.

　참고로 울음과 관련된 속담 몇을 곁들여 본다. 어찌본다면 이런 말들은 우리 겨레의 금기나 정서를 이해하는데 큰 도움이 될 것이다.

- 우는 놈도 속이 있어야 운다
- 우는 과부 시집가고 웃는 과부 수절한다
- 우는 아이도 먹을 것을 보고 운다
- 우는 아이 젖 준다

이쯤이면 울음의 도가 무엇인지 알 수 있지 않겠는가. 울음에도 법도가 있고, 까닭이 있어야 하는 것이다. 그러니 함부로 우는 것도 삼가야 할 일임에 틀림없으리라. 간혹 '어린애가 아버지를 부르면서 울면 재수없다.'거나 '어린애가 밤중에 자다가 자주 울면 해롭다.'는 말도 쓴다. 이 경우도 현실과의 연관성을 쉽게 짐작할 수 있다. 아버지를 부른다는 것은 어머니의 부재를 의미할 수 있다. 흔히 홀어미 밑의 자식은 깔끔하지만 홀아비 밑의 자식은 천덕스럽다는 말도 있지 않은가. 아버지는 아무래도 어머니처럼 아이들 외모에 신경을 써 주지 못할 뿐더러, 어머니만큼 잔정도 주지 못한다. 또한 한밤에 우는 아이는 부모에게 편안한 잠을 제공하지 못하는 존재이니 당연히 해롭다는 말이 붙음 직하다. 물론 한밤의 울음은 급작스런 병이나 이변을 뜻할 수밖에 없다. 그러니 해로움은 당연히 다가올 수밖에 없는 것이다.

4. 화장실 문화

- 변소 안에다 비를 두면 밤에 귀신으로 변한다
- 변소를 뜯어 고치면 집안 망한다

전래 가옥 구조에서는 화장실이 집 밖에 떨어져 있는 것이 일반적이다. 화장실은 뒷간, 측간, 변소 등 다양한 낱말로 불렸는데 인간의 생리적인 현상으로 말미암아 필수적으로 갖추어야 할 장소였다. 그러나 화장실에서 일을 보는 것이 그다지 유쾌한 느낌이 들지는 않는데, 이는 동서고금이 마찬가지였다. 그래서 화장실과 관련된 은어도 매우 다양하게 생겨난다. 가장 많이 부르는 은어로는 '작은집'인데, 어떤 이는 여기에서 한걸음 더 나아가 '삼촌댁'이라고까지 부른다. 작은집에는 삼촌이 살고 있다는 뜻일 것이다. 그런데 사실 이 말은 좀 잘못된 말이다. 본디 삼촌이란 낱말은 아버지의 배다른 형제를 뜻하는 말이었다. 아버지 형제를 숙부라거나 백부로 부르던데 비해 할아버지의 첩에게서 난 배다른 작은 아버지를 따로 부르기 위해 삼촌이란 말을 썼던 것이다.

어찌되었건 화장실과 관련된 금기어를 알아보기로 하자. 요즘도 간혹 화장실에서 볼일보다가 죽는 사람도 있다. 병명은 고혈압이 대부분인데 갑자기 힘을 쓰다가 혈관이 터져 죽게 되는 것이다. 이런 경우는 예전에도 있었다. 이럴 때면 으레 동네사람들은 화장실 귀신에게 잡혀 죽었다고 말한다. 물론 화장실에 귀신이 있는지 없는지는 확인할 길이 없다. 그러나 '변소에 비를 두면 밤에 귀신으로 변한다'는 속설이 있다. 이 말은 재래식 변소 구조를 모르는 사람에게는 엉뚱한 말처럼 들릴 것이다. 재래식 화장실 구조는 두 가지 형태가 있었다. 하나는 '망우'라 부르는 것으로 배설물을 한 곳에 모아두는 형태이다. 다른 하나는 '잿간'이라 부르는데, 비료가 발달하지 못했던 시절 분뇨를 비료로 쓰고자 마련했던 화장실이다. 잿간은 아직도 강원 산간부락에 남아 있는 경우가 있는데, 돌을 두개 놓고 가운데를 파서 일을 보도록 꾸몄다. 볼일이 끝나면 앞쪽에 놓인 재를 삽으로 퍼서 뒷쪽에 버리도록 한다. 그래서 '잿간'이란 말을 쓰는 것이다. 이 잿간에는 농사철에 필요한 여러 도구를 함께 놓아두는 경우가 많다. 빗자루를 놓아두는 것은 잿간을 청결하게 하기 위해서이다. 이 때 빗자루는 다 떨어진 봉당비(수수로 만든 비로 봉당을 쓸기 위해 만든 비)를 놓게 되는데, 이 비는 눈에 잘 뜨이지 않는다. 그런데 긴 마당비를 놓으면 전기가 없던 시절, 누군가가 서 있는 모습으로 비칠 수밖에 없고 이는 귀신처럼 보이는 것이 당연하다.

우리말에 '뒷간과 처가는 멀수록 좋다'는 말이 있다. 이 말은 본디 처가를 너무 가까이 하지 말라는 말이다. 그런 점에서 처가와 관련된 금기어로 볼 수 있다. 그런데 하필이면 왜 뒷간도 함께 끼어들어 갔는가. 처가나 뒷간은 어쩔 수 없이 갖추어야 하는 존재이다. 그러나 처가를 너무 가까이 하면 남자로서의 구실을 잘 못할 수 있고, 뒷간이 가까우면 늘 불결한 생활을 면하지 못할 수 있기 때문에 생겨난 말이다. 흔히 '사위 사랑은 장모 사랑'이라거나 '씨암탉 잡는다' 또는 '사위는 백년 손님'이란 말이 있다. 처가와 관련된 이율배반적인 말들이다. 그러나 이런 말들은 남성 중심의 사회에서 시집살이의 고통이 생겨난 이후로 붙은 말일 뿐, 본디 결혼은 남성이 여성의 집에 들어가던 풍습으로부터 시작된 것이다. '장가가다'란 낱말은 여자의 집으로 결혼하기 위해 들어가는 풍습에서 생긴 말이고, 옛 풍습에도 데릴사위제가 있었음도 확인된다.

화장실과 관련된 금기어는 볼일 보는 행위와 동떨어진 행위를 하는 것은 어울리지 않는다는 데에서 생겨났다. '변소가서 머리를 긁으면 손거스머리가 된다'는 말도 그 경우의 하나이다. 거스머리는 사전에 의하면 〈① 나무의 껍질 같은 것이 얇게 일어나 가시처럼 된 부분 ② 손톱 박힌 자리 위에 거슬려서 일어난 죽은 살갗〉으로 되어 있다. 손거스머리가 된다는 말은 손거스머리가 난다는 말로 써야 옳다. 어떻든 이 말도 화장실에서 손을 청결히 해야 한다는 뜻을 갖는다. 이 점에서 옛 혼인 풍습 가운데, 시어미가 될 사람이 며느리자리(며느리가 될 사람: …이 될 자격을 뜻할 때 자리란 접미사를 붙이는 경우가 있다)에게 화장실 가는 것을 보고자 한 경우가 있었다. 이 때 여자가 왼손으로 밑을 닦으면 시어미는 여자를 좋게 생각했고, 오른손으로 닦으면 며느리감으로 마땅치 않게 생각했다. 이 또한 오른손을 특히 청결히 해야 한다는 믿음에서 비롯된 것이리라. 물론 요즘은 수세식 화장실에서 볼일이 끝나면 으레껏 손을 닦으니 별탈이 없으리라. 이뿐 아니라 '밥먹다가 화장실 갔다와서 다시 먹으면 복 달아난다'는 말도 있다. 이 말은 현대인에게도 적용되는 말이다. 밥을 먹는 것과 화장실에 가는 것은 생리적인 욕구이지만 정반대의 의미를 갖는다. 더욱이 집안 식구가 함께 모여 밥을 먹는 것이 우리네 식생활의 특징인데, 그 중 한 사람이 화장실에 갔다와서 다시 밥숟갈을 들면 나머지 식구들이 즐거워 할 리가 있겠는가.

5. 머리 손질

- 마마하는 집에서 머리를 빗으면 그 환자는 곰보가 된다
- 머리를 둘이 빗으면 나쁘다
- 머리를 빗을 때에는 날짜를 구분하여 빗어야 한다
- 머리를 빗고 군빗질하면 소박 맞는다
- 밤에 머리를 빗으면 어머니가 죽는다
- 생일날에 머리를 빗으면 안된다
- 여자가 비올 때 머리를 빗으면 시부모 장사날에 비가 온다
- 2월 초하루에 머리 빗으면 노래기가 낀다

머리를 빗는 것은 아름다움을 추구하는 기본적인 행위이다. 그런데 우리 겨레에게는 '외모의 아름다움'보다는 마음씨 고움을 더 중시했던 풍습이 있었다. 그렇기에 머리를 흐트리고, 옷이 허름해도 마음씨가 고우면 그 사람은 여러 사람들로부터 동정을 받을 수 있었다.

머리를 빗는 것은 현실적으로 여러 의미를 담을 수 있다. 머리를 빗으면 머리카락이 빠지기도 하고, 비듬이 떨어지기도 한다. 그렇기 때문에 이를 경계하는 표현도 생겨난다. '집어른이 식사할 때 머리를 빗으면 나쁘다'라거나 '머리를 빗으면서 음식을 먹으면 몸에 해롭다'

는 말은 금기어라기보다는 현실적으로 머리를 빗을 때 나타날 수 있는 비위생적인 모습을 경계한 말이라 할 수 있다. 이러한 모습으로부터 또다른 연상 작용이 일어날 수 있는데, '머리를 둘이 빗으면 나쁘다'거나 '2월 초하룻날 머리를 빗으면 노래기 낀다'는 말도 그런 유형이다. 노래기는 지네처럼 생긴 작은 벌레이다. 검은 색의 수많은 다리가 움직일 때마다 역겨움을 느낄 정도로 징그런 벌레이다. 2월 초하룻날 머리를 빗으면 노래기가 낀다는 것은 맑고 깨끗한 봄철에 땅을 더럽히지 말라는 의미가 담겨 있는 것이다.

빗은 머리카락을 빗는데 쓰는 도구이다. 빗의 역사를 문헌에서 찾는 것은 쉽지 않으나, 낙랑 고분에서 나무로 만든 빗이 출토된 바 있다는 기록으로 볼 때, 상당히 오랜 역사를 갖고 있음은 틀림없다. 종래 빗은 참빗과 얼레빗으로 나누어져 있었다. 참빗은 빗살이 촘촘한 빗이고, 얼레빗은 빗살이 성긴 빗이다. 이러한 빗은 대체로 대나무나 쇠뿔로 만들었는데, 전남 영암이나 담양의 빗이 유명했디.

모계사회에서 부계사회로 바뀐 이래로 어느 민족에게나 일부다처제가 인정되는 경향이 나타난다. 우리 겨레도 고려 시대 이후에는 명백하게 일부다처제의 모습이 나타난다. 태조 왕건이 호족 세력을 달래기 위해 스물 일곱 번이나 결혼을 했다는 사실은 널리 알려진 사실이다. 이와 같은 일부다처제 아래에서 처첩 간의 갈등이 심화되는 것은 당연한 일이다. 남편을 기다리는 여자가 밤늦도록 머리를 빗고, 몸단장을 하는 것도 흔히 있는 일이다. 그렇지만 기다리던 남편은 나타나지 않는다. 그럴 때면 처연한 모습으로 다시 자신의 모습을 바라보게 된다. 이와 같은 심리에서,'머리를 빗고 군빗질 하면 소박 맞는다'는 말과 같은 금기어가 생겨난 것으로 보인다. 한편으로는, 밤중에 머리를 빗게 되면 남의 눈치를 보지 않을 수 없게 된다. 머리카락이 여기저기 흩날리는 모습이 결코 즐거울 까닭이 없는 것이다. 어떻든 여자와 빗질은 미를 추구하는 본능과 함께 밀접한 관련을 맺는다. 그런데 '여자가 비오는 날 빗질하면 시부모 장사날 비가 온다'는 말이 있다.

이 말은 '비오는 날'이란 의미를 강조하여, 청승맞은 일을 한다는 뜻으로 새겨 볼 수 있다.

문학 작품 속에 빗은 또다른 의미를 갖는다. 고려가요 〈동동〉 가운데 나오는 빗은 '버림받은 처지'를 상징적으로 표현한다.

　　유월시 보로매
　　아으 별헤 바룐 빗 다호라
　　도라 보실 니믈
　　적곰 좃니노이다
　　아으 동동 다리
　　―――― 고려가요 〈동동〉에서

이 작품 속의 빗은 노래 속의 주인공이 낡아 못 쓰게 된 빗처럼 버림받았다는 것을 비유적으로 표현한 대상이다.

빗은 또한 남녀간의 성적 특징을 상징하는 데에도 쓰였다. 〈내훈〉에 보면 '남녀는 섞어 앉지 말고, 한 옷걸이에 옷을 걸지도 말며, 머리빗을 함께 쓰지 말아야 한다'는 경계구가 나타나 있다. 남자와 여자의 머리카락이 성분상 다를 수 있다고는 하나 조선조 남자도 긴 머리에 상투를 올렸음을 상기한다면 구태여 빗을 함께 쓰지 못할 이유는 없으리라. 그럼에도 이러한 문구를 남긴 것은 남녀는 물건을 쓰는 것도 서로 구별해야 한다는 의미를 담고 있기 때문이다. 또한 주세붕은 어머니가 병중에 있을 당시 한번도 빗질을 하지 않았다고 하는데, 이 또한 여러 의미를 담고 있다. '몸이며 얼굴이며, 터럭이며, 살갗은 모두 부모로부터 받자온 것이라'는 동양의 효가 이미 빠진 머리터럭이라도 간직하겠다는 옛 선비의 효심을 드러낸 것이 아니겠는가.

머리카락을 함부로 다루지 말아야 한다는 것도 우리 겨레의 금기 가운데 하나였다.'머리털과 수염이 빠지면 자손에게 근심이 생긴다'는 말은 금기어라기보다는 상식적으로 타당한 말이다. 〈논어〉에도 "부모

의 연세는 반드시 알아야 하니, 한편으로는 기쁘고 한편으로는 두렵
다(父母之年은 不可不知也니 一則一喜요 一則以懼니라)"고 했다. 이
말은 부모의 연세가 많아지면 늙음이 더 커 보이니 작은 징조라도 걱
정된다는 뜻이다. 그러니 나이 드신 분들의 머리털이 빠지는 것은 당
연히 언짢은 일이 된다. 이와는 달리 '머리카락을 함부로 버리면 귀
신 붙는다'는 말이 있는데, 이는 머리카락에 또다른 혼이 있다고 믿
은 때문이었다. 어찌본다면 복제 인간의 원시적인 형태에서는 유전자
대신에 머리카락이 복제 요소로 사용되었음 직하다. 〈옹고집〉전에는
허옹과 실옹이 '흰머리카락'을 가지고 다투는 장면이 나온다.

> "우리 아버님은 두상에 금이 있고 금 가운데 백발이 있사오
> 니 그 표를 보사이다"
> 실옹가 나앉으며 머리를 풀고 표를 뵈이니, 이 대가리 딴딴
> 하여 송곳으로 찔러도 물 한 점 아니 날레라. 허옹가 나앉으며
> 요술을 부려 흰 털을 빼어다가 저의 머리에 붙이니, 실옹가의
> 표는 쓸데없고 허옹가의 표가 분명하다.
> "며늘아가, 내 머리 자세히 보아라"
> 하니, 며느리 나 앉으며, "예, 우리 시아버님이오"…

　머리털로 도술을 부리는 모티브는 매우 많다. 〈서유기〉속의 손오
공이나 〈홍길동전〉 따위도 자신을 대리하는 또다른 자기를 만들 때에
는 머리털이나 짚단을 이용하고 있지 않은가. 이와 같은 연유로 머리
를 함부로 다루는 것은 큰 화를 당할 일이라는 믿음이 생겨난 것이
다.
　이러한 양상은 시대가 변해도 비슷한 심리 요인으로 작용한다. 오
늘날은 과거에 하찮은 일로 취급되던 머리 만지는 일이 '헤어디자인'
이라는 이름과 함께 전문 직종으로 발달하기도 했다. 방송국에서도
분장술과 함께 머리 모양을 꾸미는 일이 무엇보다도 중요한 일로 취
급된다고 한다. 하기야 번쩍이는 머리를 가진 이덕화나 설운도가 가

발을 쓰지 않고 광채를 번쩍이며 텔레비전에 출연을 한다면, 그것 자체가 코미디가 아닐까? 일찍이 가발 문화가 발달했던 영국의 경우는 머리 모양이 그 사람의 신분이나 지위를 나타내는 상징으로 작용하기도 했었다. 또한 단발령이 내려지자 면암 최익현 같은 이는 '목은 잘라도 머리털은 자르지 못한다.'며 항거하기도 했음을 상기해 본다면 머리털은 신체 부위 가운데 가장 소중히 여긴 부분이 아니겠는가.

6. 기일 : 날짜를 피하라

　무라야마의 〈한국의 귀신〉이란 책에는 비교적 우리 풍습이 자세히 실려 있다. 이 책은 1929년 총독부 이름으로 간행된 것인데 당시 일인 학자들은 한국의 언어 풍습 역사 지리에 많은 관심을 가졌다. 이는 한국 지배의 합리화를 위한 식민 사관을 확립하기 위해 지리 역사 문제에 관심을 가질 수밖에 없었다. 이러한 결과는 〈조선 도서 해제〉, 〈조선고적도보〉, 〈조선의 취락〉 따위로 나타난다. 무라야마의 저서도 이러한 흐름에서 나타난 것이다. 그러나 이 저서는 한국의 풍습을 비교적 실증적인 자료와 함께 자세히 수록해 놓은 책으로 평가된다.

　이 책에 보면 우리 민족이 지켰던 수많은 금기일이 있다. 곧 특정한 날짜를 피해 일을 하는 것이다. 이러한 풍습은 각 지역에 흩어져 있는데, 제주도의 경우 영등신이 보호하는 날에 이사를 하는 풍습이 있다. 이와 같은 의식은 특정한 날짜에 나타나는 한자음이 다른 한자에 연상되거나 동물의 의미가 확대 해석되어 나타난다. 이러한 보기는 숫자 4를 죽을사(死)에 연계시켜 피하는 풍습과도 같다. 오늘날도 각 건물에는 4층 대신 영문자 에프를 쓰거나 아예 사층을 비워두는 경우가 많은 것과 같다. 다음과 같은 보기가 있다.

　· 갑(甲)일은 창고를 열지 말고 을(乙)일은 식물을 심지 않는다

- 병(丙)일은 부엌수리를 하지 않으며 정(丁)일은 머리를 깎
  지 않는다
- 무(戊)일은 논밭을 인수하지 않는다
- 기(己)일은 증서를 찢지 말라
- 경(庚)일은 침을 뱉지 말며 신(辛)일은 간장을 섞지 말라
- 임(壬)일은 물을 막지 말라
- 계(癸)일은 소송하는 일을 하지 말라

갑일에 창고문을 열지 말라는 말은 갑일이 날짜의 시작을 나타낸다
는 의미에서 창고문을 열면 재물이나 복이 나갈 것이란 의미를 담는
다. 을일에 식물을 심지 말라는 것도 일의 서두름을 경계한 말로 보
인다. 하늘을 나타내는 천간으로서 날짜는 일의 순서를 지시하는 의
미를 담고 있다. 그렇기에 어떤일을 서두르거나 늦추는 것을 경계하
는데 쓰였다. 기일에 증서를 찢지 말라는 말은 기라는 한자음을 '피
하다'는 뜻의 기(忌)로 해석했기 때문이며, 경은 '삼가다'의 뜻을 갖는
경(敬)으로, 신은 '콩팥'의 신(腎)으로 해석했을 가능성이 있다. 특히
콩팥은 신장이라 불렀는데, 한자말 가운데 간장이나 신장 따위는 함
께 연상작용을 일으킬 수 있다. 임은 '아이를 배다'는 뜻의 임(任)이
었을 가능성이 높고, 계는 '맺다'는 뜻의 계(係)와 연상되었을 것으로
보인다. 그렇기에 어떤 일에 연루되어 소송이 제기되면 좋지 않다는
생각이 미치게 된 것이다.
이러한 기일은 천간 이외에 땅을 나타내는 지지로부터도 나온다.
지지는 모두 열 두개의 동물을 상징한다. 따라서 이 동물이 지니는
특성이 금기에도 함께 작용한 것으로 보인다. 무라야마의 조사에 따
르면 다음과 같은 것들이 있다.

- 자(子)일은 점을 치지 말라
- 축(丑)일은 관대-의복의 띠나 갓-을 차지 말라
- 인(寅)일은 조상을 모시지 말라

- 묘(卯)일은 우물을 파지 말라
- 진(辰)일은 우는 일을 삼가라
- 사(巳)일은 먼 곳 여행을 하지 말라
- 오(午)일은 지붕을 이지 말라
- 미(未)일은 약을 먹지 말라
- 신(申)일은 편히 잠자지 말라
- 유(酉)일은 손님을 만나지 말라
- 해(亥)일은 아내를 맞이하지 말라

이 말들도 천간의 풀이와 유사한 입장에서 금기어가 되었다. 자일은 점을 치지 말라는 말에는 지나치게 모든 일을 운명으로만 받아들이지 말라는 뜻이 들어 있으며, 축일은 가축과의 관계가, 인일은 호랑이라는 동물의 의미가 작용되어 금기일이 되었을 것이다. 특히 호랑이는 산신령으로 대신 표현되는 동물이 아닌가. 금기어 가운데 특정 대상을 무서워하여 대신 표현하고자 한 말들이 많은데, 호랑이는 '산신령'으로 대신 표현되었다. 묘일에 우물을 파지 말라는 말은 묘가 묘(墓)에 연계되었을 가능성이 높고 진일에 우는 것을 삼가라는 '기진하다'는 말이 있듯이 진(辰)이 진(盡)에 연계될 가능성이 높다. 이러한 한자음 연상 작용은 여러 형태의 새로운 금기 풍습을 만들 가능성이 있는데, 그 가운데 여러 사람들이 보편적으로 쉽게 연상할 수 있는 것들은 금기어로 정착된다. 곧 언어에 나타나는 의식은 유추 작용에 의해 전혀 색다른 의미를 갖게 되는 경우가 많다. 금기어 형성 과정은 이러한 작용에 의한 것으로 보이며 날짜를 피하는 풍습은 천간이나 지지에 나타나는 한자의 음과 동물명이 확대 해석된 때문에 나타난 것이 많다.

기일에 대한 의식, 이는 사람들의 생활 습관에도 매우 큰 영향을 남겼다. 그 날짜에는 특정한 행동을 하지 않는다는 것이 기일의 본뜻이지만, 이와는 반대로 길일에는 이사나 결혼, 심지어는 출산일을 맞추려고까지 애를 쓴다. 민간에서도 이와 같은 풍습은 많이 남아있다.

제주도에서는 이사철이 정해져 있다. 이른바 '신구간'이라는 시기인데, 이 때는 모든 신이나 잡귀가 하늘 나라에서 열리는 회의에 참석하기 위해 이 땅을 떠나기 때문에, 거리에서 해꼬지를 당하지 않는다는 것이다. 민간 풍습뿐만 아니라 삶에도 직접 영향을 끼치는 일도 많다. 최근에는 현대 의학 기술의 힘을 빌어 출산일은 기일에 맞추려는 움직임까지 있다. 그것도 일부 부유층에서 흔히 일어나는 일이라고 하니, 아마도 운명까지도 세습되는 모양이다.

<table><tr><td>셋째 마당</td><td>물건 속의 금기</td></tr></table>

생활 속에서 금기어가 생겨나듯, 사람이 만든 물건에 특별한 의미를 담는 경우도 많다. 물건은 각각의 쓰임새가 있는데, 이에 어긋나면 물건 구실을 제대로 할 수 없는 경우가 많다. 이러한 상태를 경계하기 위해 금기어를 만들기도 한다. 잠잘 때 쓰는 베개, 옷 꿰맬 때 쓰는 바늘 따위는 함부로 다루어서는 안된다. 홍두깨나 옷, 뒤주 따위도 모두 이러한 의미 생성 관계에 놓일 수 있다.

1. 잠자리와 베개

베개를 나란히 한다는 말이 있다. 잠자리를 함께 할 정도의 사이가 되었다는 뜻이다. 그만큼 친근함을 나타내기도 한다. 뿐만 아니라 '베갯머리 송사'라는 속담도 있다. 아내가 잠자리에 들어 남편 마음을 자기 마음먹은대로 한다는 뜻이다. 베개는 우리 민족에게는 특별한 의미가 담겨 있다. 베개를 나란히 할 수 있는 사이는 그만큼 우정이 깊다거나 신임이 두터움을 표시하는데, 이러한 고사가 있다. 후한 광무제 때 지조가 곧고 결벽하기로 소문난 엄자릉이 있었다. 광무제는 한나라의 기반을 다시 잡고 천하에 자기 밑에 종속되지 않는 것이 없을 것이라 확신했다. 그러나 그도 옛 친구인 엄자릉만은 자신이 없었다. 그렇기에 엄자릉을 어떻게 부를까를 고민하게 되었다. 결국 그는 엄자릉만큼은 어떤 벼슬이나 예물보다도 본심을 그대로 나타내며 맞이하는 것이 좋을 것이라 여겼다. 그래서 신하를 보내어 그를 맞이하게 되는데, 예상했던대로 엄자릉은 다른 신하들은 아랑곳 않고, 궐내에 들어와 오랜 친구를 만나듯 반가이 광무제 곁으로 갔다. 물론 신하들 입장에서는 괘씸한 마음이 없을 수 없었다. 그것을 안 광무제는 주안상을 따로 마련하여, 아무도 근접하지 못하게 하고는 둘이 밤늦도록 술을 마시다가 잠이 들었다. 물론 왕비와 함께 쓰는 침실이 아니었으니 한 베개 밑에 잠이 든 것이다. 아침이 되어 신하들 사이에는 근심이 생기기 시작했다. 밤새 혜성이 태백성을 침범했다는 것이다. 그런데 전날 저녁 잠을 자면서 엄자릉은 술을 마신 탓에 광무제의 몸에 다리를 올려 놓았던 것이다. 이것이 하늘의 징조에 나타났다는 소문이 떠돌았다. 그러나 엄자릉은 새벽이 되어 유유히 사라져 갔다. 광무제는 깨어나 역시 엄자릉이구나라고 생각하지 않을 수 없었다. 후대에 이를 인용한 문학 작품이 매우 많이 등장한다. 이들 작품 속에서는 모두 '한 베개'라는 점을 강조한다. 그 가운데 하나가 〈토끼전〉이다.

　토끼 심중에 기꺼하여 거짓 체모를 채려 가로되,
　"그대 친구를 위하여 이렇듯 수고를 아끼지 아니려 하니 이는 친구를 사괴는 도리가 마땅함이나, 내 그대의 등에 오름이 어찌 마음에 미안치 아니리오."
　자라 크게 웃어 가로되,
　"그대 오히려 졸직(졸렬하고 우직함)하도다. 위수에 고기낚던 여상이는 주문왕과 수레를 한가지로 탓고, 이문에 문 지키던 후영이는 신릉군 상좌에 앉았으며, 부춘산에 밭갈던 엄자릉은 한의 광무제와 한 베개에 누웠으니 자기를 위하는 자리에 존비와 귀천이 무슨 아랑곳인가? 우리 이제 한가지로 들어가면 일생 영욕과 백년고락을 한가지로 할 것이니 무슨 미안함이 있으리오."

이와 같이 동고동락을 하는 경우나, 깊은 신임을 나타내는 경우 한 베개를 베었다는 표현으로 대신하는 경우가 많다. 속설이지만 흔히 '남자들은 함께 목욕탕을 가거나, 잠자리를 함께 해 보면 그 사람을 안다'는 말도 있지 않은가. 그러니 베개라는 낱말 속에는 특별한 의미가 담겨 있지 않을 수 없다. 그래서인지 여자가 베개를 깔고 앉거나, 베개를 세워두는 경우 모두 좋지 않다는 말이 생겨났다. 베개와 관련된 금기어로는 다음과 같은 것들이 있다.

- 남의 집에 가서 여자가 베개 위에 올라앉으면 옴 오른다
- 밤에 베개를 세워 놓으면 도둑든다
- 베개를 깔고 앉으면 치질 걸린다(병걸린다)
- 베개를 세워 놓으면 어머니가 돌아가신다
- 베개 속에 넣어 사용했던 것을 다시 새 베개에 넣으면 귀먹는다
- 비선을 베고 사면 귀머거리 된다

이러한 말들은 모두 잠자리의 편안함이나, 머리를 소중히 여기는 잠버릇과 관련이 있다. 그 가운데 〈베개를 세워 놓으면, …한다〉식의 표현은 '홍두깨를 세워 놓으면, …한다'는 표현과 같은 이유에서 생겨난 것으로 보인다. 두 표현은 모두 눕혀 사용해야 하는 물건을 세워 둠으로써 다른 사람들로 하여금 잘못 판단하도록 유도한다는 의미를 담고 있는 것이다. 그밖의 금기어는 쉽게 생각해도 유추될 수 있는 내용으로 되어 있다. 특히 베갯속과 관련된 표현은 흥미롭다. 베갯속은 흔히 왕겨나 메밀껍질 따위를 넣는데, 오래된 것을 다시 사용하기는 힘들다. 뿐만 아니라 베개의 재료도 여러가지가 있는데, 목재나 구슬을 꿰어 만든 것, 비단을 감싼 것 등 매우 다양하다. 오늘날에는 풍선처럼 공기를 넣어 벨 수 있도록 한 것도 있으니, 베개와 관련된 금기어가 더 이상 의미를 지니긴 힘든 세상일지도 모른다. 어떻든 잠은 편안히 자야하고, 베개는 좋은 것을 베어야 한다는 믿음은 우리

조상들에게는 소중한 믿음 가운데 하나가 아니었겠는가. 그렇기에 모든 욕심을 다 버렸다는 의미로 '나물 먹고 물 마시고 팔베고 누웠으니'란 구절이 시가에서 늘 안빈낙도를 뜻하는 표현이 되었음 직하다.

2. 바늘과 송곳

바늘이나 송곳과 관련된 금기어가 생기는 까닭은 지극히 평범해 보인다. 여성에게는 바느질이 가장 소중한 생활 가운데 하나였으니 당연히 바늘을 소중히 다루어야 했고, 일상인들에게 바늘은 자극을 줄 수 있는 물건이니 함부로 다루면 피해를 줄 가능성도 있었다. 부러진 바늘이나 벽에 함부로 바늘을 꼽아 두는 따위는 당연히 금기 대상일 수밖에 없다. 그런데 이러한 금기 행위를 강조하기 위해 구체적으로 '누구누구에게 해가 미친다'는 식의 표현이 생겨났다.

- 바늘로 고기를 찍어 먹으면 눈이 먼다
- 바늘 부러진 것을 쓰면 오빠에게 해롭다
- 바늘에 실 꿰어 주고 실 매듭 지어 주면 지옥가서 풀어달라고 한다
- 바늘에 실을 짧게 꿰면 명이 짧다
- 바늘을 남에게 줄 때 하나만 주면 나쁘다
- 바늘을 벽에 꽂아 두면 남편이 않는다

'바늘에 실 꿰어준다'거나 '실 매듭을 짓는다'는 표현 속에는 또다른 상징 의미가 들어 있다. 실은 흔히 운명이나 목숨을 나타낸다. 조상들이 생각했던 운명의 종류도 여러가지이다. 흔히 '숙명'이란 말을 많이 쓰는데, 좋은 일에도 숙명, 나쁜 일에도 숙명적인 인과 관계가 따른다. 고사 가운데 자주 등장하는 '월하노인(달 빛 아래에서 바둑을

두며 혼인을 주관한다는 노인)'의 경우도 그렇다. 도교 사상에서 결혼은 월하노인이 남자와 여자의 발목에 실을 달아줌으로써 운명적으로 성립된다는 것이다. 또한 인간의 죽음을 실이 끊어짐에 비유하는 경우도 많다. 그렇기에 '실 매듭을 짓거나, 실을 끊어 놓는 것' 따위는 특정 사람에게 어떤 운명적 부담을 지워주는 것이라 할 수 있다. 불가에서는 이를 업보라 한다. 업을 쌓았으면, 그 업에 따른 마땅한 업보가 있게 마련이다.

실과는 달리 바늘은 위험한 물건이 될 수 있다. 가늘고 뾰족하여 좀처럼 눈에 뜨이지 않으니 일정한 곳에 꽂아두지 않으면 사람을 다치게 할 수 있다. '바늘을 벽에 꽂아 두면 남편이 앓는다'는 것이나 '바늘 부러진 것을 주면 오빠에게 해롭다'와 같은 말들이 이런 까닭으로 생겨난다. 다만 해를 입는 사람이 왜 남편이나 오빠가 되어야 하는지는 뚜렷한 결론을 내리기 힘들다. 그러나 가족 관계에서 가장 소중한 사람으로서 남편과 오빠를 설정하는 것은 그리 어려운 일은 아니다. 그러니 '가장 소중한 사람에게 해가 된다'는 의미로 해석을 한다면 큰 무리가 없을 것이다. 그런 점에서는 송곳도 마찬가지다. 그렇기에 송곳와 관련된 금기어도 생겨난다.

- 송곳니가 솟아나면 남을 해친다
- 송곳으로 사람을 가리키면 그 사람이 해를 입는다

우리말 가운데 '곶'은 끝이 뾰족한 부분을 뜻한다. 꼬챙이라는 말이나 송곳이라는 말도 모두 '곶'에서 온 것으로 보인다. 곶은 표기법의 변화를 겪으면서 '곳'으로도 나타난다. '고드름'이나 '곶감'이란 말도 끝이 뾰족한 꼬챙이와 관련이 있다. 얼음이 길게 꼬챙이처럼 얼면 고드름이 된다. 뿐만 아니라 곶감을 만들 때에도 대나무나 싸리나무 꼬챙이를 써야 한다. 송곳도 이러한 말에서 생겨난 것으로 보인다. 그렇기에 바늘이나 송곳, 꼬챙이 따위를 조심스레 다루어야 한다는 표현은 같은 이유에서 생겨날 수 있다. 어원적으로 볼 때, 꼬챙이는 '꽃다'라는 말과도 깊은 관련이 있는데, 요즘에는 어묵이나 고기에 나무를 꽂아 익혀 먹는 풍습이 일반화되었다. 그러나 옛날에는 제사 음식으로 꼬치를 만드는 경우가 아니라면 일반 밥상에 오르는 음식은 함부로 꽂아 먹지 못하도록 했다. 그렇기에 옛 어른들은 젓가락으로 음식을 꽂아 먹지 못하도록 가르치고 경계했다.

송곳과 관련된 흥미로운 속담도 많다. '송곳 세워두고 발끝으로 찬다'는 말이 있는데, 어리석은 사람이 스스로 화를 불러들인다는 뜻이다. 또한 '송곳니가 방석니 되도록 간다'는 말은 분에 겨워 송곳니가 뭉툭해지도록 상대방을 원망한다는 뜻이다. '송곳으로 매운 재 끌어내듯 한다'는 말은 일을 할 때 적당한 도구를 사용하지 않고, 하는 일마다 미련스럽게 한다는 뜻으로 사용된다. 이러한 말은 우리 겨레의 삶을 그대로 드러내는 흥미로운 말임에 틀림없으리라.

바느질, 이는 정겨움이 담겨 있는 말임에 틀림없다. 한밤중 다듬이 소리와 함께, 등잔불 아래 다소곳이 앉아 한 뜸 한 뜸 뜨는 바느질 소리. 그러나 이제는 이러한 정겨움도 기계 문명의 혜택과 함께 역사의 유물로 사라져 갔다. 차르르르 움직이는 수동 재봉틀마저 사라져 간 오늘날, 뜸을 잴 여유조차 없이 움직이는 기계 바늘 끝을 바라보며, 옛일을 회상하는 우리 어머니들도 계시리라.

3. 홍두깨와 도깨비

· 홍두깨를 세워 놓으면 언짢다
· 홍두깨를 세워 놓으면 도둑이 든다

'아닌 밤중에 홍두깨'라는 말은 뜻밖의 봉변을 일컫는 말이다. 홍두깨는 옷감을 감아서 다듬이질하는데 쓰는 도구로 박달나무와 같은 단단한 나무를 깎아 사용한다. 이 말의 구조는 한자말 홍(弘)과 두껍다의 이름씨꼴 '두께(두깨)'가 붙어 이루어진 것으로 볼 수 있다. 두께가 두깨가 된 것은 다분히 민간어원이 작용된 것으로 보이는데, 그 까닭은 홍두깨가 도깨비라는 낱말에 쉽게 연상되기 때문이다. 어떻든 홍두깨는 뜻밖의 일이나 당혹스런 일에 곧잘 비유된다.

홍두깨는 홑이불이나 옷감을 감아 올려놓고 두 사람이 마주 앉아 방망이로 두들기면 옷감이 윤이 나고 구김살이 없이 퍼지는데 다듬잇돌에서 다듬은 것보다 더 윤이 나고 구김도 없다. 특히 명주베를 다듬는 데에는 홍두깨가 제격이었다. 이러한 용도로 쓰이는 기구이기 때문에 홍두깨는 늘 눕혀 놓아야 한다. 간혹 어린아이가 꿈을 꾸다가 홍두깨를 잘못보면 도깨비처럼 보이는 경우가 많았던 모양이다. 그렇기에 '아닌 밤중에 홍두깨'라는 말이 널리 퍼진 것이다. 이와는 달리 '홍두깨로 소를 몬다'는 말도 쓰이는데 이 말은 억지로 일을 하려 한다는 뜻이다. 또한 '홍두깨로 주고 바늘로 받았다'는 표현은 자기는 후하게 주었는데 받은 것은 적어서 손해가 많다는 뜻으로 쓰인다.

홍두깨의 외양에 따른 말도 많이 생겨났다. 그 가운데 하나가 동래지역의 들놀음에 쓰이는 '홍두깨 춤사위'이다. 이 춤은 뻣뻣이 서서 손을 위로 올리며 홍두깨 놀듯이 추는 춤이다. 홍두깨흙은 기와를 일 때 수키와가 붙어 있도록 그 밑에 괴는 반죽한 흙을 말한다. 또한 홍두깨엿이 있는데 엿의 모양이 홍두깨와 같다는데서 온 말이다. 어떻든 홍두깨가 조상들의 삶의 한 부분을 이루었던 물건임에는 틀림없다. 그러나 홍두깨란 이름은 곧잘 도깨비에 비유될 뿐더러, 도깨비가 제모습을 드러낼 때 홍두깨나 빗자루로 나타난다는 점에서 조심스런 물건으로 취급되었다.

앞에서 든 '홍두깨를 세워두면 도둑 든다'는 말은 좀 특이하게 형성된 말이다. 언뜻보면 홍두깨를 세워두면 사람이 있는 것처럼 느끼기 쉽다. 그러나 밋밋하고 둥글한 홍두깨의 넓이가 뭇사람들의 눈을 속이기에는 적당하지 않기 때문에 세워 두면 사람이 없다는 것을 금방 알리는 구실을 했던 것으로 보인다. 그러니 홍두깨를 세워 두는 것은 요즘으로 본다면 외출할 당시 '밖에서 자물쇠를 잠그는 것'쯤에 비유될 수 있다. '홍두깨를 세워 두면 좋지 않다'는 말은 금기어라기 보다는 생활 속에서 나온 위험 방지용 문구로 보인다. 홍두깨를 세워 두면 아이들이 잠자다 도깨비로 잘못 볼 수도 있고, 넘어지면 다칠 수도 있다. 그러니 세워두는 것을 삼가야 하지 않겠는가.

덧붙여 홍두깨가 곧잘 변신하는 도깨비에 대한 설명을 〔조선의 귀신〕(무라야마 지준 지음)에서 옮겨 보기로 한다.

　　일반적으로 도깨비란 조선에서는 〈이매(魑魅)〉나 〈망량(魍魎)〉 또는 〈허주(虛主)〉라는 글자로 표시하나 어느 것도 맞지 않다. 이 귀신은 본적지 출생지 현주소 형체 용모 복장 등에 관해서 전혀 알 수 없다. 단지 월경의 피가 빗자루에 묻거나 낡은 그릇 같은 것이 이 귀신이 된다는 속설이 있다. 그리고 도깨비불이라 하여 원인불명의 불이 있다. 이 귀신은 대단한 악귀(惡鬼)로서 사람들을 원수로 생각하므로 매우 두려워하는 것이다.

그러나 사실 도깨비는 악귀로만 나타나는 것은 아니다. 도깨비는 허황된 것, 또는 지나치게 놀라운 일 따위에 곧잘 등장한다. 그렇기 때문에 속담에 '도깨비 기왓장 뒤집듯 한다'는 표현을 쓴다. 이 말에 는 실속없이 쓸데없는 일을 한다는 의미가 들어있다. '도깨비 땅 마 련하듯 한다'는 공연히 헛된 일만 한다는 뜻이요 '도깨비 여울 건너가 는 소리를 한다'는 말은 무슨 소리인지 다른 사람들은 알아들을 수 없는 소리를 한다는 뜻이다.

도깨비를 알려면 민속에 도깨비가 어떻게 나타나고 있는지를 살펴 보아야 한다. 그 점에서 조자용의 "내가 만난 도깨비"(〔샘이 깊은 물〕1977.1)은 흥미로운 글이다. 도깨비는 박물관 유물 어느 곳이든 쉽게 나타난다. 전돌이나 와당 등 공예품, 건축물 어는 곳이든 기괴

한 모습을 한 도깨비의 형상이 그려져 있다. 그래서 조자용은 〈규원
사화〉에 실린 여러 신들을 도깨비로 해석하고 있는 것이다. 신이라면
신성한 모습을 띤 특정 분야의 전능한 존재여야 하는데, 동양의 신은
기괴하고 친근한 존재이다. 〈규원사화〉의 천지창조 설화는 〈삼국유사〉
의 전편에 해당하는 것으로 환웅 천황이 이 땅에 내려올 때 삼천 도
깨비(신)을 거느렸다는 것이다. 천지 창조를 끝낸 환웅 천황이 이 땅
을 다스리기 위해 거느린 이 신들은 모두 어느 문명에서나 나타날 수
있는 자연신인데, 환웅 천황을 따라 백두산에 내려와 신정(신들의 정
치)에 참여하게 된다. 이들은 치우라는 장수의 통치를 받게 되는데,
선사시대 신인들 가운데는 고시, 치우, 주인, 신지 같은 분들이 있어
농사나 약, 군사와 공사, 남녀의 혼사, 글 배우기를 각각 맡아 다스렸
다. 우연의 일치일지는 모르지만 조자용은 우리말 가운데 '주인선다
(혼사의 중매를 선다)'는 말이나 '고시레(일터에서 밥을 먹기 전에 밥
술을 조금 떠서 버리며 축원하는 모습)', '지위(〈고려사〉에 나오는 목
수의 다른 이름)'가 남아 있음을 상기시킨다. 곧 주인, 신지, 지위(치
우)와 같은 신인들은 서양식의 전지전능한 신이 아니라 인간적인 모
습을 띤 신이라 할 수 있다. 도깨비가 이와 같은 신인적인 모습을 띤
다는 점에서, 도깨비와 관련된 믿음은 사납고 통제하기 어려운 악귀
라기보다는 비현실적이고 실속없는 존재라는 쪽에 더 가까왔다. 물론
도깨비를 전문적으로 연구한 사람의 말은 다르다. 그 점에서 김종대
민속박물관 학예연구관의 연구는 흥미롭다. 이를 정리하여 소개하기
로 해 보자.

> 1) 도깨비는 풍요를 관장하는 우리 민족에게 숭상되어온 반신
>   반인의 모습이며 그 종류도 하늘을 휙휙 나는 시퍼런 불도깨
>   비, 밤이 새도록 나그네를 홀린 미녀 도깨비, 멍석도깨비,
>   달걀도깨비 등 매우 많다.
> 2) 도깨비라는 말이 풍요를 상징하는 불과 종자의 뜻을 가진

돗 아버지 혹은 성인이 된 남자를 의미하는 가비가 붙은 낱
말로 설명할 수 있는데 야래자설화와 부자되기 설화를 비교
한 것은 흥미롭다
3) 도깨비도 숲이 있어야 모인다 -- 환상 속에서 숲이 가장
많이 등장
3백 11명 조사 산, 숲속 ,덤풀 1백건/ 폐가 상여 당집 56
건/물가 42건/공동묘지 34건/느티나무 28건
　　　　　- 중앙대 국어국문학과 박사논문 〈한국도깨비담 연구〉

이 글에서는 도깨비가 단순히 우둔함, 또는 환상에만 머무르지 않고
매우 다양한 모습으로 등장하고 있음을 알 수 있게 해 준다.

4. 옷 입는 습관

- 옷을 뒤집어 입으면 나쁘다
- 옷장을 열어두면 복 나간다
- 옷을 짓다가 해를 묵히면 해롭다
- 여자의 속옷을 울타리에 널면 재수없다
- 여자옷을 고쳐서 남자옷으로 만들면 재수없다
- 오뉴월에 솜옷을 지으면 해롭다
- 옷을 입고 단추를 달면 평생 가난하다(강원)
- 옷을 입고 단추를 달면 도둑 누명을 쓴다(경기,충청,전라)
- 옷고름을 자르면 해롭다

옷과 관련된 금기어도 많은 편이다. 이는 옷의 효용이나 맵시와 관
련된 것이 많다. 뿐만 아니라 남존여비에서 비롯된 성의 구별이라든
가 게으름을 깨우치려는 목적에서 비롯된 것들도 있다.
먼저 옷의 효용과 관련된 금기어를 알아보자. 흔히 '오뉴월에 솜옷

을 지으면 해롭다'는 말을 한다. 이 말은 오뉴월 더운 때에 솜옷을 짓는 것이 격식에 맞지 않는 일이란 뜻이다. 이와는 달리 겨울철에 여름옷을 짓는 것과 관련된 금기어는 없다. 어찌본다면 옷의 가장 근본적인 효용은 추위 방지에 있기 때문일지도 모른다. 물론 요즘은 여름에 겨울옷을 사 두거나 겨울에 여름옷을 사 두는 경우도 있다. 이는 경제적 실리를 취하고자 함인데 백화점에서 계절이 지난 옷을 염가 판매하는 경우가 있기 때문이다. 그러나 어떤 사람은 계절 지난 옷은 유행에 뒤떨어질 염려가 있으므로 사두지 않으려는 경향도 있다.

'옷을 입은 채 단추를 달면 평생 가난하다'거나 '도둑 누명을 쓴다'는 말도 옷의 효용과 관련이 있는 듯하다. 단추를 달거나 옷을 꿰매기 위해서는 옷을 벗어야 한다. 그런데 옷을 입고 이런 일을 하는 것은 아무래도 격식에 맞지 않는다. 강원 지역에서는 이러한 경우 '평생 가난하다'라는 말을 붙여 경계하고자 했는데, 옷을 벗지 않고 단추를 꿰맬 정도로 옷을 사입지 못하거나 얻어입지 못할 것이란 의미가 담겨있다. 반면 경기 충청권에서는 도둑 누명을 쓴다라고 했는데 그 까닭은 자세히 알기 힘들다.

다음으로 옷맵시와 관련된 금기어가 있다. '옷을 뒤집어 입으면 나쁘다'는 말이 그 경우에 속한다. 이 말에는 옷을 뒤집어 입게 되면 정상적인 맵시를 간직할 수 없고, 정상적인 옷의 구실을 기대하기도 힘들다는 것을 의미한다. 맵시와 관련된 말은 오늘날처럼 옷이 날개 구실을 하는 시대에는 더욱 많이 생겨난다. 물론 이런 말들은 금기어라 볼 수는 없다. '밤에 옷을 고르지 말라'라든가 옷을 고를 때 적용되는 몇가지 수칙 따위는 금기 사항이라기보다는 현명한 옷 선택의 기준을 알려주는 말들일 따름이다.

반면 옷을 통해 남녀의식을 표현하기도 한다. 흔히 '여자의 옷을 고쳐서 남자의 옷으로 만들면 재수없다'는 말을 쓴다. 특히 어린아이들의 옷을 만들때 이런 말을 하게 되는데, 아이들을 키우면 누나옷을 동생에게 입히는 수가 있기 때문이다. 그런데 오빠의 옷을 여동생에게 고쳐 입히는 수는 있으나 누나의 옷을 남동생에게 입히는 경우는 많지 않다. 그 까닭은 오로지 남존여비에서 비롯된 것이다. 이와 비슷한 연유에서 '여자의 속옷을 울타리에 널면 재수없다'는 말도 있다. 오늘날이야 울타리에 옷을 너는 경우가 많지 않겠지만 여자의 속옷이 남에게 드러난다는 것이 당사자로서는 결코 유쾌한 일은 아닐 것이다. 물론 오늘날 아파트 단지에서는 베란다에 옷을 널기 때문에 속옷도 흩날릴 수 있고 눈요기(?)를 즐기는 사람도 있을 것이다. 아니 언젠가 다소 정신 이상자였던 청년이 전문적으로 여성의 속옷만을 절도한 사건도 있었으니 이 말은 요즘에는 통하지 않는 말임에 틀림없다. 그러나 전래 우리 사상에서는 여자는 집안에 있어야 하는 사람이니 속옷도 드러내서는 안되는 것이 당연했으리라. 계집이란 말과 아내란 말이 모두 집에 있는 사람이란 뜻에서 생겨난 말이 아니겠는가.

〈참고〉

** 아내는 본디 '안해'였는데 이 말은 '안ㅎ + 애'의 짜임새를 갖는 낱말이다. 안ㅎ은 우리 옛말로 'ㅎ끝소리를 갖는 이름씨'이고 '애'는 이름씨를 만드는 뒷가지로 쓰이는 형태소이다. '애'가 이름씨 만드는 뒷가지(접미사)로 쓰이는 경우는 많다. '날개'를 뜻하는 '나래'도 '날 + 애'의 짜임을 갖는다.

---

5. 뒤주와 가난

- 뒤주 위에 올라 앉으면 재수없다
- 쌀 뒤주를 열어두면 복 나간다
- 쌀을 꾸어 줄 때는 먼저 조금 떠 준 다음 꾸어 주어야 한다

뒤주는 곡식을 담는 나무 궤짝을 말한다. 방언에서는 '뒤주기(전북)', '뒤죽(평북)', '뒤지(강원)' 따위도 나타나는데 모두 말소리의 차이만 있을 뿐 특별한 용도나 모양의 차이는 없다. 경기 지방에서는 '두주'라고도 불렀는데 '뒤-'나 '두-'는 움직씨 '두다'와 관련이 있을 듯하다.

뒤주는 민가에서 가장 소중히 다루었던 물건 가운데 하나이다. 뒤주가 비면 궁핍함을 면할 수 없고, 뒤주가 차면 배불리 먹을 수 있기 때문에 항상 소중히 간직해야 했던 것이다. 뒤주는 항상 쥐가 넘볼 수도 있고 때로는 날카로운 이빨로 갉아 먹을 수도 있다. 온도와 습도를 맞추어 주어야 곡물을 제대로 보관할 수 있음도 물론이다. 그렇기에 부엌 한구석에 뒤주를 가장 소중히 모실 수밖에 없는게 실정이다. 그러나 아무리 소중한 뒤주라도 쌀이 떨어지면 무슨 소용이 있겠는가. 그래서 속담에 '뒤주 밑이 긁히면 밥맛이 더 난다'는 말이 생겼다. 이 말은 식량이 떨어져서 뒤주 밑바닥까지 긁어 밥을 해야 될 지경에 이르면 배고픔을 더 느낀다는 뜻이니, 모든 일에서 필요한 물건이 없어져 더욱 간절하게 되면 생각이 더 난다는 말이다. 비슷한 말로 '돈 떨어지면 입맛난다'는 말도 있는데, 요즘도 간혹 〈돈 떨어지면 00(필요한 물건)도 떨어진다〉는 말을 실감하는 사람들도 있으리라. 그럴 때쯤이면 돼지꿈이라도 꾸어 복권이라도 한장 사서 간직할 도리밖에.

역사 속에서 뒤주와 관련된 비운의 인물이라면 사도세자를 꼽을 수 있다. 영조의 아들이자 정조의 아버지였던 사도세자는 아버지의 미움을 받아 뒤주에서 참살되었다. 물론 이러한 정변은 단순히 아버지의 미움만이 원인이 될 수는 없을 것이다. 당시의 정치적인 이해 관계와도 밀접한 관련을 갖고 있는데 혜경궁 홍씨의 〔한중록〕은 이러한 아픔을 자세히 기록하고 있다.

· 뒤주 위에 올라 앉으면 재수없다

- 쌀 뒤주를 열어두면 복 나간다
- 쌀을 꾸어 줄 때는 먼저 조금 떠 준 다음 꾸어 주어야 한다

이러한 말들은 뒤주, 곧 먹을 것을 소중히 여기던 때에 당연히 생겨날 수 있는 말들이다. '뒤주를 열어두면 복 나간다'는 말은 뒤주를 소중히 하지 않기 때문에 - 때로는 은유적으로 살림을 못하기 때문에 - 복이 나간다는 뜻이며, '뒤주 위에 올라 앉으면 재수없다'는 말은 뒤주에 올라 앉지 말라는 경고의 표시라 할 수 있다. 비슷한 표현으로 '쌀을 꾸어줄 때 먼저 조금 떠 준 다음 꾸어 주어야 한다'는 말은 두 가지 의미로 해석할 수 있다. 하나는 자기 뒤주를 좀더 확인하고 쌀을 꾸어 줄 수 있도록 확인해보라는 뜻일 수 있고, 다른 하나는 남에게 한꺼번에 쌀을 떠 주는 것보다는 두어차례에 나누어 꾸어 주는 편이 더 정겹다는 의미일 수도 있다. 그러나 어찌본다면 전자의 풀이가 더 타당할 것이다. 쌀을 꾸러 간 사람 입장에서 조금씩 여러 차례 떠 주는 것이 어찌 반가운 일이겠는가.

이제는 뒤주라는 말이 무엇을 뜻하는지 모르는 사람들도 많은 세상이 되었다. 간혹 나무 뒤주를 발견하는 곳도, 시골 한 구석, 뒷곁이나 먼지 쌓인 골목 한곁일 따름이다. 플라스틱 문화가 발달한 오늘날, 쌀을 담는 뒤주는 단지 귀찮은 물건으로 취급받을 뿐이니까. 그러니 쌀 뒤주로부터 복이 생겨나는 일은 없으리라. 아니 식생활이 급변하는 오늘날 쌀을 주식으로 삼지 않는 사람들조차 생겨나는 실정이다. 허겁지겁 출근길에 편의점 25시에서 라면이나 햄버거로 아침을 때우는 현대인들에게, 뒤주를 지워 줄 수는 없는 일이리라.

5. 대용어 곡차와 전리체

불가에서는 술을 '곡차'라 부른다. 이 말은 삼계의 하나로 술을 마

시거나 살생, 투도를 하지 말라는 불가의 가르침을 지키기 위한 대용어이다. 금기어 가운데는 대용어를 씀으로써 금기 행위를 완곡하게 표현하는 경우가 많은데, 곡차와 전리체도 그 경우에 속한다.

곡차는 술이고, 전리체는 고기이다. 옛날 어떤 스님이 있었다. 이 스님에게 어떤 짓궂은 중생이 물었다. "스님 제가 오늘 시주를 할까 합니다. 괜찮으신지요?" 물론 스님은 쾌히 승낙했다. 그러자 그 사람은 보따리를 놓고 갔다. 그 속에는 물론 술과 고기 안주가 있었다. 문밖으로 나간 그는 스님이 어떤 반응을 보일까 궁금해 하면서 문틈으로 들여다 보고 있었다. 그러자 스님은 불상 앞에 보따리를 풀어 공양하고 태연히 술과 고기를 먹는 것이 아닌가. 이를 보고 있던 중생이 문을 열었다. 그러자 스님은 자네도 '곡차 한 잔과 전리체좀 들게'라고 말하는 것이었다.

곡차와 전리체는 불가에서 힘든 일을 할 경우 먹는 음식이다. 술과 고기라 할지라도 이미 부처님께 바친 것이라면, 또 그것이 인간이 만든 음식이라면 먹어도 괜찮은 것이 아니겠는가? 그러나 불가의 가르침을 어기지 않고 자신의 계행을 이루려면 '술, 고기'라는 이름을 꺼리는 것은 당연할 것이다.

실제로 술과 고기는 사람에게 유용한 음식이다. 놀이 문화나 일 문화에서 술과 고기는 반드시 빠지지 않는다. 술은 사람의 마음을 훈훈하게 하며, 고기는 빈 속을 채워 준다. 하지만 무엇이든지 정도를 지나치면 해악이 될 수밖에 없다. 그렇기에 '주지육림'이란 말을 쓴다. 흔히 여자와 술과 놀이에만 빠져 자신이 할 일을 잊어버리는 사람을 일컫는 말이다. 주자의 말 속에도 '술 먹은 뒤 한 일은 술 깬 뒤 후회한다.'라는 열 가지 후회 사항이 나와 있다. 속담에도 술을 경계하는 말들은 수없이 많다. 그 가운데 대표적인 것들만 들어보자.

- 술과 늦잠은 가난이다
- 술과 안주를 보면 맹세도 잊는다

- 술 먹은 개다(사람 구실을 제대로 못하는 망나니)
- 술은 반만 취해야 좋고 꽃은 반만 펴야 곱다

어떻든 술은 특성을 쉽게 규정할 수 없는 음식임에 틀림없다. 술은 사람의 입장을 곤란하게 할 수 있다는 경구로도 많이 쓰이지만, 때로는 순수함을 나타낼 때에도 많이 쓰인다. '술에 취하여 본성이 나타난다.'거나 '술은 잘 먹으면 약주요 못 먹으면 망주다.'라는 말에도 술의 양면성이 여지없이 드러난다. 이런 점에서 본다면 술은 금기어 소재가 될 수는 없는 듯하다. 그러나 술버릇이나 술 마시는 관습에 따라 금기어가 생기는 경우는 흔히 있다. 연상 작용과 관련된 술 마시는 관습으로 다음과 같은 말도 있다.

- 술잔은 짝수로 돌지 않는다

우리 겨레의 정서 가운데 '남겨두는 미덕'이 있다. 무엇이든지 완전히 일을 끝내거나 야박하고 매정하게 일을 처리하지 않는다는 뜻이다. 그러다 보니 맺고 끊는 것이 확실하지 못하다는 비판을 받기도 한다. 그러나 한편으로 생각한다면 이와 같은 삶의 태도는 나름대로의 여유를 의미하는 것일 지도 모른다. '까치밥'이라 하여 가을철 과실 나무 끝에는 사과나 감을 다 따지 않고 남겨두기도 하고, '떡을 주어도 하나를 주면 정이 없고, 둘은 바람 나기 십상이니 셋은 주어야 한다.'고 하던 옛 사람들의 믿음. 그와 같은 풍습이 술자리라고 없을 까닭이 없다. 그러니 술잔은 반드시 짝수로 맞추기보다는 한 잔이라도 남겨두어 다음 자리를 약속해야 한다는 것이다.

　다소 딱딱한 이야기가 될 지는 모르지만 곡차와 전리체가 나온 언어 현상을 되살펴 보자. 이 낱말은 특정 사물을 직접 가리키지 않기 위해 쓰던 낱말이다. 금기어 가운데 이와 같은 말들이 상당수 있다. 이런 금기어는 당연히 어휘론적인 금기어를 만든다. 다음과 같은 보기가 더 있다.

- 집안에 있는 큰 뱀은 '뱀'이라 아니하고 '업, 진대, 긴짐승, 용님' 따위로 부른다. 또는 집지킴, 터줏대감, 복구렁이, 긴 양반이라고도 한다
- 집 안에 노래기가 많이 있을 때는 노랙란 말을 안하고 '망나니'라 한다. 또는 노랑각시, 향랑각시라고도 부른다.(고동각시, 노내각시 따위도 있음)
- 집안에 쥐가 많을 때에는 쥐라 하지 않고 '아가네, 며누리, 서생원, 액씨님, 명누리'라고 부른다
- 아들을 낳으면 누가 물어도 아들을 낳았다 하지 않고 '딸 낳았다' 한다.
- 산중에 가서 물먹고 싶다는 말을 안한다. 이런 말을 하면 호랑이가 유인하여 호환을 입는다.
- 된장 독에 있는 구더기는 구더기라 히지 않고 '가시, 티'라 부른다.
- 부부간에는 서로 이름을 안 부른다
- 도적을 '밤손님'이라 부른다
- 죽는다 : 골로 간다(돌아가신다)
- 나무에서 떨어진다 : 진일본다(숨이 떨어진다 연상)
- 산뱀 : 산적
- 빈대 : 갈보   벼룩 : 노룩   이 : 황소

　위와 같은 말들은 모두 어휘론적인 금기어이다. 이 말들은 사전에 올라 있는 본 뜻을 잃어버리고, 연상작용에 의해 새로운 의미를 획득하게 된다.

<table><tr><td>넷째 마당</td><td>행동 조심을 일컫는 말</td></tr></table>

윤리나 규범을 따르는 경우와는 달리 특정 행동을 하면 몸에 해로움이 미치는 경우도 있다. 이를 경계하기 위해 금기어를 만들기도 한다. 이 경우는 당연스런 표현은 금기어로 볼 수 없다는 점에 유의해야 한다. 보기를 들어 '나이를 먹으면 몸이 쇠약해진다' 따위의 진술은 금기어가 될 수 없다. '어린애가 울고 있을 때 때려서는 안된다' 따위의 말들도 지극히 당연스런 현상을 표현한 것일 뿐 '특정 행위가 불길함이나 꺼리낌을 가져온다'는 의미로 해석될 수는 없다.

1. 가난을 걱정하는 말

- 그릇을 포개가지고 다니면 빚을 많이 진다
- 바름벽에 낙서하면 빚 못갚고 죽는다

우리 겨레는 돈과 관련된 말들이 유난히 많다. 특히 가난과 빚과 관련된 말이 많은데 이는 민속의 일반적인 삶과도 밀접한 관련이 있는 듯하다. 그러나 '주운 돈으로 물건을 사면 나쁘다'라는 말이 있듯이, 언제나 정직하고 올바른 방법으로 경제살이를 할 수 있도록 깨우치고자 했던 것이 우리 겨레의 참된 삶으로 보인다. 물론 이 속에는 우리 민족의 풍습이 담겨 있다고 볼 수도 있다. 흔히 액막이로 돈이나 물건을 길에 버리는 경우가 있기 때문이다. 누군가가 그 물건을 주워가면 액이 그 사람에게 옮겨간다는 믿음이 있었던 것이다. 이와 같이 자신의 소유물을 양도하고서라도 액을 떼어내야 한다는 믿음은 어찌본다면 이기주의의 소치라고 볼 수도 있다. 그러나 민간에서는 액을 막기 위해 버린 돈이나 물건은 자연 상태에서 없어지는 것을 가장 좋은 것으로 생각한다. 그렇기에 누군가가 주워가거나 훼손하면 액막이가 되지 않는다고 믿는다. 액막이를 무사히 끝내기 위해 이와 같은 금기어를 만든 것으로 볼 수도 있다.

물론 오늘날은 이와 같은 액막이 풍습이 거의 존재하지 않는다. 황금만능주의 시대라 불리는 오늘날, 거리에 내버린 돈을 그냥 지나칠 사람은 거의 없을 것이다. 돈이 가장 소중한 가치의 하나로 자리잡은 오늘날, 액막이를 위해 돈을 버린다면 무덤까지도 도굴 당할지 모르는 것이다.

어떻든 자본주의가 싹트고 나서 돈은 사람살이의 중요한 가치 가운데 하나로 자리잡기 시작했다. 이러한 표현은 옛 속담이나 격언에도 자주 나타난다. 다음과 같은 말들은 '돈이면 안되는 일이 없다'는 뜻의 말들이다.

- 돈만 있으면 개도 멍첨지가 된다
- 돈만 있으면 못난 놈 없다
- 돈만 있으면 종도 상전된다
- 돈만 있으면 처녀 불알도 산다
- 돈 앞에는 인정사정도 없다
- 돈은 부자간에도 속인다
- 돈으로 맺은 연분 돈 떨어지면 그만이다
- 돈을 준다면 뱃속에 든 아이도 나온다
- 돈이라면 처녀도 아이를 낳는다
- 돈이 많으면 두역신도 부린다
- 돈이 있어야 양반 노릇도 한다

· 돈이 있으면 적막강산도 금수강산이다
· 돈이 제갈량이다

이러한 말들은 모두 돈이 최고라는 뜻의 말들이다. 어찌본다면 우리 겨레는 자본주의에 가장 철저했던 겨레처럼 보이기도 한다. 그러나 유교적 윤리 의식이 뿌리 깊이 박혀 있던 우리 겨레에게는 부정한 방법의 축재보다는 떳떳한 가난을 더 좋아했던 것 같다. 그렇기에 돈보다는 신의가 중요하고, 남에게 해를 끼치기보다는 자신이 피해를 보는 쪽을 택했는지도 모른다.

· 돈을 벌면 친구를 갈고 벼슬을 하면 아내를 간다
· 돈 잃은 것은 도둑맞은 셈 친다
· 돈 주고 못 사는 것은 지개(志槪)이다
· 돈 지고 저승가는 사람은 없다

돈은 결국 한 때의 편안함을 추구하는 도구일 따름이다. 그렇기 때문에 지나치게 돈만을 추구하는 자세를 경계하고자 했던 것이다. 그래서 이와 관련된 금기어가 생기기도 한다. '돈 돈 하다가 돈 놈된다'는 말은 '돈'과 '돌다'의 매김꼴의 말소리가 같기 때문에 생긴 말이다. 언어유희라 볼 수 있는 이러한 표현 속에서도 돈만을 지나치게 좋아하지 말라는 뜻이 담겨 있다. 물론 이와는 상반된 말들도 많다. 앞에서 든 보기나 '돈이 보배다'라는 말은 돈이면 그만이다라는 뜻이 담겨 있다. 그렇지만 '개같이 벌어서 정승같이 써라'는 말과 같이 돈을 쓰는 데에도 법도가 있어야 함을 강조하고 있다. '빚 못갚고 죽는다'는 말도 경제 질서와 관련된 말인데, 우리 겨레는 신의를 중시했기 때문에 빚을 갚지 못하는 것을 가장 두려워했다. 또한 얄팍한 경제적 실리보다는 믿음을 중시했다는 것은 옛 상거래에서도 흔히 나타난다. 하나의 보기로 〈허생전〉에 나오는 변승업을 들 수 있다. 그가 허생에게 돈을 빌려준 것은 오로지 사람에 대한 믿음 하나로 이루어 진 것이다. 이 글은 〈옥갑야화〉란 글 속에 들어 있는데 〈옥갑야화〉 속에는 다음과 같은 글도 들어 있다.

옛날은 물건을 매매할 때 포장을 풀고 점검하는 법이 없이 북경서 묶은 짐짝을 그대로 가지고 돌아와 장부와 대조해 보면 조금도 틀림없었다고 한다. 한 번은 어떤 물건을 잘못 묶어 보낸 것이 있었는데 돌아와 열어보니 모두가 흰 모자였다. 그렇기에 스스로 열어보지 않은 것을 후회하고 있었는데, 정축년에는 두 번이나 국상이 나서 '흰모자'로 두 곱 장사를 하기도 했다. 그러나 이것은 우연히 일어난 일이며 역시 인심이 점차 옛날과 달라진 데에서 비롯된 일이다. 그렇기에 요즘에는 물품의 포장을 자신이 직접하고 주인에게 맡겨 포장하지 않는 관습이 생겨났다.

사실 돈은 운명이 따르는 것일지도 모른다. 그렇기에 '돈은 제 발로 들어와야 한다'거나 '돈하고 자식은 마음대로 되지 않는다'는 말이 생겨났을지도 모른다. 그런데 '돈하고 자식은 마음대로 되지 않는다'는 말 속에는 '지나친 욕심을 내지 말아라'라는 의미도 함께 담겨 있으니 이 또한 돈과 관련된 금기어로 볼 수도 있다. 어떻든 돈과 빚은 우리 겨레에게는 매우 상반된 의미로 일상 생활 속에 늘 붙어 다녔던 단어임에 틀림없는 것 같다.

2. 갓과 예절

- 갓을 비뚤게 쓰면 상처난다
- 방갓쓰고 대변보면 벼락 맞는다

우리말에 '갓 쓰고 똥누랴'라는 말이 있다. 갓과 관련된 속담도 비교적 많은 편이다. '밤에 패랭이 쓴 놈 보일랴', '사모 쓴 도둑놈'을 비롯하여 '연주창 앓는 놈 갓끈 앓는다', '예쁘지도 않는 며느리가 삿갓쓰고 달밤에 나선다', '저 중 잘 달아난다니까 고깔 벗어 들고 달아난다' 는 따위의 말들이 모두 머리에 쓰는 갓과 관련되어 있다.

갓은 일명 입자(笠子)라고도 부른다. 갓은 모양에 따라 삿갓,방갓과 같은 방립형(모난 형태)이 있고, 패랭이 초립 전립과 같은 평량자형(평평하고 바람이 통할 수 있는 형태)이 있다. 갓의 유래는〔삼국유사〕원성왕조에 보이는데 일반 평민들이 소립(흰 색 모자)을 쓴 데에서 시작되었다. 그러나 고분벽화에 보이는 갓의 형태는 원성왕대보다 더 거슬러 올라가므로 갓의 역사도 신라 이전으로 거슬러 올라갈 수 있을 것으로 보인다. 갓〔흑립(黑笠)〕이란 명칭은 고려말 공민왕 때의 풍속에 의하여 관모제도를 제정한데서 비롯되었다. 당시 갓의 형태는 조선왕조 시대의 북립(墨笠)과 숭간 형태로 생각된다. 갓은 조선조에서도 여러 차례 논란의 대상이 되었다. 그 내용은 양태(갓모자에 붙어 둥글넓적한 분분)를 넓게 할 것이냐 좁게 할 것이냐와 갓모자를 높일 것이냐 말 것이냐라는 것이 중심을 이루었다. 그 까닭은 갓모를 낮추면 식기를 엎어놓은 것 같은 인상을 주고 높으면 멋이 없어서 웃음을 자아내게 했기 때문이다.

이러한 갓은 신분을 나타내는 표시가 되기도 했는데, 이로부터 갓에 대한 여러 말들이 생겨난 것으로 보인다. 어떻든 양반은 외출할 때나 사람을 만날 때 외모를 단정히 해야 했다. 그럴 때면 아무리 바빠도 갓을 똑바로 쓰지 않으면 안되었다. 금기어는 아니지만 갓과 관련된 말들을 더 조사해 보면 다음과 같은 것들이 있다.

- 갓모 형제다 : 갓모처럼 먼저 난 형이 나중에 난 아우만큼 출세하지 못했다는 뜻
- 갓 사러 갔다가 망건 산다 : 본래의 의미를 잊어버리고 다

　　른 일에 정신이 팔려 있다는 뜻
- 갓 쓰고 박치기를 해도 제멋이다 : 갓 쓰고 박치기를 하면
  갓은 못 쓰게 되지만 그래도 저 하고 싶어서 한다는 뜻
- 갓 쓰고 자전거 탄 격이다 : 이 말은 생긴지 얼마 안되는
  말로 낡은 것과 새 것이 조화를 이루지 못함을 뜻함
- 갓장이 헌 갓 쓰게 마련이다 : 제가 제 일은 잘 못한다는
  뜻, 또는 물건을 많이 다루는 사람일수록 그 물건을 더욱
  아낀다는 뜻

　　갓은 사람의 외양을 나타내지만 간혹 금기 사항을 나타낼 때도 쓰였다. 그 가운데 '방갓쓰고 대변 보면 벼락 맞는다'는 말이 있다. 방갓은 상제가 쓰는 갓이다. 상제는 작은 일을 할 때에도 죽은이에게 더러움을 보여서는 안된다는 뜻에서 이 말을 쓰게 되었다. 이 말은 한편으로는 아무리 급해도 격식이나 예절은 갖추어야 한다는 의미로 해석할 수도 있다. 방갓을 쓰고 볼 일을 보았기 때문에 실제로 벼락을 맞는 일은 없었을 것이다. 그러나 죽은 영혼을 더럽히면 벌을 받는다는 믿음이 갓이라는 말을 빌어 새로운 금기어를 만들어 내게 된 것이다. '갓을 비뚤게 쓰면 상처난다(입는다)'는 말도 제 격에 어긋난 일을 하게 되면 벌을 받는다는 의미로 해석하면 된다.

　　갓을 얼마나 소중히 했는지는 박지원의 〈양반전〉에도 나타난다. 조선 시대에는 유교가 성행했으니 양반이나 서민 모두가 소중하게 갓을 간직했던 것이다. 양반전에 보이는 '닷새를 굶어도 갓을 보는 멋에 굶는다'는 속담은 양반들이 얼마나 갓을 엄격하게 생각했는지, 그리고 이에 걸맞는 대의명분을 중시했는지를 알 수 있게 해 준다. 또한 '사모 쓴 도둑놈'이란 말은 백성의 피를 빨아먹는 탐관오리를 지칭하는 것으로 관의 위력이 얼마나 심했는지를 알 수 있게 해 주는 말이다.

3. 무껍질과 탄로(歎老)

- 무우 껍질을 먹으면 이불 덮을 복이 없다
- 무우가 물러지면 집안일이 잘 안된다
- 보약 먹을 때 무우를 먹으면 머리가 희어진다
- 무우를 작은 칼로 깎아 먹으면 머리가 희어진다

금기어 가운데는 먹을것과 관련된 것도 상당히 많다. 그 가운데 무 (표준말 표기법은 '무'이지만 형태가 뚜렷하지 못할 듯하여 금기어 문장에서는 '무우'라 썼음)는 색깔이 주는 연상 작용으로 말미암아 '겉 늙음'을 뜻하는 말로 많이 쓰였다. 작은 칼로 깎아 먹거나 보약 먹을 때 먹으면 머리가 희어진다는 것이다. 이 말은 물론 의학적으로는 근거가 없다. 단지 보약 먹을 때 무를 먹으면 보약 기운이 희석화될 개연성은 충분히 있을 것으로 보인다. 그러나 머리가 희어진다는 것은 과장된 표현이다. 무와 보약이 서로 어울리지 않는 음식이라는 정도의 표현으로 보인다. 작은 칼로 깎아 먹는다는 것 또한 머리가 희어지는 것과는 상관이 없다. 다만 제 격이 아니란 뜻이다. 다만 무가 물러지면 집안일이 안된다는 표현은 가을 김장철에 싱싱해야 할 무가 그렇지 못했을 경우 쓰는 말이다. 어찌본다면 암시적인 성격이 강한 말이다. 다만 겨울을 나서 바람든 무일 경우야 어쩔 수 없이 무른 무라도 먹어야 한다. 이 경우에는 이 말을 쓰지 않는다.

'무껍질을 먹으면 덮을 복이 없다'는 말은 버릴 부분을 버리지 못함을 경계한 말이다. 이와 유사한 금기어로 '사과껍질을 먹으면 등창난다'는 표현이 있다. 지금이야 먹을것이 풍성한 시대여서 이런 말을 쓸 필요조차 없겠지만, 가난과 기근에 시달리던 옛날은 사과와 같은 과일은 껍질조차 버리기 아까운 부분이다. 그렇기에 어린애가 껍질을 주워먹는 경우도 많았다. 하지만 껍질을 잘못 먹으면 배탈이 나거나 목에 얹히는 경우가 많으니 이를 경계하기 위해 등창난다는 말로 먹지 못하도록 한 것이다.

먹을 것과 관련된 금기어는 이뿐이 아니다. 우리 속담은 먹을 것과 관련된 것이 비교적 많은 편이다. 이는 관자가 말한 '의식이 풍족해야 예절을 안다'는 구절과도 관련이 있으리라. 곧 배고픔에 늘 시달리던 때가 있었으니, 먹을 것과 관련된 속담도 많았고, 이를 경계하는 말도 많을 수밖에 없었던 것이다.

- 마른 누룽지를 끼니마다 긁으면 나쁘다
- 먹던 밥으로 빨래에 풀을 하면 자식이 출세를 하지 못한다
- 누워서 밥을 먹으면 소가 된다

이러한 말들은 모두 먹는 것과 관련된 금기어들이다. 마른 누룽지를 끼니 때마다 긁는다는 것은 빈곤한 티를 드러내는 것이다. 그러니 매사에 좋은 일이 생길리 없다. 먹던 밥으로 풀을 한다는 것은 밥을 버리는 행위가 된다. 풀은 밀가루나 쌀로 쑤지만 '먹던 밥'을 풀을 쑤어 버린다면 복이 달아난다고 믿는 것이다. 그러니 자식이 출세할 수 없게 만드는 것이라는 말을 붙였다. '누워서 밥을 먹으면 소가 된다'는 말은 식생활 습관을 바로 가져라라는 의미가 된다. 이 말은 소가 음식을 먹고 나서 누워 되새김질을 하는 모습과 관련시켜 만든 말이다. 소가 된다는 뜻은 미련스럽고 힘든 사람이 된다는 의미로 해석할 수 있다. 고생만 하고 소득은 얻을 수 없는 존재, 누워서 밥을 먹을 정도로 게으르기 때문에 소처럼 된다는 의미를 담고 있다. 곧 사람은 게을러서는 안된다는 경계구이다.

이 밖에도 먹을 것과 관련된 금기어는 더 있다. '가을 떡무거리를 동지 팥죽에 넣으면 집안 망한다'는 말도 있다. 무거리는 빻아서 가루를 내고 남은 찌꺼기이다. 떡가루의 찌꺼기가 떡무거리인 셈이다. 이를 아낀다고 팥죽에 넣으면 좋지 않다는 뜻이니, 지나치게 아끼려다 오히려 더 많은 것을 잃을 수 있음을 경계한 말이다. 어떻든 먹는

것은 어느 시대, 어느 민족에게나 관심사임에는 틀림없다. 그렇기에 사람의 성격을 이야기할 때에도 '싱거운 놈, 매운놈, 짠놈' 따위의 말을 쓰는지도 모른다.(이어령 〔이것이 한국이다〕 현암사) 이와 함께 민요에도 먹을 것 타령도 제법 많은 편이다. 참고로 다음 노래를 소개하고자 한다.

꾸엉꾸엉 꾸엉 서방
아들낳고 딸낳고
무엇 먹고 사나
앞밭에가 콩 한 되
그럭저럭 먹고 살았지

떡해먹자 부엉
양식없다 부엉
걱정말게 부엉
꿔다하지 부엉
언제갚지 부엉
갈에갚지 부엉
----------권영규 "속담을 통해본 우리 민족성"에서

4. 식사(食事)와 화복(禍福)

· 밥알을 세면 복 달아난다
· 남의 집 제사 음식을 어린애에게 먼저 먹이면 나쁘다

사람살이에서 가장 중요한 일 가운데 하나는 먹는 일이다. 음식 문화야말로 그 민족의 특성을 나타내기에 알맞다. 한국전쟁이 끝난 직후, 미국의 어떤 심리학자가 있었다. 그는 한국전 이후 한국 사람들

에게도 상당히 많은 정신병자가 생기리라는 생각을 했었다. 그 까닭은 전쟁이란 것이 수많은 사람들의 목숨을 앗아가고, 피를 부르며, 결국은 인간 정신을 황폐화시킨다고 생각했기 때문이었다. 아닌게 아니라 2차 대전 직후 프랑스나 북유럽 여러 나라들에서는 수많은 정신병자가 생겨났었다는 보고도 있었다. 그렇기에 2차대전 이후 가장 격렬한 싸움터였던 한국에 관심을 갖는 것은 당연한 일이었을지도 모른다. 그러나 그의 예상과는 달리 한국 사회에서는 정신병자가 그리 많이 생겨나질 않았다. 자신의 예상과는 전혀 다른 통계 자료를 얻은 그는 도대체 한국이란 나라가 어떤 나라기에 보편적인 조사자료가 통하지 않는다는 것인가라고 의문을 갖기 시작했다. 그는 좀처럼 해답을 얻을 길이 없었다. 그러다가 그는 우연히 남부 어떤 외진 마을을 여행하게 되었다. 거기에서 그는 뜻밖의 해답을 얻게 되었다.

그것은 바로 양푼밥이었던 것이다. 그가 지나던 마을에서는 모심기가 한창이었다. 그런데 놀라운 일은 모를 낼 적에 마을 아낙네가 가져오는 모밥이었다. 서양인의 식생활과는 전혀 다른 양푼밥, 곧 모든 사람이 한 자리에 모여 한 그릇의 밥을 먹고 있었던 것이다. 위생이라는 관념과는 무관하게, 그들은 하나의 그릇에 여러 사람이 번갈아 숟가락을 집어넣고 있었다. 가끔 어떤 사내는 밥풀을 난뜩 묻힌 채. 한국인의 음식 문화는 바로 공동체 그것이었던 것이다. 아무리 피를 흘리고, 동족과 이민족이 어우러져 반목을 보였을지라도 결국 남은자는 하나의 동아리에서 살아가고 있었던 것이다. 그것은 어떤 소외감이나 절망감보다도 강한 힘을 갖고 있었다.

음식 문화와 관련된 금기어, 우리 사회에서도 이러한 말들이 매우 많이 있다. 특히 먹을것이 많지 않아서 가난해야 했던 우리네 선조들에게는 먹는 일은 하나의 신성한 의식이었다. 그렇기에 먹는 것도 매우 왕성하고, 맛있게 먹어야만 누구에게나 환영받을 수 있었던 것이다. 이는 미인의 조건과도 통하는 것이었다. 많이 먹어야 일을 잘할 수 있다고 생각했고, 잘 먹어야 건강할 뿐 아니라 아이를 많이 낳고 집안을 번창시킬 수 있다고 믿었다. 그렇기 때문에 '밥알을 세어 먹으면 복 달아난다'는 말이 생겼다. 밥상머리에서 아이가 밥투정을 할즘이면 '먹을게 많으니 탈이야'라고 핀잔을 주기도 한다. 그 뿐 아니다. 결혼을 할 때에도 '형제가 많으면 건강은 더 이상 묻지 않는다'는 말도 생겨났다. 하기야 형제가 많으면 밥투정을 할래야 할 재간이 없다. 조금이라도 늦게 밥숟갈을 들면 양푼밥은 모두 없어지고, 단지 국그릇에 국물만 조금 남을 테니까. 이러한 연유로 만들어진 말로 '국물을 먹다 남기면 재수없다'는 말도 있다.

음식 문화의 절도도 금기어를 만들어 냈다. '국은 오른쪽, 밥은 왼쪽', 이것은 하나의 관습이었다. 그렇기 때문에 이를 어기는 것조차 어른들은 마땅히 생각하지 않았다. 〈허생전〉에 '아이를 낳으면 오른손에 숟가락을 들게 하고, 하루라도 먼저 나온 사람이 서로 음식을 양보하는 따위의 덕을 길러야 한다'라는 말이 나오는데, 이 또한 전통의 아름다움을 관습적으로 강조한 말이라 할 수 있다. 또한 '남의 집 제사 음식을 어린애에게 먼저 먹이면 나쁘다'는 말도 있다. 이는 제사 음식이 상징하는 바를 은유적으로 표현한 말이다. 제사음식은 '죽은 자의 영혼을 달래는 음식'이다. 요즘은 살아 있는 사람들이 장례를 치르면서 '일을 하니까' 먹는 음식 정도로 생각할지 모르지만, 우리네 조상들의 생각은 달랐다. 제삿상에 오르는 음식은 가장 정결하고 순수한 것이어야 했다. 차례를 지내거나 시제를 지내는 것이 아니고, 사람이 죽은 뒤 지낸 제사음식은 왠지 꺼림직한 것이었을지도 모른다.

음식은 또한 익혀서 먹어야 제맛이 난다. 그렇기에 익히지 않은 음식을 먹을 때에도 조심스런 표현이 등장했다. '가루(밀가루)를 날것으로 먹으면 가난해 진다'는 표현이 그것이다. 가루 음식을 날로 먹으면 배탈이 나는 것은 당연한 이치이다. 먹을 때 조심해야 할 일도 '여름 돼지고기는 잘 먹어야 본전'이란 말도 있다. 이 또한 여름철 돼지고기가 좀처럼 소화되지 않고, 탈이 많을 수 있었기에 생겨난 말로 보인다. 뿐만 아니라 '남이 먹다가 남긴것을 먹으면 명이 짧아진다'는 말도 먹다 남긴 음식이 왠지 정결하지 못하고 오래된 것이었을 가능성이 높기 때문에 생겨난 것으로 보인다. 물론 이 말은 남이 남긴 것이란 선입견도 작용된 말이다. '못먹는 감 찔러나 본다'고 완전히 남의 것이라고 생각된다면 거부해 버리려는 습성도 있었음 직하다.

음식 문화의 관습이 금기어를 만들어 낸 경우도 있다. '돌 때 떡을 해 주지 않으면 잘 넘어진다'는 말은 돌이면 으레 떡을 해 주어야 하는데 그렇지 못할 경우가 있었음을 경계한 말이다. 떡은 어린애를 보호해 주는 음식이란 생각도 작용한 것이다. 또한 다음과 같은 표현은 어떤 물건의 형체나 어휘가 나타낼 수 있는 연상 효과가 금기어를 만든 경우이다.

- 도마 위에 밥을 놓고 먹으면 그 사람이 도망간다
- 떡 고물을 밥솥에 쪄 먹으면 나쁘다
- 떡 찌다 변소가면 부정탄다

도마는 음식을 만들기 위해 사용하는 도구이다. 음식물을 올려놓고 칼로 자르는 것이니, 자른 만큼 인연도 멀어져 가는 것이다. 떡고물은 떡 부스러기이니 솥에 넣고 찔 만큼은 못된다. 격식에 맞지 않는 행위를 하고 있으니 복이 달아나는 것은 당연하다. 물론 먹는 일과 배설은 가장 거리가 멀다. 그렇기에 밥숟갈을 놓고 화장실에 다녀와 다시 잡을라치면 할머니께서는 으레 '변소 갔다와서 숟갈 잡으면 복 없대이'라고 한마디씩 하는 것이다.

5. 문지방 출입

- 문지방에 걸터 앉으면 그 집에 불길한 일이 생긴다

- 문지방에 밥사발 올려 놓고 먹으면 귀머거리가 된다
- 문지방에 서서 사람을 올려다 보면 그 사람이 죽는다
- 문지방에 여자가 앉으면 자기 남편에게 재수없는 일이 생긴다
- 문지방을 밟으면 재수없다
- 문지방을 베고 자면 입이 비뚤어진다

문지방은 방안으로 들어가는 턱을 말한다. 문지방도 집구조마다 다를 수밖에 없는데, 육간대청 넓은 마루를 갖고 있는 집은 비교적 얇고 얕은 문지방을 갖고 있지만, 민가에서 흔히 볼 수 있는 문지방은 투박한 통나무가 대부분이다. 요즘이야 가옥이 현대식으로 바뀌었으니 이러한 문지방을 찾는 일도 민속촌이 아니라면 좀처럼 어려운 일이 될지도 모른다. 그러나 짚으로 이은 초가에서 군불을 때며 겨울을 나야 하는 집에서는 투박한 문지방이 오히려 집안 구조를 살리는 생명선이 될지도 모를 일이다.

어떻든 문지방과 관련된 풍습도 매우 많다. 이는 문지방에도 신이 있다고 믿은 우리 조상들의 신앙 때문인 것으로 보인다. 옛 풍속에서는 가옥 어느곳이나 신이 있었다고 믿었다. 부뚜막신, 부엌신, 아랫목신, 웃목신, 문지방신, 토신, 집신… 그렇기에 이러한 신들을 노하게 하는 일은 결국 벌을 받을 일이라 믿은 것이다. 대표적인 보기로 집마다 있다고 믿은 터주신인데, 이 신의 상징 동물은 구렁이가 많았다. 구렁이를 잡으면 그 집이 망한다는 믿음은 매우 보편화된 신앙 가운데 하나였다. 이와 유사한 것으로 문지방신도 있었다.

조금 색다른 이야기가 될지는 모르지만 최근 널리 퍼져있는 대순진리교도 이러한 형태의 믿음을 유지하고 있는 종교이다. 아직도 거리에서 가끔 도인(대진인들은 자신들을 도인이라 부름)을 만나는데, 이 분들이 도인이 되기 위해서는 입도식(도인의 길에 들어서는 의식)을 한다. 입도식은 비교적 복잡한 절차에 의해 이루어 지는데, 이 과정에서 도인들에게 조상신에 대한 믿음이 매우 강조되곤 한다. 특히 이

조상신이 앉는 자리가 문지방이라는 것이다. 사실 투박한 초가집에서 문지방의 기능은 매우 큰 것이었다. 차가운 겨울철 문틈으로 새어들어오는 찬바람을 문지방에 의지하여 문풍지를 붙이지 않으면 막아낼 재간이 없다. 간혹은 비쭉하니 삐져나온 창호지가 흉물스럽게 흩날리기도 하지만 문지방 사이로 들어오는 찬바람을 막는 것에 비한다면 오히려 참을 만하지 않겠는가. 그러니 문지방과 관련된 말들이 생기는 것은 당연한 일일 듯도 싶다.

문지방과 관련된 금기어도 결국은 초가집 구조에서 나온 것으로 보인다. 그 가운데 대표적인 것으로는 '문지방에 걸터 앉으면 그 집에 불길한 일이 생긴다'는 것이다. 금기어가 생겨나는 과정을 고려한다면, 이와 같은 말은 역시 편안히 걸터앉을 수 있는 초가집이래야 어울린다. 초가집 등걸 토막처럼 둥그런 나무 문지방, 이러한 문지방에 걸터 앉으면 사람들은 편안함을 느낄 수 있다. 그런데 민속에서 문지방에는 방안을 지켜주는 신이 있다고 믿을 정도이니, 그 모습이 좋아 보일 수만은 없다.

또한 '문지방에 밥사발 올려 놓고 먹으면 귀머거리가 된다'는 것도 밥상을 제대로 사용하지 않는 집이래야 제격이 아니겠는가. 반면 '문지방에 서서 사람을 올려다 보면 그 사람이 죽는다'거나 '문지방에 여자가 앉으면 자기 남편에게 재수없는 일이 생긴다', '문지방을 밟으면 재수없다'는 따위의 말들은 어느 곳에서나 널리 쓰였던 말들이다. 이러한 말들은 한편으로는 '드나드는 곳'에 대한 신성함이 담겨 있다고도 볼 수 있다. 이러한 유형으로는 마을 어귀나, 집으로 들어오는 대문, 절간이나 암자에 드는 문도 신성시 되었던 예에서 찾아볼 수 있다. 마을 어귀에는 으레 장승이나 서낭당이 있고, 대문에도 봄철이 되면 〈입춘대길〉을 써 붙이지 않는가. 뿐만 아니라 제주 지역에서는 집 문앞에 당주를 두기도 한다. 당주는 보통 문 양 옆으로 두 개의 돌을 세워 만드는데, 세 계단의 구멍을 뚫어 놓는다. 이 구멍을 연결하는 긴 막대가 있는데, 이 막대가 어디에 걸려 있는가에 따라 주인이 외출한 거리를 판단할 수 있도록 했다. 그렇지만 이 당주도 본래 는 신성한 출입문의 표시였던 것이다. 뿐만 아니라 절간의 당간지주 도 당주와 같은 기능을 갖고 있다. 이러한 당간지주가 뚜렷이 남아 있는 곳으로는 영주 부석사를 들 수 있다. 이러한 풀이는 이필영 〈마 을 신앙의 사회사〉에서도 언급되고 있다. '문지방 밑에서 열십자를 그으면 가난해진다'거나 '문지방에 앉아서 밥을 먹으면 밥 빌어 먹는 다'는 말들은 문지방이 부서져 못쓰게 되는 것을 막고자 한 현실적인 배려와 함께 그것이 지닌 경계성의 신성함 때문이라는 것이다.

금기어라고만 보기는 어렵지만 '문지방을 베고 자면 입이 비뚤어진 다'는 말도 있다. 이 말은 실제로 잠을 자고 나면 얼굴이 불편할 수 밖에 없기 때문에 생긴말로 보인다. 그러나 문지방을 신성시했던 우 리 겨레의 풍습에 따른다면 단지 자라는 아이들에게 '하지 말라'는 의 미에서 만들어낸 말일지도 모른다. 어떻든 문지방은 이처럼 모든 사 람들이 드나들수 있는 곳으로, 이 곳을 지켜주는 신이 있어 빙인의 사람들을 보호할 수 있었던 것이다.

6. 풀 먹이기

- 풀을 많이 먹으면 미련해진다
- 풀을 많이 먹으면 소가 된다
- 풀을 많이 먹으면 바보된다

속설에 '피죽도 못먹은 놈이냐'란 말이 있다. 피란 식물은 원시 이 래로 인류에게 가장 중요한 식량 가운데 하나였다. 밭농사를 짓는 곳 에서는 한동안 피를 주작물로 심었는데, 벼농사로 대체되면서 피는 점차 곡물류에서 사라져갔다. 어떻든 피는 기근을 면할 수 있는 가장 좋은 곡물 가운데 하나였다. 그 까닭은 생명력이 강하기 때문에 웬만한 가뭄이나 홍수에도 피가 자랄 수 있었기 때문이다. 그런데 피와는 달리 쌀이나 밀가루로 만든 풀은 먹어서는 안되는 대상이었다. 그 까닭은 풀은 종이나 물건을 붙이는 용도를 가졌기 때문으로 보인다.

그런데 풀은 밀가루나 쌀로 쑤기 때문에 쉽게 먹을 수 있었다. 따라서 먹을것이 부족했던 때에는 어린애들이 자주 입에 넣기도 했었다. 입에 들어가면 끈끈하여 마치 죽을 넣은 것과 같은 느낌을 받는다. 요즘도 도배를 할 경우에는 간혹 풀을 쑤기도 하는데, 그 모습을 보기가 쉬운 것은 아니다. 그러나 죽처럼 먹는 용도가 아니었기 때문에 먹지 못하게 하는 풍습이 있었는데, 그 경우에 으레 '풀을 먹으면 소가 된다'거나 '풀을 많이 먹으면 바보가 된다'는 말을 하기 일쑤였다. 그 까닭은 비교적 쉽게 풀이된다. 이는 풀이라는 낱말이 소가 먹는 풀과 같은 말소리를 지녔기 때문이다. 곧 풀을 먹는 것은 소가 풀(꼴)을 먹는 것과 같다고 생각한 것이다. 때문에 소처럼 미련해지거나 바보가 될 것이다라는 연상 관계가 생겨난다. 이러한 까닭에서 흥미있는 비유가 더 생겨난다. 사람을 혹독하게 나무랄 경우 '풀먹은 개 나무라듯 한다'는 비유를 쓰기도 한다.

풀은 이불이나 빨래를 다림질하여 모양을 낼 때도 사용한다. '풀을 먹인다'는 말은 옷감에 풀을 칠하여 말린 뒤 모양새를 내는 것이다. 오늘날에는 이러한 일감이 없어졌지만 옛날 여인들은 연례적인 겨울맞이 행사 가운데 하나가 이불빨래였다. '풀이 죽었다'라는 말은 이때의 풀을 뜻하는 말이다. 풀은 또한 민속놀이에서도 쓰였다. 연을 날릴 때, 연줄을 튼튼히 하기 위해 실에 풀을 먹이는 것이다. 연싸움을 할 때면 으레껏 풀 먹인 연실을 사용하지 않을 수 없다. 이와 같이 인공물에 모양을 내거나 날카롭게 하기 위한 풀을 본래 목적과는 달리 쓴다면 '바보스러운 행동'처럼 보일 수도 있을 것이다. 어떻든 이러한 속담이나 금기어는 옛 생활 습관이나 의식을 담고 있는 말들에 속한다.

6. 산후조리

- 산모가 산후 아흐레 지나기 전에 거울을 보면 해롭다
- 산후 미역국을 끓일 때 미역을 뜯어 먹으면 아이가 어머니 젖을 깨문다
- 산후 3일 전 잿물에 빨래하면 잿물꽃이 핀다

임신과 출산에 관한 금기어는 매우 다양한 편이다. 그만큼 아이를 낳는다는 것이 소중하고 어렵기 때문이리라. 임신한 여인네는 모난 음식을 먹어서도 안되고, 불결한 마음을 가져서도 안된다. 이러한 내용은 태교를 강조한 옛 여인들의 지혜로부터 나온 것이다. 그러나 까닭없이 금기시 해온 일들도 적지 않이 많다. 보기를 들어 '임신한 여자가 오징어를 먹으면 뼈없는 아이를 낳는다'거나 '게를 먹으면 침흘리는 이이를 낳는디' 따위의 풍속은 사실 근거를 찾기 어려운 일들이다. 이러한 믿음은 오징어나 게의 특성을 자연스레 연상시켰기 때문에 생겨난 것이라 할 수 있다. 이와 비슷한 표현두 매우 많다.

- 임신 중에 있는 여자가 방에 앉아 있을 때 방고래를 쑤시면 언청이를 낳는다
- 임신한 여자가 남을 미워하면 그 사람을 닮는다
- 임신한 여자가 말똥을 밟으면 열 두달 만에 아이를 낳는다
- 임신한 여자는 오리고기를 먹지 않는다.(손발가락이 붙은 아이를 낳는다는 믿음 때문)
- 임신한 여자가 어린애를 배지 않았다고 속이면 벙어리를 낳는다

위와 같은 표현들은 사실 근거를 대기 힘든 것들이다. 그 가운데 남을 미워하면 그 사람을 닮는다는 것 정도는 교훈적인 이야기로 그럴듯해 보이지만, 태아 시절 성격적인 면이 어느 정도 성숙될 수 있

을지 장담할 수 있는 사람은 아무도 없으리라.

　임신 중의 여자들에게 교훈적인 금기 사항이 많은 것과는 달리, 아이를 낳은 다음에는 산후조리와 관련된 금기 사항이 많다. 다음과 같은 말들은 산후조리와 관련된 것들이다.

　　· 산모가 산후 아흐레 지나기 전에 거울을 보면 해롭다
　　· 산후 미역국을 끓일 때 미역을 뜯어 먹으면 아이가 어머니
　　　젖을 깨문다
　　· 산후 3일 전 잿물에 빨래하면 잿물꽃이 핀다

　이 가운데 '산후 3일 전 잿물에 빨래하면 잿물꽃이 핀다'는 것은 충분히 있을 수 있는 일로 생각된다. 산모가 몸조리를 하고 건강하게 일어서는데는 상당한 시간이 필요하다. 그러나 우리 옛 여인들은 이러한 보살핌을 받지 못한 경우가 많았다. 흔히 시집살이 삼년이란 말이 있듯이 아이를 낳고도 별일 없었다는 듯 - 그것도 딸이라면 더욱 말할 것도 없이 - 일어서서는 일을 해야 하는 경우가 많았다. 시집살이가 얼마나 힘든가는 민요나 전설 속에도 숱하게 등장한다. 그런 의미에서 산모를 조금이라도 보호할 수 있는 금기어가 생긴 것은 당연한 일이리라. 지금도 산모가 마지막 출산 뒤 조리를 잘못하면 평생 앓는다는 말을 자주 듣는 까닭은 현실적인 이유뿐만 아니라 산모를 그만큼 귀히 여겨야 한다는 의미도 담겨 있으리라.

　다만 '아흐레 지나기전 거울을 보면 해롭다'는 말은 근거를 찾기 힘든 말이다. 그러나 이 또한 이유는 있을 법하다. 온 힘을 쏟아 산고(출산의 고통)를 겪은 산모의 외모는 핏줄이 터지고, 얼굴이 퍼렇게 부어 있으니 거울을 본다는 것 자체가 두려운 일임에 틀림없다. 아흐레는 최소한 산기가 가라 앉을 시간을 말한다. 그 시간만큼은 산후 조리를 해야 하는 것이다. 또한 '미역국을 끓일 때 뜯어 먹으면 아이가 엄마 젖을 문다'는 것은 산모에게 줄 음식을 가장 정결히 하라는

격언이 아니겠는가. '아이를 낳은 다음 무엇이든 볶으면 아이 얼굴에 두드러기 난다'는 말도 같은 연유에서 조심하라는 의미로 해석할 수 있다.

동물과 무속 신앙

동물은 원시 시대로부터 인간에게 여러가지로 중요한 의미를 지니는 존재였다. 그 가운데 힘세고, 사나운 동물은 숭배대상이 되기도 했으며, 날렵하고 작은 동물은 간사한 존재로 묘사되기도 했다. 또한 뱀이나 고양이, 개와 같은 동물은 불길함, 또는 재수 없음을 대신 나타내는 동물이기도 했다. 그렇기 때문에 동물과 관련된 금기어가 많이 생겨난다. 이 때 역시 동물이 상징하는 언어로써, '동물이 특정 행동을 보이면 불길하다'는 따위의 표현에 유의해야 한다. 이러한 표현은 저조어가 될 가능성이 높다. 곧 금기어라기보다는 '흉한 일이 벌어질 것을 암시하는 말(흉조어)'인 경우가 많기 때문이다.

1. 여우와 지손

여우는 꾀가 많고 간사한 동물로 묘사된다. 때로는 무서운 일을 암시하는 구실도 맡고 있는데, 이런 점에서 여우는 흉조어를 만든다. 이러한 말은 여우를 조심하라는 뜻으로 풀이 되면서 금기어로 바뀌기도 한다.

어떻든 여우에 대한 우리 겨레의 감정을 알아보자. 한자 숙어로 호가호위가 있다. 호랑이의 위엄을 빌어 여우가 뽐낸다는 뜻이다. 간혹 여우는 남의 위세를 빌거나 간사한 말로 남을 꾀고자 하는 경우 곧잘 등장한다. 조선조 말기 풍자소설로 널리 알려진 〈두껍전〉의 한 구절을 살펴보자. 이 소설은 옥포산에 사는 노루가 천자로부터 숭록대부라는 벼슬을 받아 자축연을 베푸는데서 시작된다. 이 잔치에는 산의 왕자인 호랑이를 제외한 모든 짐승들이 초대되었는데, 모두 상좌에 앉으려고 다투게 되었다. 이 때 토끼가 나이를 따져서 윗자리를 정하자고 제의했고, 두꺼비가 상좌에 앉게 되었다. 이에 윗자리를 빼앗겼다고 생각한 여우가 두꺼비를 간사한 구변으로 조롱하였는데, 오히려 두꺼비에게 모욕만 당했다는 줄거리로 되어 있다. 이 작품에서는 나이 다툼 설화[쟁년서화]와 함께 여우와 두꺼비의 능수능란한 말솜씨가 주를 이룬다. 그 가운데 여우의 간사함과 관련된 구절을 옮겨보자.

〈육도삼략〉은 대장부의 활법이라. 황제 헌원씨 때에 구천 선녀가 하늘에서 내려와 병법을 가르치니 그것이 이른바 팔도진법이었다. 이 때에 헌원씨의 신하가 그 법을 배워 장수가 되고 그후 강태공이 그 법을 배워 위수에서 낚시질을 하다가 문왕을 만나 장수가 되어 은나라를 멸망케 하고 왕의 첩인 달기를 잡아 죽이었으니 달기의 근본은 우리나라 임금의 딸이라, 천하일색이었더니 은나라로 시집올 때 중로에서 숙소하였더니 밤이 깊은 후에 꼬리가 아홉이나 되는 한 마리의 여우가 이 고을 열녀 달기가 자는 방으로 들어가더니 경가지간에 달기가 갑자기 기색하여 죽어자빠진 것이더라. 이에 시종들이 즉시 약을 먹이여 소생케 하여 깨어나니 그 때 그 구미호가 둔갑변모하여 천연한 달기와 같이 되었던 것이다. 얼굴은 달기지만 그 속은 구미호였다. 그가 은왕의 아내가 되어 왕의 마음을 고혹케 하여 사람을 무수히 죽이게 하였고, 밤이면 사람의 두골을 핥아 먹으니 이것을 누가 알 수 있으리오. 얼굴에 화색이 나는지라, 만일 강태공이 아니더면 그 구미호를 어찌 능히 잡아없앨 수 있으랴. 달기를 죽이려 할 제 그 고운 얼굴을 보면 차마 죽일

만한 사람이 없어, 수건으로 얼굴을 싸고 목을 베니 마침내 구미호였다.

"너의 씨가 전부터 간악하고 요기로운 꾀로 사람을 무수히 죽이었으며 나라를 멸망케 하였으니 네가 이를 아냐 또 모르느냐?"

우리말 속담에도 여우의 간사함과 관련된 표현은 매우 많다. 다음과 같은 말들을 살펴보자.

- 여우가 두레박을 쓰고 삼밭에 든 것 같다(여우가 두레박을 쓰고 삼밭에 들었기 때문에 방향을 잃고 헤맨다는 뜻)
- 여우 같은 시누이(시집살이를 가혹하게 시키는 시누이)
- 여우보다는 소가 낫다(간사함보다는 우둔함이 낫다)
- 여우 오줌 싸듯한다(무슨 일이든 질금질금한다)

간사함 못지 않게 여우는 두려움의 대상으로도 통한다. '구미호'전설은 어느 지역이나 전해져 오듯이, 여우가 오래 묵으면 자유자재로 둔갑술을 행한다는 믿음이 있었다. 그렇기 때문에 여우는 흉조를 암시한다.

- 앞 산에서 여우가 울면 부음이 들어오고, 뒷 산에서 여우가 울면 사람이 죽는다
- 여우가 몹시 울면 동네 병자가 죽는다
- 여우가 수백년 묵으면 도술을 한다
- 여우가 조상묘를 파면 자손에게 해가 미친다

이러한 말들은 여우가 조화를 부리기 때문에 흉한 일을 만든다는 믿음에서 생겨났다. 그렇기에 조상묘를 여우로부터 지키기 위해서는 나무를 심거나 상석을 세우기도 한다. 물론 무덤에 설치하는 여러 도구

들은 그 나름대로 상징적인 의미를 더 담고 있다. 그렇기 때문에 오로지 여우를 막기 위한 것으로만 볼 수는 없다. 그러나 '조상묘를 해칠 수 있는 것'으로는 여우를 비롯한 짐승, 또는 산 속의 신령 등 여러 형태가 있었다.

흥미로운 사실은 여우의 상징적 의미가 아동 놀이를 만들어 내기도 했다는 점이다. 일명 여우놀이라고 하는 이 놀이는 특별한 장소나 기구가 없이 어느 곳에서나 이루어지는 놀이이다. 놀이 방법은 한 떼의 어린이들이 모여 가위 바위 보로 술래를 정한다. 이 때 술래를 여우라 부른다. 술래를 제외한 나머지 아이들은 일렬 횡대로 늘어서서 함께 입을 모아 노래를 부른다. "한 고개 넘고, 두 고개 넘고, 세 고개 넘고 …"하며 술래를 향해 한 걸음씩 다가간다. 그리고는 여우 앞에 이르면 일제히 노래를 부른다.

```
아이들 : 여우야 여우야 뭐하니
여우   : 잠잔다
아이들 : 잠꾸러기
여우   : 세수한다
아이들 : 멋쟁이
여우   : 밥먹는다
아이들 : 무슨반찬
여우   : 개구리반찬
아이들 : 죽었니 살았니?
여우   : (죽었다/살았다)
```

이 때 죽었다는 대답이 나오면 아이들은 움직이지 않아야 하고, 살았다는 대답이 나오면 모두 도망가야 한다. 그리고는 여우가 〈제자리 섯〉하고 명령하면 모두 그 자리에 멈춘다. 그리고는 여우가 보폭을 넓혀 세 걸음 안쪽밖에 도망가지 못한 아이는 다시 여우가 된다. 이런 놀이도 여우의 상징 의미와 함께 보편화 된 것으로 보인다.

2. 고양이와 생사

- 고양이가 관을 넘으면 관이 일어난다
- 고양이가 국수를 먹으면 뱀을 물고 들어온다
- 고양이가 먹던 음식을 사람이 먹으면 죽어서 고양이 된다
- 고양이가 먹던 음식을 사람이 먹으면 죽을 때 고양이 소리를 낸다
- 고양이가 송장을 뛰어 넘으면 송장이 일어난다
- 고양이가 시체가 있는 방의 용마루를 넘으면 송장이 일어난다
- 고양이가 얼굴을 씻으면 비가 온다
- 고양이가 장례식 때 방고래 밑에 들어가면 송장이 일어난다
- 고양이를 죽이면 그 사람에게 원수 갚는다
- 고양이를 죽이면 집안에 액운이 온다

고양이는 푸른 눈과 날카로운 발, 그리고 날렵한 행동 때문에 곧잘 인간에게 두려운 존재로 작용한다. 간혹 '고양이 눈같다'거나 '고양이 울음소리는 애기 울음소리 같다'는 말을 듣는 경우도 있다. 전설 속에 고양이가 무서운 역할을 하는 경우도 종종 있다.

고양이는 본디 쥐를 잡는 동물이었다. 그런데 쥐 뿐만이 아니라 닭이나 오리와 같은 가축도 잡는 경우도 있다. 그뿐 아니라 고양이는 피 냄새를 알면 어느 것이든 가리지 않는 습성을 갖고 있다. 그렇기 때문에 고양이와 관련된 속담도 많이 생겨났다.

- 고양이가 소 할까(고양이는 육식 동물, 소는 초식 동물)
- 고양이가 원님 반찬을 알까(무식한 사람이 고양이가 고기를 물듯 아무것이나 손댄다는 뜻)
- 고양이 기름종이 노리듯 한다(기회를 잔뜩 노리는 모습)
- 고양이를 쫓지 말고 반찬을 치우랬다
- 고양이한테 생선 맡긴 격이다

위의 속담들은 고양이가 육식을 좋아하고, 아무것이나 가림없이 대드는 모습을 표현한 말들이다. 그렇기에 사람들은 고양이를 항상 경계하는 습관을 갖고 있는데, 특히 장례식이나 결혼식과 같이 모처럼 잔치를 하는 경우는 더욱 심했다.

우리 겨레의 삶 속에서 고양이는 오로지 쥐를 잡는 역할만을 하길 바라는 모습이 나온다. 그렇기 때문에 고양이와 쥐가 연관된 속담이 많다.

· 고양이 앞에 쥐다
· 고양이가 쥐 걱정 해 주듯한다
· 고양이 덕 모르고 아비덕도 모른다(곡식 피해가 적은 것은 고양이 덕이고, 집안 화목한 것은 아버지 덕이란 말)

이러한 말은 〈성호사설〉에도 등장한다. 이 책 만물편에는 '묘견'이란 글이 들어 있는데 전문을 번역하여 옮기면 다음과 같다.

묘견 : 소씨는 '쥐가 없다 해서 사냥 못하는 고양이를 기르거나 도둑이 없다 해서 짖지 못하는 개를 먹여서는 안된다' 하였다. 이는 사람을 관리로 쓰는데 반드시 재주와 능력을 가려서 써야 하며, 아무 일도 없이 녹만 먹지 못하도록 해야 한다는 것을 지적해 한 말이다. 정개부는 '고양이를 기름은 쥐를 방지하는 것인데, 굶은 고양인 줄 모르고 기르면 도둑맞는 해가 더욱 심할 것이며, 개를 먹임은 도둑을 못들어 오게 하는 것인데, 사나운 개인 줄 모르고 먹이면 사람을 해치는 폐단이 더욱 심할 것이다고 하였다.

이는 유익이 없을 뿐만 아니라 재물을 축내고 백성을 못살게 굴어 국가의 좀이 된 것을 비유해 말한 것이다. 나도 보건데 대낮에 닭을 물어가는 고양이와 미친듯이 달려가서 사람을 무는 개도 있으니, 아 슬프도다!

곧 고양이가 제 할일은 아니하고 엉뚱하게 사람에게 피해를 끼치는 모습을 비유하여 '묘견'이란 글 속에 담은 것이다. 간혹 고양이는 보잘것 없는 존재로 인식되기도 한다. 이러한 보기로 다음과 같은 말이 있다.

· 고양이 계껍질 버리듯한다(달갑지 않은 것을 주었다는 뜻)
· 고양이 세수하듯한다
· 고양이 수파 쓴 것 같다(못 생긴 주제에 몸치장 한다)
** 수파 : 수를 놓아 만든, 이마에 두르고 목에 감는 장신구

3. 거북과 장수

예부터 오래사는 동식물이나 끊임없이 변화하지 않는 사물을 비유하여 십장생이라 했다. 십장생에 속하는 것은 거북을 비롯하여 해, 산, 물, 돌, 구름, 소나무, 불로초, 학, 사슴이 있다. 이러한 십장생에 속하는 존재를 함부로 다루면 목숨이 단축된다고 믿었다. 이러한 믿음에서 금기어가 생겨나기도 한다.

먼저 거북과 관련된 금기어를 찾아보자. 흔히 거북이나 자라는 신성스런 동물로 생각되었다. 간혹은 거북을 잡아 먹거나 약으로 쓰는 경우가 없지 않지만 대체로 바닷가에서 거북을 잡으면 놓아주어야 하는 것으로 믿었다. 거북에 대한 이중성은 일반적인 신을 대하는 태도와도 비슷하다. 이는 신으로부터 사명을 받은 사람들에게 '신을 상징하는 사물'은 항상 가까이 할 수 있는 특권이 주어졌다. 그렇기에 이들은 신을 대리한 사물을 마음대로 할 수 있었던 것이다. 흥미로운 일이지만 거북을 잡아 구워먹겠다고 협박한 노래가 〈구지가〉이다. 이미 고대 가요로 널리 알려진 이 노래는 신화적인 입장에서 다양하게 해석된다.(노래 전문은 정초에 화로를 엎지르면...에 실려 있음) 이

노래는 가락국의 김수로왕을 맞이하기 위해 아홉 부족의 우두머리(구간)와 마을 사람들이 함께 부른 노래로 알려져 있다. 따라서 배경설화에만 의존한다면 신을 맞이하는 노래(영신군가)가 되는 것이다.

그러나 정병욱 교수와 같은 이는 이 노래를 색다르게 해석한다. 정 교수는 신화의 다양한 소재를 끌어들여 이 노래가 '모계 사회에서 여성이 남성을 협박한 노래'라고 해석한다. 달리 말하면 구지가에 나오는 거북이는 남자의 상징이라는 것이다. 요즘도 남자의 성기를 '귀두'라 부르고 있으니 상당히 타당한 이론이다. 또한 오스트레일리아 지방의 설화에 의하면 불은 여자의 성기로부터 꺼냈다는 말이 있다. 이 설화는 프레이저라는 문화학자가 조사한 것이다. 그렇다면 남자의 성기를 잡아 여성의 방으로 집어 넣겠다는 뜻이니 정 교수의 설명도 상당히 타당성을 인정받는 셈이다.(《한국고전시가의 연구》 정음사)

어떻든 거북과 관련된 금기어는 '거북의 장수'를 빗대어 생긴 말이다. 거북을 잡아 방생하지 않으면 목숨이 단축된다거나 해를 입는다는 말이 이에 해당한다. 이로부터 거북은 신비스런 동물로 탈바꿈한다. 거북의 신비스러움은 여러 가지 이야기를 낳는다. 그 가운데 한 편이 〔열하일기〕에 실려 있다. 이를 옮겨 적어 보기로 한다.

거북을 탄 선인(仙人)이 비를 부르다(산장잡기에서)

십사일에 피서산장에 들려서 황제가 누런 휘장을 늘인 전각 속에 깊이 들어 앉았는 것을 바라다 보았다. 마당에는 참반하는 자도 드문데 웬 노인 한 명이, 혼자 상투에는 선도건(신선이 쓰는 복사꽃 모양의 두건)을 걸고 검정 모난 직령에 검정 선을 두른 소매를 단 누런 장삼을 입고, 허리에는 붉은 비단 띠를 띠고 발에는 역시 붉은 신을 신고 반백 수염이 가슴 밑에까지 죽 늘어뜨리고, 지팡이 끝에는 금 호로와 비단 축을 달고, 오른 손에는 파초선을 쥐고는 큰 거북 위에 서서 마당을 두루 돌았다. 거북은 고개를 젖히고 무지개처럼 물을 뿜었다.

거북은 검푸른 빛깔에 크기는 멧방석 같은데 처음은 가는 비처럼 흩뿌리더니 나중에는 전각의 처마와 기와 끝이 축축히 젖었다. 물방울은 날고 튀고 안개처럼 자욱했다. 때로는 화분을 향하여 뿜기도 하고 때로는 가산(假山)을 향하여 뿌리기도 하였다. 조금 있으니 빗발을 더욱 장하게 뿌려 처마물은 폭우처럼 쏟아져 내려 햇빛이 비낀 전각 모퉁이는 수정 주렴을 드리운 듯했고, 전각 지붕들의 기왓장은 흘러 내릴 듯하였다....(중간 생략) ... 또 사람들이 입은 의복은 적시지 않고 비를 오도록 하는 방법은 가위 귀신의 재주만 같았다. 만일에 온 세상 사람들이 비를 바랄 때에 아처럼 한 뜨락만 축인다면 이 역시 다 된 일인상 싶다.

이처럼 거북은 신성한 힘을 가진 동물로 곧잘 나타난다. 윗글의 내용은 극심한 가뭄이 계속되는데 천자가 있는 뜨락에만 비가 오게 한다는 비판적 내용으로 해석되기도 한다. 그러나 이 글 속에 등장하는 소재로 거북은 신성하다 못해 조화를 부려 사람들을 도울 수 있는 능력을 가진 동물이다. 맨 마지막 문구에서 '온세상 사람들이 비를 바라는데 한 뜨락만 축이면 이제 일은 다된 것(끝장난 것)'이란 표현에서 보듯이 옛 사람들의 입장에서는 신과 교감할 수 있는 사람들이 거의 지배자나 무당 등으로 한정되어 있음을 알 수 있다. 그렇기에 원시 사회로 거슬러 올라갈수록 '제정일치'의 성격이 강했던 듯싶다.

거북은 외양에 따라서 또다른 말을 만들기도 한다. '거북 등에서 털을 깎는다'는 표현이 있다. 이 말은 털이 하나도 없는 거북의 등에서 털을 깎으려 하듯 어처구니 없는 일을 할 때 비유적으로 쓰는 말이다. 그밖에 의인 소설 속에 나타나는 거북은 어리석지만 충직한 사람으로 비유되기도 하는데, 이러한 소설로 [별주부전](이 때 별주부는 자라이지만 설화 속에서는 거북이가 대신 타나나는 경우도 많음)이 대표적인 사례가 될 것이다.

4. 뱀과 운수

- 뱀구멍에 오줌 누면 뱀을 낳는다
- 뱀을 죽이다 말면 그 뱀이 원수를 갚는다
- 뱀의 밭을 보는 사람은 죽는다
- 뱀이 감았던 호박을 먹으면 죽는다
- 뱀이 앞길을 질러가면 재수없다
- 집구렁이를 잡으면 그 집 망한다

뱀은 배로 기어다니는 동물이기 때문에 '배암'이라 불렸다. 동서양을 막론하고 뱀은 흉물스럽고 꺼림직한 동물로 취급되었는데, 우리의 경우도 예외는 아니다. 흥미로운 사실은 뱀은 흉물이지만 뱀의 형상을 한 용은 매우 신성스런 동물이다. 용의 모습은 나라마다 틀렸는데, 아랍지역에서는 낙타 모양을 하고 있다고 한다. 어떻든 우리에게는 뱀과 용의 외양은 매우 흡사한 것으로 생각된다. 물론 용은 실존하는 동물이 아니다. 그렇기에 신성시될 수 있었고, 때로는 임금을 뜻하는 말도 외었다. 흔히 '등룡문'이라 하는데, 이 말이 생긴 것도 용과 관련된다. 곧 중국의 어떤 계곡을 통과해야 용을 만날 수 있었다고 믿은데서 생긴 말이다.

용이 신성시될 수 있었던 데에는 뱀의 역할도 컸던 것으로 보인다. 우리 겨레가 뱀을 대하는 태도는 매우 상반된 것이었다. 일상적으로 보는 뱀은 재수없는 동물이다. 그러나 뱀은 한편으로 두려움의 대상이 되기도 했다. 그렇기에 두려움의 대상인 뱀이 오래 묵거나 외양이 커지면 공포의 대상으로 바뀌는 것이다. 용은 천년 묵은 구렁이가 변신한 것이라는 전설이 많다. 용이 되려다 못된 뱀을 우리는 '이무기'라 부른다. 그러니 뱀, 혹은 이무기는 매우 두려운 존재이며, 이보다 더 조화를 부리는 용은 숭배의 대상이 될 수밖에 없었다. 뱀을 신성시한 경우도 옛 문헌에 보인다. 그 가운데 '최고운전'은 대표적인 것으로 보인다. 이 작품은 나말 대학자인 최치원을 모델로 삼고 있으나, 역사적 사실을 표현하지 않고 작가 자신의 독창성을 발휘한 고전 소설이다. 최치원은 12세 때에 당나라에 들어가 유학을 하고 진사 시험에 합격한 사람이다. 28세 때 당의 희종의 조서를 가지고 귀국 하였다는 역사적 기록이 있는데, 이를 작품화한 것이다. 그는 중국 황제를 만나 언변으로써 많은 감탄을 자아내게 하였는데, 그 중 한 대목에 뱀의 소재로 나타난다. 이 내용은 최치원이 중국에 들어갈 때 여인을 만나는 대목에서 등장한다. 그 여인은 치원이 중국에 들어가면 쉽게 살아나오기 힘들 것이라고 예언을 하는데, 중국 천자가 아홉 문을 지어놓고 통과하도록 시킬 것이라 했다. 그리고 주머니 속에서 부적을 내어 주면서 "둘째 문에서는 붉은 글씨를 쓴 것을 내던지고, 셋째 문에서는 흰 글씨 부적을, 넷째 문에서는 누런 글씨를, 다섯째 문에서는 푸른 글씨 부적을 던지면 화를 면할 것이다"라고 가르쳐 주었다.

황제는 최치원이 온다는 말을 듣고 속이고자 셋째문 안에다 땅을 두어 자나 파고, 무수한 악공을 그 안에 숨겨 두고는 치원이 들어오거든 풍악을 요란케 하여 정신을 차리지 못하게 하고, 다시 함정 위에다 엷은 판장을 덮어 그 위에 흙을 깔아 두고 밟으면 죽게 해 놓고, 넷째 문에는 비단 휘장을 둘러치고 그 안에다 사나운 코끼리를 넣어 두고는 치원을 물어 죽이게 해놓고 나서 그를 들어오라고 했다. 치원이 의관을 가다듬고 첫째 문을 들어가는데 사모의 뿔이 문에 걸려 들어갈 수 없었다. 이에 치원은 탄식하며 말하기를,
"비록 소국의 문으로도 사모의 뿔이 닿지 않거늘, 하물며 대국의 문으로서 어찌 이같이 낮은고", 하며 들어가지 않았다. 치원이 다시 문으로 들어가는데 땅 속에서 요란한 소리가 나므로 푸른 부적을 던지니 그 소리가 고요해졌다. 둘째 문에 이르니 또한 풍악 소리가 요란하므로 붉은 부적을 던지고, 셋째 문에

> 이르러 또다시 소리가 나므로 흰 부적을 던지고, 다시 넷째 문
> 에 이르니 코끼리가 휘장 속에 숨어 있기에 누런 부적을 던지
> 니 그 부적이 변하여 누런 뱀이 되어 코끼리를 감으니 코끼리
> 가 입을 열지 못했다.

이 소설의 내용을 보면 뱀은 여인이 넘겨준 비법에 의해 최치원의 신통력을 표현한 소재가 된다. 결국 뱀이 그의 목숨을 구한 것이다.

뱀과 관련된 금기어는 매우 많다. 그 가운데 대부분은 뱀을 피하거나 함부로 잡지 말라는 것과 관련되어 있다. 위의 금기어들은 대부분 뱀을 피하는 내용으로 되어 있다. 휘파람을 불면 뱀이 들어온다고 해서 밤에 휘파람을 불지 못하게 하는 것이나, 뱀이 감았던 호박을 못 먹게 하는 것 따위는 흔히 듣던 말이다. 휘파람 소리는 뱀을 부르는 소리라는 것이다. 또한 뱀이 감았던 식물에는 뱀 독이 배어 있다고 믿은 까닭에 먹지 못하게 했다. 뿐만 아니라 뱀이 많은 뱀밭을 본 사람은 그 혼에 걸려 죽는다고 믿었다.

뱀 가운데 특이한 놈은 구렁이이다. 구렁이는 검은색으로 길이가 길며, 때로는 집을 지키는 신으로 떠받들여지기도 했다. 그렇기 때문에 집구렁이를 잡으면 그 집안이 망한다고 했다. 뿐만 아니라 민간신앙에서는 억울하게 죽은 사람이 뱀이 되어 다시 집으로 들어온다는 믿음도 있었다. 뱀이 원수를 갚는다는 믿음도 꽤나 뿌리 깊은 믿음이다. 그러한 전설의 하나로 치악산에 얽힌 이야기를 들을 수 있다. 치악산에 얽힌 전설에는 '까치와 뱀'이 소재로 등장한다. 한 선비가 과거를 보러 가다가 까치 둥지에 오르는 뱀을 쏘아 죽였다. 그 뱀은 까치 새끼를 잡아먹으려 하고 있었던 것이다. 그 날 저녁 날이 저물어 어느 집에서 하룻밤을 묵어라려 하자, 집 아낙이 선선히 허락하였다. 밤 늦어 가슴이 답답함에 정신을 차려보니 뱀이 그의 몸을 휘감고 있었다. 그 뱀은 낮에 죽인 뱀의 아내였는데, 원수를 갚기 위해 그를 불러들인 것이었다. 그러면서 선비에게 하는 말이, "만약 새벽에 종

이 울리지 않으면 너를 잡아먹으리라"란 것이었다. 새벽녘이 되어 죽음이 다가온 순간, 갑자기 종소리가 울렸다. 그러자 뱀은 약속한대로 몸을 풀어주고 숨어버렸다. 다음날 종각 근처에 가보니 까치 두 마리가 머리를 다친 채 죽어 있었다. 이러한 내용이 치악산의 전설이다. 이밖에도 [용천담적기]에 실린 뱀은 그 사람의 운수를 막는 구실도 함께 하고 있음을 보여준다.

강원도 강릉에 이전손이라는 사람이 살고 있었다. 어느날 자기집 울타리 옆에 몸을 칭칭감고 있는 큰 뱀이 있어 지팡이로 여러번 쫓았다. 그러나 뱀은 도망갔다가는 다시 그곳에 나타나곤 했다. 이런 일을 반복하자 이전손은 뱀이 들어간 구멍을 파보았는데, 다시 퇴비 속으로 도망가자 그곳에 불을 질러 뱀을 죽인다. 큰 뱀이 죽자 그 근처에는 수많은 뱀들이 사방에서 몰려와 불 속에 머리를 박고 죽는 것이었다. 그후 그는 과거에 급제했지만 출세의 길로 나갈 수 없었다.

그밖에도 뱀이 집안에 들어오는 것은 매우 꺼림직한 일로 여겼다.

- 뱀이 집안에 들어오면 삼년 운수가 사납다
- 뱀이 집안에서 나오면 초상난다

뱀과 관련된 금기어로 집안에 뱀이 들어오는 경우 나쁘다는 표현이 있다. 이 두 금기어는 뱀을 두려워한 민중 생활 속에서 나온 것으로 풀이된다. 옛날 집 구조는 울타리가 있고, 흙담으로 된 집이 있었다. 가끔 뒷뜰에는 잡초가 무성히 날 때도 있었고, 그 풀 숲 사이로 뱀이 나오는 경우도 있었다. 특히 날씨가 궂으면 뱀은 더 잘 나타난다고 믿었다. 그렇기에 날궂은 날, 휘파람을 불지 못하게 하든가 뱀이 좋아하는 날고기를 먹지 못하도록 금했다. 뱀이 집안에 들어오면 일차적으로 화를 당할 수 있기 때문이었다. 이러한 일은 실제 있을 수 있는 일이기도 했다. 그렇기 때문에 간혹은 집돼지를 기르는 수도 있다. 돼지와 뱀은 상극 관계에 있는 동물이기 때문이다. 또한 뱀을 쫓는 방법도 여러가지가 있는데, 그 가운데 하나가 담배를 사용하는 방법이다. 야영 당시 담배를 주변에 뿌려 놓으면 독성 때문에 뱀이 접근하지 못하는 것이다. 불을 사용하는 방법도 있다. 파충류는 본능적으로 불을 싫어할 수밖에 없다. 뱀이 불에 닿으면 다리를 드러낸다는 말이 있는데, 허망한 이야기처럼 들리나 〈성호사설〉에는 다음과 같은 구절이 있다.

> 〔회남자〕에 '새삼은 뿌리가 없이 나고, 뱀은 발이 없이 나고, 물고기는 귀가 없이 듣고, 매미는 입이 없이 물을 마신다'고 했다. 그러나 내가 경험한 바로는 자못 그렇지가 않다. 새삼도 처음에는 뿌리가 땅에 붙어서 났다가 딴 물건에 붙게 되면, 뿌리가 저절로 말라 끊어지고, 딴 물건을 뿌리로 삼으며, 뱀도 두 발이 꼬리 근처에 있으니, 불로 지지면 당장 드러나게 되고, 또 나무에 올라갈 때 보면 발 있는 꼬리 근처가 나무에 꼭 붙어서 떨어지지 않는다.

이 말은 모든 사물에는 반드시 근원이 있게 마련이란 뜻이지만, 사물의 하나로 뱀을 든 것은 흥미로운 일이다.

5. 개와 부정(不淨)

- 개 등에 올라타면 사타구니가 저린다
- 개를 기르면 동네에서 인심을 잃는다
- 개를 발길로 차면 해를 입는다
- 개가 새끼 낳는 것을 보면 부정탄다

우리 겨레와 개는 매우 밀접한 관계를 갖고 있다. 개를 언제부터 길렀는지는 모르나 전설이나 문학 작품을 살펴본다면 원시 시대까지 거슬러 올라 갈 수 있을 것으로 보인다.

올림픽을 전후로 개와 관련된 논란이 많았다. 이는 개고기를 먹는 것이 야만스런 일이냐 아니냐 하는 것에서 시작된 것인데, 이로 말미암아 보신탕이란 이름이, 영양탕이나 사철탕 따위로 바뀌는 현상도 생겨났다. 우리 겨레에게는 개가 유용한 육류 제공원이자, 때로는 집을 지키는 방범자였으며, 때로는 귀여움 받는 애완동물이기도 했다. 이렇게 다의적인 의미를 담고 있는 동물이 개였기 때문에 개와 얽힌 이야기나 금기어도 많은 편이다.

먼저 개가 요사스런 것, 또는 쓸모없는 것이란 의미를 담고 있는 경우를 살펴보자. 흔히 '개꿈, 개살구, 개복숭아…' 등 보잘 것 없는 사물 앞에는 '개-'라는 접두사가 들어간다. 이는 개가 흔하고 천한 동물이었던데서 나온 것이다. 사람은 개를 길러 먹이로 삼는디. 한여름 복더위가 되면 동네 청년들이 모여 개를 잡는다. 이 때도 단순히 잡는것이 아니라 가장 잔인하게 잡아야만 맛이 더하다는 것이다. 그렇기에 나무에 목을 매달고, 불에 그을리면서 몽둥이로 때려 잡는 것이 일반화되어 있다. 간혹 '오뉴월 개 패듯이', '미친개는 몽둥이가 약'이란 표현을 쓰는데, 이 말 속에도 사람들이 개를 어떻게 대하는지 나타나 있다. 개의 요사스러움은 〈성호사설〉 '견요(犬妖)'에도 나타난다.

　　　예전이나 지금이나 개의 요사한 짓이 많았다. 나의 친족 아무의 집에 높은 누가 있는데, 네 문이 닫혔고 그 속에는 아무 것도 없었다. 그런데 밤마다 무슨 소리가 떠들썩하면서 서로 다투는 듯하다가 새벽이 되면 바로 그친다. 그래서 사람들은 귀신의 짓이라고 생각하였다. 하루는 우연히 살피게 되었는데, 집에서 기르는 개가 사다리를 타고 올라가서 틈구멍을 뚫고 들어가 시끄러움을 피우는 것이었다, 드디어 개를 잡아 없애니

요사한 소리가 없어졌다고 한다.

개는 단순히 요사한 동물로 통하는 것이 아니라, 때로는 금기 대상이기도 하다. '개 등에 올라타면 사타구니가 저린다'거나 '옷복이 없어진다' 또는 '개를 안고 자면 정붙을 일 없어진다'는 말을 개와 지나치게 가까이 생활해서는 안된다는 것을 말해준다. 그러나 이러한 말은 금기어로 쓰이기는 해도 특별한 상징적 의미를 지니고 있는 것으로는 보이지 않는다. 이는 단지 아무렇게나 뒹구는 개가 사람에게 여러모로 병을 옮길 가능성이 높기 때문에 생긴 것으로 보인다. 개 등을 타면 개의 털이나 개의 몸에 기생하는 병균이 옮을 수 있다. 안고 잠을 자는 경우는 더욱 심하다. 그렇기에 개는 상징적으로는 금기와는 무관하다. 오히려 개의 상징적 의미는 '천하지만 믿음직스런 놈' 으로 나타나는 경우가 많다.

- 개는 개를 잡아먹지 않는다
- 개도 꼬리를 친 다음에 먹는다
- 개도 꼬리를 흔들며 제 잘못을 안다
- 개도 닷새만 되면 주인을 안다
- 개도 사흘만 기르면 주인을 잊지 않는다
- 개도 세번만 보면 꼬리를 친다
- 개도 얻어맞은 골목에는 가지 않는다
- 개도 제 주인을 안다

이러한 말들은 모두 개의 영리함이나 충직함에서 온 것들이다. 간혹은 개가 주인을 구했다는 설화도 있다. 그렇기에 개를 무조건 싫어하거나 멀리 하지는 않았다. 오히려 개를 보호하고자 생긴 금기어도 많다.

- 개가 새끼를 낳을 때 보면 부정탄다
- 개를 안고 자면 개가 크지 않는다(손때가 묻는다)

이 두 말은 개를 꺼리는 것이 아니라 조금이라도 아끼고 보호하여 제대로 클 수 있도록 해야 한다는 것을 뜻한다. 그러나 요즘은 대도시에서 주거 공간을 무시하고 개를 기름으로써 말썽이 되는 경우가 종종 있다. 아파트 단지나 주택가에서 이웃을 고려하지 않고 개를 기르기 때문에 불결하거나 시끄러워 싸움을 만드는 동기가 되기도 한다. 아마도 이런 경우에 한해서 '아파트에 잡스런 개를 기름은 사람을 잃는 것'이란 말도 새로 쓰일 법도 하다.

〈참고〉 개와 관련된 속담

- 개가 겨를 먹다가 나중에는 쌀도 먹는다
- 개가 똥을 가리랴
- 개가 미치면 사람을 가리지 않는다
- 개가 약과 먹듯한다
- 개가 제 방귀에 놀란다
- 개가 쥐를 잡고, 먹는 깃은 고양이이다.
- 개가 콩엿 사먹고 버드나무에 올라간다
- 개고기는 언제나 제맛이다
- 개꼬리는 먹이를 탐내서 흔든다
- 개꼬리에 담비꼬리 이은 것 같다
- 개구멍 서방이다(몰래 한 결혼식)
- 개구멍에 망건친다(한가지 손해를 막으려다 큰 것을 잃음)
- 개꿈도 꿈인가
- 개 귀에 방울소리
- 개 귀의 비리를 털어먹어라
- 개 눈에는 똥만 보인다
- 개는 개를 잡아먹지 않는다
- 개는 믿을망정 상전 양반은 못믿고 산다
- 개는 입이 따뜻해야 하고, 사람은 발이 따뜻해야 한다
- 개다리 참봉(못된 관리 권력 믿고 날뛴다)

- 개도 나갈 구멍을 보고 쫓느다
- 개도 먹을 때는 안 때린다
- 개도 부지런해야 더운 똥을 먹는다
- 개도 올가미가 있어야 잡는다
- 개도 텃세를 한다
- 개똥도 약에 쓰려면 없다
- 개똥밭에서 인물난다
- 개똥이 무서워 피하나 더러워 피하지
- 개를 길러 놓으니 미친개가 되어 주인 문다
- 개 못된 것은 들에 가서 짖는다

6. 까마귀와 불길함

까마귀는 곧잘 검은속이나 흉계를 생각하게 한다. 어떤 작품이건 까마귀는 음습하고, 어두운 느낌을 만드는데 이용되며, 죽음이나 흉 조를 암시하기도 한다. 〔홍길동전〕에서도 까마귀 세 번 울고 가는 것 을 보고 길동은 자객이 들 것임을 예측하고 있다. 이와 같이 까마귀 가 흉조라는 표현의 언어는 매우 많다.

- 길 떠날 때 까마귀 울면 재수없다
- 길을 가는데 까마귀가 가로질러 날면 재수없다
- 까마귀가 울면 그 동네 초상난다
- 밤에 까마귀가 울면 국상난다
- 밤에 까마귀가 울면 난리가 난다
- 산중에서 까마귀 울음소리를 들으면 불길하다
- 저녁에 까마귀 울면 동네 아이가 죽는다
- 전염병 앓을 때 까마귀가 울면 병이 도진다

그렇기 때문에 까마귀가 울고가면 침을 세 번 뱉어 부정한 소리를 씻어내야 한다.

까마귀는 겉모습에서도 불길함을 느낄 수 있지만 울음소리로 말미암아 공포감을 더 느낀다. '까아악, 까아악'하는 울음소리가 마을을 뒤덮으면 왠지 사람들 마음은 소름 속에 빠져든다. 이러한 현상은 보편적인 감정으로부터 나온 것인데, 이태준의 소설 〈까마귀〉에는 이러한 묘사가 나온다.

> 날은 이미 황혼에 가까웠다. 연당지 아래 전나무 꼭대기에서는 아직 그 탁한 소리로 울지는 않으나 그 우악스런 주둥이로 그 검은 새들이 삭정가지를 쪼는 소리가 딱딱 들렸다.
> "까마귀가 온 게지요?"
> "그렇게 그게 싫으십니까?"
> "싫어요, 그것 뱃속엔 아마 별별 귀신 딱지가 다 든 것처럼 무서워요. 한 번은 꿈을 꾸었는데 까마귀 뱃속에 무슨 부적이 들고 칼이 들고 시퍼런 불이 들고 한 걸 봤어요. 웃지 마세요. 상식은 절 떠난 지 벌써 오래예요..."

까마귀가 불길함을 나타내게 된 까닭은 우리 민족의 독특한 정서와도 관련이 있다. 색채 감각으로 단색 계통의 강렬한 인상을 주는 붉은색이나 검은색은 인간의 마음을 억압할 수 있다. 색채가 인간의 심리에 미치는 영향은 여러 심리학자들에 의해 연구된 바 있다. 홍분이나 격앙을 나타내는 색으로는 단연 붉은색이 으뜸이다. 그러나 이에 못지 않게 검은색은 우울과 침통함을 절로 주는 색이다.

또한 까마귀의 식성이 금기어를 만드는 데에도 영향을 끼쳤다는 추론도 가능하다. 까마귀의 식성은 다양한 것으로 알려져 있는데, 직접 사냥을 하여 먹는 것이 아니라 죽은 고기와 같은 것을 좋아한다. 이와 같은 이유에서 가마귀는 또다른 말을 낳고 있는데, '까마귀 골수막 파듯한다'는 말도 있다. 이 말은 까마귀가 시체의 골을 맛있게 파

먹는다는 생각에서 비롯된 것이다. 이러한 풍습은 조장(시체를 들판에 놓아 새의 먹이로 주는 장례 풍습)을 행하는 민족에게는 널리 알려진 까마귀의 생태이다. 조장 풍습은 까마귀가 떼지어 날지 않으면 성립될 수 없다. 우리 민족에게는 조장 풍습은 없었다. 특히 죽은 사람의 몸을 산 사람만큼 소중히 여기곤 했는데, 이에서 까마귀가 사람의 살을 뜯는 것을 가장 꺼림직하게 여긴 것이다.

홍미로운 사실은 까마귀를 길조로 여기는 민족도 있다는 것이다. 티벳 산간 지방이나, 유럽 일부 민족의 경우, 까마귀를 길조로 여기고 있다는 인류학자들의 보고가 있었는데, 이러한 민족에게 까마귀는 청소부로서의 의미를 갖는다. 곧 음식물 찌꺼기나 쓰레기를 청소해 주는 역할을 담당하는 새가 까마귀인 셈이다.

이와는 달리, 까마귀의 생활 습관이 금기어를 낳는 요인이 되었음도 살펴 봄 직하다. 까마귀는 떼를 지어 날아다니는데, 이로부터 '까마귀떼 다니듯 한다'는 말이 생겨난 것으로 보인다. 이 말의 쓰임은, 인상이 좋지 못한 사람들끼리 몰려 다니는 것을 비유하거나, 행실이 바르지 못한, 또는 사리 판단 능력이 떨어지는 아이들끼리 몰려다닐 때 나타난다. 이밖에 우리말에서 까마귀를 넣어 표현한 말로는 다음과 같은 것들이 더 있다.

- 까마귀가 사촌하자고 한다(피부색이 몹시 검거나, 때를 씻지 않는 사람을 비웃는 말)
- 까마귀가 알 물어다 감추듯 한다(까마귀는 건망증이 심하다는 뜻)
- 까마귀 게발 던지듯 한다(미련은 있지만 어쩔 수 없이 버리는 것)
- 까마귀 날자 배 떨어진다
- 까마귀떼 다니듯 한다(까마귀는 불길하게 모여다닌다는 뜻)
- 까마귀 아래턱 떨어질 소리다(생각지도 않게 어처구니 없는 말을 듣는 것)

· 까마귀 학이 되며, 기생이 열녀되랴

흔히 잘 잊기를 좋아하는 사람을 두고 '까마귀 고기를 먹었나'라고 말한다. 까마귀 고기가 건망증을 일으키는 원인이라는 것이다. 이 말은 까마귀 습성에서 비롯된 것으로 보이는데, 까마귀는 자신의 일을 곧잘 잊어버리는 새로 알려져 있다. 그렇기에 '까마귀 알 물어다 감추듯 한다'는 말을 쓴다. 이는 까마귀가 정신이 없어서 자신의 알을 감추고서도 나중에는 잊어버리듯이 건망증이 유난히 심한 사람을 일컫는 말이다.

7. 개미와 생명 존중 의식

· 개미 구멍으로 공는탑이 부너진다
· 개미가 집을 지으면 싸움이 일어난다
· 길 가다 개미를 밟으면 죽어서 개미 된다(개미굴에 끌려간다)

옛 문헌에 개미는 하찮은 일, 또는 매우 보잘것 없는 생물로 취급되고 있다. [여씨춘추]의 한 구절을 인용하면서 이야기를 시작해 보기로 하자. 이 책에서는 '작은 일을 살피지 않고, 멋대로 행하기 때문에 개미집에 걸려 죽는다'는 표현을 쓰고 있는데, 다음과 같은 흥미로운 고사가 있다.

옛날 위나라(전국시대 중국의 작은 나라)에는 헌공이 있었다. 그는 어느날 손림보와 영식이라는 두 사람과 함께 식사할 것을 약속했다. 그런데 그날 궁중에서 조수를 기르는 유라는 동산에 수많은 새떼들이 날아들었다. 그래서 헌공은 관리들과 함께 유에서 새 사냥을 하다가 약속 시간을 어기게 되었다. 두 사람이 늦도록 헌공을 기다렸는데, 늦게 나타난 헌공은 사냥할 때 쓰는 피관을 벗지 못한 채 연회장에 들어와 앉았다. 이는 두 사람을 무시하는 처사였다.(당시의 관습상) 그래서 두 사람은 헌공을 몰아내고 공자인 검을 세워 위나라의 군주로 삼으니 그가 바로 장공이다.

장공은 위나라 군주가 된 이후로 자신이 망명생활을 할 당시 자신을 미워하여 국내에 들어오지 못하게 했던 석포를 죽이고자 했는데, 이 때 그는 큰 망루에 올라가 오랑캐들이 사는 땅을 바라보며 물었다. "저 곳은 어디인가?" 이에 주위 사람들이 "저 곳은 융인(오랑캐)들이 사는 곳입니다"라고 대답했다. 그러자 장공은 "내 성은 희씨(중국 본토의 성으로 중국인이라는 뜻)이다. 어찌 오랑캐들이 와서 살 수 있는가"라고 화를 내었다. 뿐만 아니라 그곳 사람들의 집을 빼앗고 우두머리를 잡아 죽였다. 그 뒤 진나라가 장공을 공격했다. 이 때 석포와 융주 사람들은 진나라와 합세하여 장공을 몰아내게 되었다.

이것은 작은 일, 작은 것에 대하여 살피고 삼가지 않았기 때문이다. 그러므로 세상 사람들은 때때로 산에 걸려 넘어지지 않고, 보잘것 없는 개미집에 걸려 넘어지는 것이다.

------- 〈여씨춘추〉 25권에서

개미와 관련된 속담은 매우 많다. 우선 '개미가 객사 기둥을 건드린다'는 말을 들어보자. 이 말은 되지도 않을 못된 짓을 한다는 뜻으로 자신의 위치와 실력도 모른 채 날뛰는 사람들을 위한 경계어이다. '개미 구멍으로 공든탑이 무너진다'는 것도 작은 일일지라도 소홀히 하면 큰 어려움을 겪을 것이라는 뜻이다. 사실 이러한 말들은 금기어라고만은 할 수 없다. 금기어라기보다는 오히려 교훈적인 경구이다. 그러나 '지나는 길에 개미를 밟으면 죽어서 개미가 된다'거나 '죽어서 개미굴에 끌려간다'는 말은 단순한 경구가 아니다. 이는 생명 존중 사상이 가장 극도로 표현된 말인데, 불가의 '불살생(생명을 함부로

죽이지 말라는 계율)'에서 나온 것이라 볼 수 있다.

개미와 관련된 경구로 '개미가 작아도 탑을 쌓는다'거나 '개미 역사하듯 한다', '개미 금탑 모으듯 한다'는 말도 있다. 이 말들은 개미처럼 작아도 부지런히 일하면 무엇이든 할 수 있다는 뜻이다. 뿐만 아니라 '개미도 간 자국은 있다'는 속담은 아무리 작은 일이라도 흔적은 있다는 뜻이니 어찌본다면 수사관들은 이 말을 신념처럼 여길지도 모른다. 작은 머리털 하나라도 찾아서 범인을 검거하는 분들이야말로 개미 발자국도 결코 소홀히 할 수 없는 것 아니겠는가. 이뿐 아니라 ' 개미가 절구통 몰고 간다'는 말은 개미의 협동심을 기린 말이며, '개미떼 퍼지듯 한다'는 것은 어느 곳이든 사람들이 흩어져 간다는 뜻을 지닌다.

이밖에 '개미가 제 구멍을 막으면 비가온다'는 말이 있는데, 이 말은 일기예보가 흔치 않던 시절 언제나 들어맞는 일기예보였다. 미물에게는 날씨를 아는 것이 생명과 직결되는 일이다. 그렇기에 개미도 본능적으로 날이 좋지 않음을 알아차릴 수 있다. '개미가 싸우면 난리가 난다'는 말은 예언적 기능을 극대화한 민속어인데, 유사한 표현으로 '산 속의 소나무가 붉게 타들어가면 난리가 난다'거나 '00 연못에 물이 넘치면 국가의 재앙이 있다'는 예언적인 말들은 어느 고장이나 흔히 있는 말이다.

8. 닭울음

- 늦저녁 닭이 홰에 올라가 울면 구설수에 빠진다
- 늦저녁 닭이 홰에 올라가 길게 울면 불길하다
- 닭고기 먹고 아무데나 버리면 귀신 붙는다
- 닭이 낮에 울면 불길하다
- 수탉이 낮에 울면 집안 망한다

· 암탉이 울면 집안 망한다
· 닭이 높은 곳에 올라가면 나쁘다
· 초저녁 닭이 닭장에 오르면 쌀값이 오른다

우리말 가운데 닭은 일반적으로 천한 사람이나 보잘것 없는 일을 나타내는데 쓰였다. 남존여비 의식이 강했던 때에는 '암탉이 울면 집안 망한다'라는 말로 여자를 암탉으로 대신 표현하기도 했던 것이다. 그런데 닭은 여러가지 의미에서 불길함을 나타내는 의미로 사용되기도 한다. 이는 닭이란 동물이 지닌 특성 때문에 생겨난 것이다. 닭은 새벽을 알리는 동물이다. 그런데 간혹 대낮에 운다든가, 한밤중에 울면 다급한 일이 발생함을 예고하는 것처럼 생각되기도 한다. 전쟁이 발발한다든지, 홍수가 난다든지 할 때, 닭울음 소리가 이를 미리 예고하는 기능을 하기도 한다.

이러한 점에서 닭은 새벽을 알려주는 시계 구실도 했다. 수탉이 길게 우는 시간은 새벽을 알리는 시간이다. 그렇기에 이육사라는 시인은 항상 새벽의 상징, 또는 암흑 속에서 광복을 열망하는 상징 의미로 닭울음 소리를 즐겨 사용한 것이다. "까마득한 날에/ 하늘이 처음 열리고 /어데 닭 우는 소리 들렸으랴"(〈광야〉에서) 이밖에도 육사의 시에는 새벽을 뜻하는 닭울음 소리가 자주 등장한다.

갈메긴 양 떠도는 심사
어데 하난들 끝간델 아리
으릇한 사념을 깃폭에 흘리네

선창마다 푸른막 치고
촛불 향수에 싸르르 타면
운하는 밤마다 무겁게 지네
 ……(중략)………
닭소리나 들리면 가랴

> 안개 뽀얗게 내리는 새벽
> 그곳을 가만히 나려서 감세
>   ---- 이육사 〈새벽〉에서

이 시에서도 닭의 상징적 의미는 새벽에 가깝다. 닭이 활동하는 시간은 낮이다. 그런데도 닭이 새벽을 상징하는 것은 새벽을 알리는 긴 울음소리 때문이다. 그런데 새벽을 맞추지 못하고 닭이 울어제끼면 사람들의 마음은 늘 편치 못하다. 닭이 한밤중에 운다거나 초저녁에 울면 마을 사람들은 모두 불안에 떨기 마련이다. 그래서 생긴 말들이 '늦저녁 닭이 홰에 올라가 울면 구설수에 빠진다'거나 '늦저녁 닭이 홰에 올라가 길게 울면 불길하다'라는 것들이다. 뿐만 아니라 '닭이 낮에 울면 불길하다'거나 '수탉이 낮에 울면 집안 망한다'는 말도 생겨났다. 이러한 말들은 모두 제 때가 아닌 때에 우연스런 일이 일어나기 때문에 재난을 예고 하는 것으로 받아들였기 때문에 생긴 말들이다.

닭이 지닌 또다른 성격은 다른 동물과는 달리 날짐승임에도 사육할 수 있다는 점에서 비롯된다. 닭은 우리 안에서 주인의 먹이를 먹고 자란다. 지금이야 양계장에서 대량으로 사육을 하지만 옛 농가에서는 닭을 항상 놓아 기른다. 이러한 닭들은 때로는 들판에 나가 모이를 주어먹기도 하고, 때로는 주인이 닭을 불러 모이를 주면 그것을 먹고 자라기도 한다. 닭은 생리상으로 멀리 날지를 못하며, 여러 마리가 들판에 몰려 다닌다. 어찌본다면 매우 평화로운 모습을 나타낼 수 있는 것이 닭이다. 그러나 수리나 매가 나타나면 그 커다란 등치를 가지고도 꼼짝없이 잡혀야 하는 것이 닭의 생리다.

닭의 생리와는 달리, '암탉이 울면 집안 망한다'거나 '암탉이 울면 알을 낳는다.'와 같은 말도 있다. 이러한 말은 전혀 색다른 표현인데 전자에서 암탉은 여자를 상징하는 말로, 후자에서는 당연한 사실이 격언으로 표현된 것이라 할 수 있다. 그밖에 '닭이 높은 곳에 올라가면 나쁘다'는 말이 있는데 닭은 일반적으로 높이 나는 동물이 아니기 때문에 생긴 말이다. 또한 '초저녁 닭이 닭장에 오르면 쌀값이 오른다'는 말은 앞의 경우와 마찬가지로 제때가 아닌 때에 홰에 오르는 닭을 보면서 재앙이 가벼운 일로 대신 일어났으면 하는 희망이 표출된 것이다.

9. 제비와 초복(招福)

홍보가 널리 알려진 이후로 농가에서는 '제비집을 헐면 복 달아난다'고 하는 말이 쓰이게 되었다. 사실 농가에서 제비는 그리 반가운 손님만은 아니다. 그런데도 박타령에서 복의 씨를 물어다 준 제비이니 복있는 새로 인식되는 것이다. 다음과 같은 말들은 제비를 소중히 다루어야 함을 일깨우는 말들이다.

- 제비가 까놓은 알을 사람이 만지면 새끼를 까지 않는다
- 제비가 대들보 안에서 집을 짓고 살다가 죽거나 이사하면
  그 집 망한다
- 제비가 땅을 핧으면 비가 올 징조다
- 제비 고기를 먹고 배를 타서는 안된다
- 제비를 때리면 기운이 떨어진다
- 제비를 만지면 학질 걸린다
- 제비를 죽이면 열병에 걸린다
- 제비올 때 제비왔다고 소리치면 나쁘다
- 제비집에서 제비 새끼가 떨어지면 장마진다
- 제비집을 옮기면 복나간다

홍보가 가운데 은혜를 갚은 제비 이야기는 따로 떼어서 잡가로 부르기도 한다. 이를 제비가라 하는데, 열 두 잡가 가운데 하나이다.

특히 제비가는 잡가의 원형을 탈피한 멋스런 노래인데 다음과 같은
서두로 시작된다.

> 만첩청산 늙은 범 / 살찐 암캐를 물어다 놓고
> 어르고 노닌다 / 광풍에 낙엽처럼
> 벽해 둥둥 떠나간다 / 일락 서산 해는 뚝 떨어져
> 월출 동령에 날이 솟네

　홍보가에서 제비는 서민들의 꿈을 이루어준 매개물이다. 이 점에서
제비를 잘 대해야 한다는 믿음이 생겼는데, 사실 작품 내용을 따져본
다면 박타령만으로 제비 우대 풍습을 설명하기는 힘들 것 같다. 그
까닭은 홍보가 놀부에게 쫓겨 나온 것도 돈 때문이요, 당시 서민들이
혐오했던 것도 돈이었다. 그런데 아이러니컬하게도 홍보 역시 박으로
부터 재물을 얻은 다음에는 혐오했던 양반의 생활을 누리고 있기 때
문이다.

> 　원채에 본처두고 별당에 양귀비요 안팎 사랑 십여 채며 사면
> 행랑 노숙이요, 사랑 사랑 굽어보면 좌상에 객상만 사죽이 낭
> 자하며 시부로 소일하고 곳간마다 열고 보면 전곡이 가득가득
> 남은 곡식은 노적하고 홍보는 심심하면 양귀비 데리고서 후원
> 의 화초 구결 옥난간 밝은 달에 둘이 마주 비껴 앉아, 예상우
> 의곡을 한가히 의논하니 이러한 지상선이 어디가 있겠느냐

　제비를 잘 대해야 한다는 풍습은 홍보가 못지 않게, 제비의 생태적
인 습성에서 비롯되었을 가능성이 크다. 제비는 봄을 알리는 길조이
다. 가을이 되면 강남(살기 좋은 땅을 강남이라 부름: 친구 따라 강
남 간다)으로 갔다가 봄이 되면 돌아온다. 홍미로운 사실을 제비와
반대로 찾아오는 철새는 기러기이다. 그렇기 때문에 기러기는 겨울
새, 곧 차갑고 외로운 새로 인식되는 것이다. 흔히 "제비와 기러기는

서로 엇갈려 날아온다(좀처럼 만나기 어려운 사람이란 뜻)"는 말을 쓰는데, 이 말도 두 새의 생태적 특성에서 비롯된 말이다. 그렇기에 제비와 기러기는 상반된 이미지를 창출하며 문학작품 속에 등장한다.

〈제비〉
엇뎨 져비 새 수우어리미 업스리오(두시언해)
가줄비건댄 져비 서일에 삿기 치듯하니

〈기러기〉
적설이 다 녹도록 봄소식을 모르더니
귀홍(歸鴻)은 득의 전공활이요 와류는 생심 수동요라
아이야 새술 걸러라 새봄맞이 하리라
　-- 김수장 시조 ** 귀홍: 돌아가는 기러기는 하늘넓어 의기양
양하고

　제비의 생태적 습성은 날씨를 예견하는데도 많이 쓰였다. 그 가운데 '제비가 낮게 날면 비가 온다'거나 '제비가 분주히 날면 비가 온다' 또는 '제비가 사람을 어르면 비가 온다'는 따위가 있다. 또한 제비가 새끼를 많이 치면 그 해는 풍년이 들고, 제비 새끼가 적으면 그 해는 흉년이 든다고도 했는데, 이 또한 절후를 알리는 제비의 속성에서 비롯된 말이다.

<table><tr><td>여섯째 마당</td><td>식물에 얽힌 금기</td></tr></table>

　　나무나 식물도 동물과 마찬가지로 상징의미를 갖는다. 이러한 상징 역시 모양이나 성질에 따라 나타난다. 특이한 것은 나무를 나타내는 낱말은 일상적인 낱말과 음이 유사하기 때문에 연상작용을 일으키는 것들이 많다는 점이다. '버드나무, 벗나무 : 벋다(죽다의 속어), 피나무 : 피' 따위의 낱말이 있다. 또한 대나무나 복숭아 나무는 성질상 금기어를 만든다. 복숭아의 경우는 민간 신앙도 금기어를 만드는데 작용한 것으로 보인다.

1. 벗나무

　　나무 가운데 벗나무는 성황당 나무로 많이 쓰인다. 이 나무는 비교적 빨리 자라면서도, 산과 들 아무 곳이나 산재해 있기 때문에 생명력이 강한 나무로 여겨진다. 그런데 이 나무는 사실 열매를 따먹거나 땔감으로 쓸 경우를 제외하고는 그다지 실속있는 나무는 아니다. 그럼에도 성황나무로 많이 쓰이는 까닭은 무엇일까?

　　벗나무가 성황 나무로 곧잘 변신하는 것은 두 가지 때문이다. 하나는 나무가 빨리 크기 때문에 다른 나무에 비해 둥지가 크고 가지가 넓다. 다른 하나는 벗나무 금기어처럼 사람들에게 두려움을 심어줄 수 있기 때문이다. 벗나무와 관련된 금기어는 낱말 소리로부터 비롯된 것이다. 이는 피나무, 떡갈나무와 같이 음이 같기 때문에 '피, 떡'

을 연상시키는 것과 마찬가지이다. '벚나무에서 떨어지면 죽는다'는 말은 벚의 음이 죽는다는 속어 '뻗다'와 연상되기 때문이다.

이 말은 생긴지 오래된 것은 아니다. 어찌본다면 옛 말에서는 이런 표현이 없었을 것으로 보인다. 그 까닭은 오늘날 우리말 끝소리는 일곱개의 소리가 나지만(대표소리되기에 의해), 중세 국어의 경우는 여덟 끝소리가 나기 때문에 '벚과 벋'이 구분될 수 있었다는 점에서 찾을 수 있다. 곧 죽는 것은 신체가 곧게 펴지는 것을 의미하고, 이런 상태가 되는 것을 뻗는다고 표현할 수 있는데, 옛말에서는 '뻗다'의 뻗과 '벚나무'의 '벚'이란 음이 충분히(옛말에서 'ㅅ'과 'ㅈ'은 모두 치음이었다) 구별되었음을 의미한다.

흥미로운 사실은 성황에 대한 풀이이다. 성황은 서낭이라고도 하고 성황이라고도 하는데, [오례의] 여제축사에 의하면, 성황은 뭇 귀신을 달래는 제사이다. 벚나무를 성황나무로 섬김은 벚나무가 귀신의 나쁜 짓을 잠재울 수 있다고 믿은 때문은 아니었을까. 흔히 '뻣뻣하기는 벚나무 막대기다'라는 말도 쓰는데, 이 말 또한 벚나무 가지가 뻣뻣하기 때문에 쓰는 말은 아니다. 쉽게 굽을 수 있는 잡목 가운데 하나가 벚나무인데, 어찌 뻣뻣할 수 있겠는가. 그렇지만 죽음을 상징하는 벚나무 막대야말로 딱딱하고 뻣뻣한 느낌을 줄 수 있는 것이다.

요즘 봄철이면 벚꽃놀이를 즐기는데, 이 풍습은 일제 강점기 이후에 나타난 것이다. 일인들은 벚나무의 야생력과 꽃이 흩날리는 모습 때문에 나라꽃으로 삼은 것으로 보이는데, 본디 이 나무는 우리에게는 그다지 반가운 나무는 아니었다. [동아일보] 28년 5월 10일자에는 모 대학 학생들이 경복궁에 꽃놀이를 갔다가 여자들을 희롱하여 입건된 기사가 나오는데, 이 시기부터 벚꽃놀이가 이루어졌던 것은 아닌가 하는 생각도 든다. 그렇다면 오늘날 우리가 간혹 즐기는 대공원 벚꽃놀이나 진해 군항제에서의 벚꽃놀이도 결국 일제 강점기에 서서히 만들어 놓은 유산일 가능성이 높은 셈이다.

어떻든 벚나무에 얽힌 금기는 음성상(音聲上) [벋다]의 연상 작용에 의한 것이라 볼 수 있다. 음성상의 연상은 '벗다'라는 낱말과도 쉽게 접맥된다. 벚나무 껍질은 잘 벗겨진다. 벗는 것을 아름답다라고 보는 '벗는 미학'은 오늘날에나 상품화에 힘입어 미화될 가능성을 갖고 있지만, 과거 우리 선조들의 경우는 이러한 미화를 용납할 리가 없었다. 그렇기에 '벚나무 껍질을 벗기면 옷을 벗는다'는 말도 쓰인다. 물론 이때 '옷벗는다'는 의미는 매우 다의적으로 해석할 수 있다. 옷을 벗는 것은 은유적으로 관직이나 직책에서 밀려남을 뜻하는데, 문자 그대로 해석하여, 좋지 않은 꼴을 당한다는 의미로 쓰이기도 한다. 간혹은 '옷벗는다' 대신에 '헐벗는다'라는 말이 들어가기도 한다. 어떻든 '벚'과 '벚나무'의 음성에서의 연상작용과 벚나무 껍질이 교묘히 작용하여 생성한 금기어라 할 수 있다.

2. 대나무와 체벌

- 대나무 회초리로 맞으면 말라죽는다
- 머리를 때리면 머리가 나빠진다

우리의 전통 교육 방법 가운데 널리쓰였던 것으로 체벌을 들지 않을 수 없다. 요즘은 흔히 체벌은 필요악인가라는 문제가 부각되고 있는데, 교편이란 말조차도 '가르치고 채찍질 한다'는 뜻이니 우리의 교육 관념 속에는 으레 체벌이 들어 있는지도 모른다. 그런데 체벌을 하더라도 감정적인 체벌이나 비교훈적인 방법을 삼가고자 했던 것이 우리 조상들의 지혜였으니 이에 따른 금기어도 상당히 많다. 그 가운데 대표적인 것으로는 '대나무 회초리로 때리면 맞은 사람이 말라죽는다'는 것이다. 이 말은 대나무가 매우 곧고 길기 때문에 생긴 말이다. 곧 대나무처럼 말라 죽을 것이니 대나무로는 회초리를 삼지 말라는 뜻이다. 사실 이 말에는 대나무 회초리가 매를 때리는데는 적합하지 않다는 의미도 들어 있으리라. 대나무는 강한 힘을 주면 갈라질 염려도 있으니 어찌 위험하지 않겠는가.

이뿐만 아니라 신체 부위 가운데 특정한 부분은 때리지 않도록 하는 경우도 있었다. 보기를 들어 '머리를 때리면 머리 나빠진다'는 말이 있어 머리를 함부로 다루지 않도록 했던 것이다. 그렇기에 체벌을 하더라도 대부분 종아리를 치는 것이 상례였다. 이런 점에서 본다면 오히려 오늘날의 교육은 매우 비교육적인 면이 많을지도 모른다. 간혹 학교에서 가혹한 체벌로 문제가 되는 경우도 있는데, 이러한 경우는 대부분 감정이 개입된 채 체벌이 이루어지기 때문에 생겨난다. 또한 때린 부위도 엉덩이에서 가슴에 이르기까지 매우 다양하다.

사실 90년대 이전에 군생활을 한 사람이라면 누구나 구타의 뼈저린 추억을 갖고 있을지도 모른다. 이러한 습성은 우리 전래의 풍습은 아니었던 것으로 보인다. 우리 겨레는 매를 맞을 짓을 해도 손으로 무조건 함부로 때리지는 않았던 것이다. 사람과 사람의 관계가 매우 엄격했던 시대에는 매와 관련된 말들도 매우 많은데, 이러한 말 속에도 어디 하나 잔인한 구석이 없다. 그렇기 때문에 '매도 맞으려다 안 맞으면 섭섭하다'는 말을 너스레로 쓸 수 있었을지도 모른다.

물론 역사적으로 본다면 수탈당한 민중의 입장에서 '매'라는 말처럼 무서운 낱말은 없었다. 그렇기에 '매 앞에서는 항우도 없다'거나 '매 앞에선 상피라도 붙었다 한다'(매를 맞으면 없던 일도 있다고 한다)는 말도 생겼다. 탐관오리의 수탈이 극심하던 조선조 말기의 이러한 현상은 여러 문학 작품에서도 자주 나타난다. 〈춘향가〉에 나오는 '십장가'도 매와 관련된 흥미로운 소재를 보여준다.

> 곤장 태장 치는데는 사령이 서서 하나 둘 세것만은 형장부터
> 는 법장(법률에 의한 형장)이라 형리와 통인이 닭싸움 하는 모
> 양으로 마주 엎디여서 하나 치면 하나 긋고, 둘 치면 둘 긋고
> 무식하고 돈 없는 놈 술집 벼람벽의 술 값 긋듯 그어 놓으니

한 일자가 되었구나.

이 소설에서 보듯이 곤장이나 태장은 고을 수령 마음대로 칠 수 있었고, 형장부터는 법으로 규정되어 있었던 것으로 보이는데, 이로 말미암아 수많은 백성들이 고초를 겪은 것으로 보인다. 그러니 매를 무서워하는 것은 당연했으리라. 물론 매를 맞는 것은 직업으로 삼는 경우도 있었다. 〈흥보가〉에도 흥보가 남의 매를 대신 맞는 장면이 나오고, 민담에도 '닷냥 매를 맞다가 열냥을 주었다'는 이야기가 전해온다. 그러니 어찌본다면 매는 민중을 통제하는 중요한 수단 가운데 하나였을지도 모른다. 그러나 이러한 매도 함부로 때리는 것은 아니었다. 아무리 모질게 때린다고 해도 형틀을 마련하고 그 위에서 때리는 것이 매다. 그런데 무지막지한 구타악습은 우리 전통에서 비롯된 것은 아니다. 이러한 풍습은 과거 식민 지배를 당하면서 일인들에 의해 생겨난 것으로 보인다. 가혹했던 일인들의 고문 습성, 구타 방식 따위가 친일 잔재 청산 실패로 끊임없이 이어져 내려왔던 것은 아닐까.

요즘 교직 사회에서는 '매 한번 잘못 때리면 패가망신'이란 자조적인 표현을 쓰는 경우도 많이 있다. 사실 맞는 말이다. 어찌본다면 민주 사회에서 체벌이라는 도구로 제자를 가르치려는 것 자체가 잘못된 생각일 것이다. 그러나 '매를 아끼면 자식을 버린다'는 말이 있듯이, 가혹하고 힘들게 가르쳐야 할 때도 있다. 그런데 사회 풍토는 점점 이를 무시하고 오로지 내 자식만이 최고다라는 생각을 갖는 경우가 많으니 어찌본다면 사람들의 의식이 완전히 변해버린 것도 같다. 물론 체벌은 교육적으로 가장 좋지 않은 방법일 것이다. 그럼에도 체벌을 고집해야 하는 경우는 '콩나물처럼 빽빽한 교실'에서 학생들을 가르치다보면 어쩔 수 없이 나타날 수도 있는 수단이 아니겠는가. 그러나 틀림없이 '감정에 치우쳐 제자들을 때린다면' 사고의 위험 뿐만 아니라 교육적인 효과도 없으리라. 그런 점에서 '대나무로 때리면 맞은 사람이 말라죽는다'고 은근히 감정적인 매를 경계했던 선조들의 지혜야말로 다시 한번 음미해 볼 만하지 않겠는가.

3. 복숭아 나무

- 복숭아 벌레가 굴뚝 속으로 들어가면 집안 망한다
- 복숭아 벌레가 기둥을 파면 집안 망한다
- 복숭아 벌레를 먹으면 이가 빠진다
- 복숭아 나무를 울 안에 두면 해롭다

금기의 대상으로 나무나 돌 따위의 자연물도 자주 등장한다. 이러한 까닭은 애니미즘(정령신앙: 모든 사물에 혼령이 있다고 믿는 신앙)에서 온 것으로 보이는데, 그 가운데 하나로 복숭아가 있다. 그러면 복숭아 나무는 어떤 나무였기에 금기의 대상이 되었는지 살펴보기로 하자. 우리 속담에 복숭아 나무와 관련된 것들로 다음과 같은 말들이 있다.

- 복숭아는 삼 년이요 감은 팔 년이다 : 복숭아 나무는 삼 년 지나면 열매를 맺고, 감나무는 8년 지나야 열매를 맺는다는 뜻
- 복숭아 몽둥이로 미친놈 때리듯이 한다 : 광기를 고친다고 복숭아 몽둥이로 미친듯이 사람을 때리는 것
- 복숭아 벌레를 먹으면 미인이 된다 : 복숭아 벌레를 먹으면 살결이 고와진다는 믿음이 있었는데, 이는 복숭아 나무에 벌레가 많았기 때문에 그대로 먹으라는 뜻에서 생긴 말로 생각된다
- 복숭아 주고 오얏 받는다 :선사한 물건과 받은 물건이 별 차이가 없다는 뜻

복숭아는 상징 체계가 매우 복잡한 식물이다. 어떤 때에는 아름답고 고요한 모습을, 어떤 때에는 불길하고 음습한 모습을, 때로는 보

잘것 없는 것을 상징하기도 하고, 때로는 이상향의 또다른 표현으로 쓰이기도 한다. 사실 이와 같은 다의성은 동양 문화권에 나타나는 복숭아의 의미가 다양하기 때문인 것으로 보인다. 그 가운데 대표적인 보기로는 [도화원기]가 있다. 이 작품은 진나라 때 도연명의 작품으로, 동양적인 유토피아인 무릉도원을 소재로 삼았다. 무릉도원에는 그야말로 형언할 수 없는 평온이 존재하는데 그 상징물이 강물을 떠 내려오는 복사꽃인 것이다. 후대 사람인 이백이 이를 노래한 작품도 있는데 다음과 같다.

산중문답(山中問答: 산 속에서 묻고 대답함)

問余何事栖碧山 : 내게 왜 푸른 산에서 사느냐고 물으신다면
笑而不答心自閑 : 웃으며 대답을 아니하니 마음은 스스로 한
　　　　　　　　　가룹구나
桃花流水杳然去 : 복사꽃 묘연히 물에 떠 흘러가니
別有天地非人間 : 새로운 세상이 있어 인생세간이 아니러라
** 인간은 인생세간의 준말로 이 세상을 뜻하는 말임

　이 시 속에 나타난 복사꽃은 평온의 상징 그대로이다. 그런데 왜 복숭아가 음습한 뜻으로 전이되었을까? 이를 풀어보기 위해서는 복숭아의 참 모습을 알아볼 필요가 있다. 요즘 나오는 복숭아는 대부분 품종 개량을 한 것들이다. 그러나 연세가 드신 분들이라면 시골 밭두렁이나 산 속에 가장 흔하게 널려 있는 나무의 하나로 복숭아 나무를 기억하기 어렵지 않을 것이다. 강원도나 충청도 산골의 경우 산 속에도 복숭아 나무는 지천으로 널려 있다. 이 나무에서는 쥐방울만한 매우 작은 복숭아가 열리는데, 시골 사람들은 개량종과 구분하기 위해 '개복숭아'란 말을 붙인다. 강원도의 경우는 복숭아란 말 때신에 '복쌍'이란 표현을 끄기도 하는데, 이는 표준말은 아니다.
　개복숭아의 경우는 꽃이 핀 만큼 매우 많은 열매를 맺는다. 그러나

별반 먹을게 없는 것이 이 과실이다. 보통 여름철이 되면 풋과일 모양으로 쓰거운 맛을 풍기는 복숭아는 '잘 먹어야 본전'이라는 말처럼 쉽게 입에 넣기조차 힘들다. 더욱이 단 맛에 길들여져 있는 현대인이라면 더 입에 대기 힘들 것이다. 이 열매는 제대로 놔둔다면 한가위는 지나야 조금 단 맛을 낼 수 있다. 그것도 이미 열에 아홉은 벌레가 먼저 맛을 본 다음에야 가능한 일이지만. 그러니 복숭아를 익을 때까지 기다려 먹는다는 것은 좀처럼 쉬운 일이 아니다. 그런데 이것마저 먹을것이 모자라면 매우 유용한 식량이 된다. 이미 오래된 일이지만 화전민의 경우 육칠월경 산에 갔다온 경우라면 주루먹(짚으로 엮어 등에 메고 다니는 물건)에 하나 가득 복숭아를 따온다. 그러고는 단 맛을 내는 조미료를 넣고 불에 찐다. 아니 이쯤이면 삶는다는 표현이 더 어울릴 듯하다.(시골 사람들은 찐다는 표현을 쓰지만) 이것을 꺼내어 쪼개면 정확히 반으로 나누어지는데 먹을 것이 모자라던 시절에는 매우 유용한 식량이었다.

문제는 이러한 복숭아가 조금이라도 익을 때쯤이면 극성을 떠는 벌레들이다. 조금 빨리 익는 듯이 보이는 불그스레 한 복숭아를 따 입에 넣으면 틀림없이 복숭아 벌레가 나온다. 뿐만 아니라 복숭아 속은 이미 벌레가 먹어치우고, 배설물만 잔뜩 채워 놓고 있는 경우가 대부분이다. 그렇지만 가난한 옛 산골 사람들에게 이렇게라도 익은 복숭아를 먹을 수 있는 것이 그나마 유일한 과일 섭취의 계기라고 할 수 있었다. 그러니 벌레가 있더라도 그대로 참고 먹을 수밖에. 이 경우에 으레껏 '복숭아 벌레는 먹으면 약이래'라거나 '미인이 된대'라는 말을 듣는다.

그러나 본질적으로 복숭아 열매나 나무는 사람들에게 그다지 고맙기만 한 존재는 아니다. 요즘 개량한 복숭아 나무는 불과 2-3미터를 넘지 않지만 개복숭아는 다르다. 이 나무는 여러해 지나면 제법 굵기도 굵어지고 키도 자란다. 그런데 이 나무는 단단하질 못해 가지가 곧잘 부러지기도 한다. 그렇기 때문에 어린애가 나무에 올라갔다가 떨어지는 경우도 많다. 어떻든 복숭아 나무는 여러가지 혜택에도 별반 사람들에게 환영받는 나무는 아니었다. 과일로서 복숭아는 알레르기까지 일으킬 수 있는 특이한 성질을 갖는다. 다른 과일 - 사과, 감, 배 따위 - 에서는 좀처럼 알레르기 현상을 볼 수는 없다. 그러나 간혹 복숭아 알레르기를 갖고 있는 사람을 만날 수 있는데, 이는 복숭아만의 특이한 성분이 있음을 뜻하는 것이 아니겠는가. 어떻든 과실이 대부분 제사상에 오르는데 반해 복숭아는 젯상에 오를 수 없음도 흥미로운 사실이다. 이러한 까닭은 복숭아 나무에 귀신이 쉽게 붙는다는 민간 신앙 때문이었다. 그렇기 때문에 굿을 할 때에는 복숭아 나무를 꺾어 두드리며 귀신을 쫓기도 한다. 물론 하필이면 복숭아 나무가 귀신을 쫓는데 쓰이는가는 어떤 실마리를 찾아내긴 힘들다. 다만 아직도 신내림을 받은 사람들 사이에서는 복숭아 나무로 몽둥이를 삼아 귀신을 쫓고, 일반인들도 젯상에 복숭아는 올리지 않는 것이다.

4. 버드나무

나무에 대한 정령은 매우 많다. 원시신앙의 형태에서 자연물에 대한 정령은 가장 기본적인 형태라 볼 수 있는데, 나무에 영혼이 있다고 믿는 것도 그 가운데 하나이다. 자연 숭배 현상 속에는 길조의 대상으로 숭배하는 것이 있는가 하면 금기의 대상이 되는 것도 있다. 물론 이러한 현상은 어떤 종류의 나무든 수백년이 된 나무로 이를 마을에서 자연스럽게 섬기는 형태와는 다르다. 금기 대상의 나무나 길조 의미가 붙은 나무는 나무의 품질이나 열매의 유해성 여부에 따르는 경우가 많다. 그렇기에 엄밀히 금기어라고 보기가 힘든 것들도 많다. 다음과 같은 말들은 금기어라기보다는 나무로부터 입을 수 있는 피해를 방지하고자 생겨난 말들이다.

- 옻나무로 지게 막대기를 만들면 옻 오른다
- 오얏나무 아래에 가면 오해 받는다

이러한 말들은 금기라기보다는 당연한 현상을 일컫는 말이라 할 수 있다. 옻나무로부터 옻이 오르는 것은 지극히 당연하며, 오얏나무 아래에서는 오얏을 따는 것으로 오해 받는다는 점은 흔히 있을 수 있는 일이다. 속담에는 자연스런 현상으로부터 생겨난 말들이 많은데, '솔 벤 그루다'(소나무는 한 번 베면 다시는 움이 나지 않는다는 뜻), '솔잎이 새파라니 오뉴월인 줄 안다' 따위도 자연 현상의 당연함을 바탕으로 생긴 말들이다. 그러나 자연 현상과는 달리 연상 작용에 의해 생겨난 금기어들이 있다.

- 버드나무로 지팡이를 만들면 해롭다
- 피나무가 무성하면 난리가 난다(강원지역)
- 대지팡이를 집고 넘어지면 부모가 돌아가신다
- 싸리비로 봉당을 쓸면 사나운 며느리가 들어온다

이러한 말들은 모두 연상 작용에 의해 형성된 말들이다. 버드나무 지팡이는 단단하질 못하다. 또한 버드나무는 다른 나무와는 달리 물기가 많고 생명력이 강해 죽은 나무라 할지라도 늘 살아 있는 것 같다. 그렇기에 버드나무는 복숭아 나무와 마찬가지로 귀신이 가장 쉽게 붙을 수 있다고 생각되었다. 무엇이든지 음(陰)의 성질을 띠는 것은 어둡고 무성한 곳, 음침한 곳을 좋아한다. 그러니 한 때라도 잎이 무성하고 가지가 척척 늘어지는 버드나무에 귀신이 쉽게 붙을 수 있다는 믿음은 자연스레 생겨날 수 있다. 피나무와 관련된 말은 피나무라는 낱말 소리 때문에 생겨난 것이다. 피나무는 실제로 약재나 땔감으로 쓰인다. 우리 몸에 흐르는 피와는 전혀 다른 것이다. 그런데도 낱말의 소리가 피와 쉽게 연상될 수 있다. 대지팡이는 장례식때 상제가 짚는 지팡이니 짚고 넘어지면 누군가 죽을지 모른다는 우려감이 생기게 된다. 뿐만 아니라 싸리비로 봉당을 쓴다는 것도 입비(민가에서 사용하는 비는 수수로 만든 비와 싸리나무로 만든 비, 댑싸리로 만든 비가 있는데, 수수로 만든 비를 입비라 부른다)로 쓸어야 할 곳을 싸리로 엉성하게 쓸어대니 제격이 아니다. 단지 제격이 아닌 일에 사나운 며느리가 붙은 연유는 쉽게 짐작하기 어렵다. 그러나 이것도 옛 혼례 습관이나 가족제도상 며느리가 사납다는 것은 좀처럼 있을 수 없는 일이니 이 말이 붙은게 아닐까.

이러한 현상은 나무에만 붙는 것은 아니다. 풀이나 꽃에도 붙는데 이럴 때면 으레 이름이나 모양이 연상된다. '볶은 콩을 먹으면 헐벗는다'거나 '쇠뚝이풀을 많이 밟으면 재수없다' 따위도 이 경우에 속한다. 모양에서 유래한 것도 있는데 이 경우 아예 식물의 이름을 바꾸어 버리는 경우도 있다. 쇠뚝이풀은 토끼가 잘먹는 풀이라 해서 '토끼풀'이라 부르기도 하는데 처음 피어날 때는 마치 뱀의 머리처럼 뾰족하고 비늘처럼 생겼기 때문에 '뱀풀'이라고 부르기도 한다. 논두렁이나 밭두렁에 이 풀이 많이 자라게 되는데 이를 밟는 사람은 섬뜩한 느낌을 받기도 한다.

하여튼 나무와 관련된 믿음은 비교적 여러 형태로 나타나게 된다. 나무에 대한 정령의 대표적인 경우는 고목나무 숭배 사상이다. 어느 마을이든 고목이 있게 마련이고, 이 나무에는 성황당이나 또다른 형태의 치성 장소가 된다. 그렇기 때문에 괴목에 얽힌 전설도 많다. 그 가운데 하나가 〔오산설림초고〕에 실린 이야기이다. 이 책은 오산 차천로의 문집인데 2권 1책으로 된 시문집이다.

조선조 태조 임금이 소년시절 칠성님께 소원을 빈 적이 있었다. 그날 밤 나그네 한 명이 길을 가다가 해가 저물어 어쩔 수 없이 길 옆에 있는 고목나무 밑에서 묵게 되었다. 한참 자고 있는데 누군가 부르는 소리가 들렸다. "오늘밤 이시중(태조를 지칭함)이 목욕재계를 하고 어떤 신에게 제사를 지내는데 제사가 끝나면 제사밥을 나누어 먹을 것이다. 자네도 함께 가지 않겠는가?" 그러자 나무 속에서 "오늘은 내게 손님이 와 있어 갈 수가 없다네" 하는 대답이 들렸다. 잠시후 또다시 어떤 소리가 들리는데,"왕림하신 여러 성인들이 공양물이 청결하지 못해 모두 화를 내고 돌아가 버렸다네. 그래서 나도 그냥 돌아왔다네" 하는 것이었다. 나그네는 일이 하도 기이하여 이시중의 집으로 달려갔다. 그랬더니 역시 이시중이 제를 올리고 있는게 아닌가. 나그네는 기이한 이야기를 모두 털어놓았다. 시중은 괴상한 일이라 하여 나무 밑으로 가 보았다. 그랬더니 역시 똑같은 일이 반복되는 것이 아닌가. 그래서 이시중은 지극한 정성을 다하여 제를 올리고 여러 성인들을 기쁘게 했다. 그러자 모인 성인들 가운데 한 사람이 "이시중이 지극한 정성으로 우리에게 제를 올리는데 무엇인가 보답을 하자"고 제안했다. 그 때 가장 앞에 있던 성인이 "이시중에게 삼한 땅을 떼어주기로 결정했다네"라고 이야기했다.

조선조 개국과 관련된 전설인데 이러한 형태의 이야기는 매우 많다. 그런데 고목나무 신이 관련된 경우는 흔치 않다. 그 까닭은 고목나무는 민간 정령으로 전해오는 경우가 많기 때문이다. 이와 같이 고목이 있으면 전설이 생기게 마련인데 보통 가을에서 겨울에 고목나무를 숭배하는 제사를 지내기 마련이다. 이 때 제사 형태는 병을 낫게 해 주길 기원하는 형태가 많다. 이러한 나무는 베어서는 안된다. 벌목은 당연히 금기 사항이며, 이로부터 금기어가 생겨나기도 한다.

- 성황나무를 건드리면 천벌을 받는다
- 나무를 많이 베면 목숨이 단축된다

이러한 말은 전국적으로 퍼져있는 대표적인 금기 사항이다. 심지어는 나무의 즙이 생명과 관련있다고 믿는 경우도 있는데, 이 경우는 '커다란 나무의 껍질을 벗겨 수액을 먹으면 병이 낫는다'는 말과 '큰 나무의 껍질을 벗기면 재앙을 얻는다'는 상반된 말이 존재한다. 앞의 것은 나무의 즙이 인간의 생명에 옮겨진다는 믿음에서 비롯된 것이고, 뒤의것은 나무의 생명을 가볍게 여겼기 때문에 벌을 받는 것이라고 여겼기 때문에 생긴 것이다. 나무가 생명에 연관되는 것은 실제로 약재로 사용되는 데에서도 증명될 수 있다. 최근 고로쇠나무의 액은 불로 건강수로 각광을 받고 있다.

5. 나무와 생명

예부터 물과 산을 잘 다스리면 성군이 될 수 있다는 말이 있었다. 치산치수라는 한자말이 생긴 까닭도 나무와 물의 중요성 때문이라 할 수 있다. 얼마전 독일과 덴마크에 불어닥친 홍수 피해에서도 나무와 관련된 설전이 끊임없었다. 한 때 우리 나라도 나무를 심어야 한다고 강도 높게 외친 적이 있었다. 식목일이 생긴 까닭도 이와 무관하지 않다.

어떻든 나무는 인간 생활과 밀접한 관련을 갖는 자연물이다. 구태여 홍수조절 기능이라든가 연료, 펄프 따위의 효능 설명을 하지 않더라도 나무의 중요성을 모르는 사람은 없을 것이다. 그렇지만 문학적으로 본다면 나무는 '생명'과도 밀접한 관련을 갖는다. 그것도 단순한 생명이 아니라 자라나는 생명이다. 그렇기에 나무를 함부로 꺾는다거나 함부로 베는 것은 당연한 금기 사항이었다. 이러한 금기는 때로는 산신령을 빌어, 때로는 길흉화복을 빌어 표현되었다.

· 나무를 많이 베면 산신령이 노한다
· 나무를 많이 자르면 벌을 받는다

· 나무 순을 많이 꺾으면 벌을 받는다

이 가운데 세번째 금기어는 성장 과정에 있는 사람들과 밀접한 관련이 있다. 최근에도 '자라나는 새싹을 팍팍 밟지 마라.'라든가 '자라나는 사람 기 죽이네.'와 같은 말을 자주 쓴다. 이러한 말은 나무를 빌어 표현되기도 했는데 옛날로 거슬러 올라 갈수록 '나무 순'에 비유되었다. 순이라는 말 대신에 방언에서는 '수냉이'라는 말을 쓰기도 한다.

옛 사람들에게 가장 소중했던 나무 가운데 하나로 '닥나무'가 있다. 이 나무는 한지의 원료가 되는 나무이다. 발음이 '닭'과 같기 때문에 더욱 귀한 대접을 받았는지도 모른다. 이 나무는 성장 속도도 매우 빠르기 때문에 가지를 잘라내면 여름철까지 한 발까지 자라나기도 한다. 시골에서 자란 사람들은 닥나무에 얽힌 추억을 갖고 있는 사람들도 많으리라. 예전 같으면 시골에 사는 대부분의 아이들이 소꼴을 베면서 자라야 했다. 이 일은 매우 귀찮은 일이어서 때로는 나무 순을 잘라 꼴을 대신하곤 한다. 그때 가장 많이 자르는 것이 싸리순과 갈잎이다. 싸리순은 여름이 되어도 비교적 연한 편이지만 갈잎은 사정이 다르다. 갈잎은 여름이 되면 이미 뻣뻣하여 소가 먹을 수 없기 때문이다. 간혹 동네에 널려 있는 닥나무 순을 자르는 경우도 있다. 그럴 때면 이웃 할아버지가 나타나 '누가 우리 닥 잡아갔어?' 하며 화를 내낸다. 물론 할아버지께서는 으레껏 '닥순을 많이 잡으면 손이 갈퀴된다'는 말을 내뱉는다.

물론 이러한 말이 들어맞을 까닭은 없다. 단지 동네에 전해오는 이야기일 따름이다. 그러나 나무 순은 한 번 자르면 그 나무가 본 상태로 곧게 자랄 수 없다. 그렇기에 잡초처럼 짓밟아도 다시 살아나는 그런 존재는 아니다.

옛날 이야기 가운데도 상당수는 나무를 소재로 삼는다. 특히 전설속에는 나무와 지팡이의 관계가 밀접하게 드러나는데, 이야기 대부분은 '한을 가진 사람이 스님이 되면서 산 속에 들어가는 과정에 지팡이를 꽂으면 이 나무가 자라 거대한 나무가 된다'는 식이다. 용문사 은행나무 전설이 이 경우에 속한다. 마의태자가 한을 품고 금강산으로 들어가는 과정에서 쉬어 가면서 꽂은 지팡이가 은행나무로 자랐다는 이야기이다. 이러한 이야기 속에서 한국인의 나무에 대한 상징을 엿볼 수 있다. 나무는 삶의 터전이자 희망이 될 수 있다. 결국 마의태자 전설 속에서도 나무는 재생 소재가 되었던 것이다.

나무는 역사적으로도 소중한 존재였다. 고려시대 이전부터 군왕이 신하들에게 식읍을 줄 때에도 나무를 함께 딸려서 주었다. 물론 이 나무는 땔감을 채취할 수 있는 밭을 의미한다. 전시과 제도 아래에서 토지는 농사지을 땅과 땔감을 얻을 땅을 뜻했다. 물론 이 때 쓰인 땔감은 주로 싸리나무였다. 싸리나무는 불꽃이 좋고 연기가 나지 않으니 땔감으로는 가장 으뜸으로 생각되었다. 아무 나무나 함부로 잘라 땔감으로 사용하지 않는 것이다. 그밖에도 시골에서 울타리를 할 경우는 청솔가지를 사용했다. 울타리는 늦겨울이나 초봄에 주로 엮었다. 청솔가지가 무겁기는 하지만 물이 오르기 전에 가지를 잘라 울타리를 엮어야 오래 갈 수 있는 것이다. 하지만 이 때에도 나무를 자를 때에는 가지가 널직하게 뻗은 것만을 골라 자른다. 가지가 적은 나무에서는 울타리 섶을 잘라오지 않는 것이 관례다. 물론 요즘은 이런 풍습을 볼 수 없다.

사회가 산업화 될수록 나무의 중요성은 더욱 커진다. 도시 속에서 맑은 공기를 찾고 때로는 휴식처를 찾아야 하니 나무야말로 더없이 소중한 존재이다. 이제는 순을 꺾으면 벌을 받는 것이 아니라 조금이라도 나무를 천시하면 재앙을 불르게 될 것이다.

민간신앙과 상징

민간 신앙도 문화의 산물이다. 이러한 믿음은 자연환경이나 사회적 역사적 상황에서 유래하는 경우가 많다. 하늘을 섬겨야 한다든지, 역사상 위대한 인물을 섬겨야 하는 것 따위는 어느 민족이나 공통으로 나타난다. 간혹은 이방인의 눈으로는 전혀 이해할 수 없는 믿음도 있는데, 이러한 믿음도 따져보면 합리적인 이유를 갖고 있는 경우가 많다. 이른바 문화상대주의는 이와 같은 현상을 이해하는 또 하나의 문화관이다.

1. 경천사상(敬天思想)

- 하늘에 대고 주먹질하면 벼락 맞는다
- 하늘을 향해 빈 가위질하면 해롭다

원시인이나 현대인 모두 종교적인 의미에서 하늘은 절대적인 존재였다. 하늘은 비천하고 유한한 인간의 입장에서 볼 때에는 무한한 신비와 절대적인 힘을 갖고 있다고 믿은 것이다. 그렇기에 하늘에는 신이 거주하고 그들이 인간을 지배한다고 믿게 된다. 어느 민족의 신화든 태양신과 절대적 존재로서의 하늘을 섬기는 태도는 일반화되어 있다. 우리 말에 '하느님'도 〈하늘+님〉의 구조를 갖는 말임은 누구나 쉽게 짐작할 수 있는 일이다. 그러니 하늘을 천시하는 행위야 말로 용서받을 수 없는 일이 된다.

이러한 태도는 〈논어〉에도 나타난다. 공자가 위나라에 갔을 때의 일이다. 당시 위 나라는 삼대부의 횡포가 극심했는데, 그들은 신하로서 왕의 권위를 무시하고 권력을 휘둘렀다. 그렇기 때문에 많은 사람들이 위나라를 방문하면, 으레껏 삼대부를 먼저 찾았다. 그러나 공자는 삼대부보다 왕을 먼저 배알했는데, 이 때 사람들이 공자에게 시세를 모르는 사람이라는 뜻으로, '부뚜막 신에게 제사를 지내느니 차라리 부엌신에게 지내는 것이 낫다'라 했었다. 그러나 공자는 '하늘에 죄를 지으면 빌 곳도 없다'는 말로써 그들의 비웃음을 깨우치고 있는 것이다. 위의 두 금기어는 하늘을 섬기는 우리 겨레의 민족성이 드러난 말이다. 이러한 태도는 사람을 보는 입장에서도 동일하다. 흔히 동양적 사고방식에서는 사람과 하늘이 동일시되기도 한다. 고대 맹자의 정치사상이 왕도정치였던 것도 이러한 맥락에서 나타난 것이다. 근대에 이르러 최제우에 의해 창시된 동학도 결국은 하루아침에 생겨난 것이 아니라 하늘을 섬기고 인간을 섬기는 우리 겨레의 민족성이 응집되어 나타난 것이라 할 수 있다. 참고로 백성을 사랑하고 하늘을 섬기고자 했던 동학의 가사 한 장면을 인용해 보자.

> 현숙한 내 집 부녀 이 글 보고 안심하소
> 대저 생령 초목군생 사생재천(죽고 사는 것이 하늘에 달림) 아
> 니런가
> 하물며 만물지생 유인(오로지 사람)이 최령일세
> 나도 또한 한울님께 명복받아 출세하여
> 자아시 지낸 일을 역력히 헤여보니
> 첩첩이 험한 일을 당코나니 고생일세
> ------ 〈안심가〉 첫 구절에서

하늘은 때로 날씨를 뜻한다. 아직도 중국말에서는 천(天)이 날씨를 묻는 말로 쓰이고 있음을 보게 되는데, 이와 마찬가지로 날씨와 관련

된 금기어가 있다. 이와 같이 '예언적 기능'만을 담당하는 표현인 경우는 엄밀한 의미에서는 금기어가 아니다. 오히려 길흉을 나타내는 '흉조어'라 하는 것이 옳을 것이다. 그러나 '무지개가 서쪽에 뜨는 날은 소를 내어 매지 말라'는 표현은 분명 금기이다. 다음과 같은 말들이 있다.

- 궂은 날에 호미 씻으면 장마가 진다
- 서쪽에 무지개가 뜨면 냇가에 소를 매지 않는다
- 무지개에 손가락질 하면 생손 앓는다

　위의 문구들은 금기어로 보인다. 궂은 날에 호미를 씻지 말라는 것은 우리 겨레의 농경 풍습을 알려주는 말이다. 궂은 날, 호미를 씻으면 홍수가 날지 모른다는 우려감이 금기어로 표현된 것이다. 호미는 밭을 갈 때 쓰는 도구이다. 호미를 씻는다는 것은 일을 끝낸다는 것을 뜻한다. 그러니 궂은날 호미를 씻으면, 이제 더 이상 할 일이 없다라는 뜻이 된다. 곧 인위적인 마무리가 아니라 자연적 현상인 홍수에 의해 할 일을 못하게 된다는 의미로 풀이할 수 있다. 이러한 말은 아이들에게 자주 사용되곤 했는데, 점심 때가 되어 일손을 멈추고 농기구를 씻을 때도 '일하기 싫어서 그러는구나.'라는 핀잔을 하는 어른도 있다. 곧 궂은날이나 휴식 때에 함부로 농기구를 씻는 것도 일을 시키는 부모들 입장에서는 언짢은 일이었음에 틀림없다.

　일반적인 전조어와 마찬가지로 금기어가 생기는 까닭도 흉한 일이 생길지 모르니 특정한 행동을 하지 말아야 한다는 믿음 때문인 경우가 많다. 위에 나온 말 가운데 무지개와 관련된 말들이 이에 해당한다. 특히 신성한 대상을 함부로 대하면 벌받는다는 믿음은 여러가지 금기어를 만들어 낸 요인이 되었다. 하나의 보기로 '서쪽에 무지개가 뜰 경우 소를 내매지 말라'는 것은 무지개를 신성시했기 때문에 생긴 말이다. 아름다운 색채를 갖고 있으므로 항상 신성한 대상이 될 수 있다. 예부터 선녀는 무지개를 타고 온다고 하지 않았는가. 그러니 손가락질을 해서는 안된다. 그러나 엄밀히 말한다면 무지개는 허상이다. 그러니 소가 허상을 보고 정신을 잃을 수도 있다. 우연의 일치인지는 모르지만 투우사의 손에 들린 보자기도 붉은 색이다. 학자들에 따르면 소는 색을 구분하지 못한다고 한다. 그러나 무지개의 색 가운데 가장 강렬한 색이 붉은 색이라는 점과 투우사의 천이 붉은 색이라는 점에서 우연스럽게도 사람들은 소가 붉은 색을 알아본다고 믿었는지도 모른다. 어떻든 날씨와 관련된 또다른 금기어가 생긴 셈이다. 이밖에도 길흉을 상징하는 문구도 많이 있다. 그 가운데 대표적인 것을 들어보면 다음과 같다.

- 무지개가 검은 색이면 흉한 일이 생긴다
- 비 온 후 저녁 놀이 붉게 되면 큰 인물이 죽는다
- 월식이 생기면 그 나라에 전염병이 생길 징조다
- 일식이 생기면 난리가 날 징조다

이러한 문구는 금기어라기보다는 길흉을 암시하는 언어들이다. 간혹 옛문헌에 '혜성'이 나타나면 난리가 생긴다는 믿음이 있었음을 찾아볼 수 있는데, 이와 유사한 연유에서 비롯된 것이 아닐까 생각된다. 향가 가운데 〈혜성가〉나 김유신에 얽힌 이야기 등에서도 혜성에 얽힌 사건이 나타난다. 아마도 천재지변은 인재로 이어진다는 믿음은 보편적인 인간 감성 가운데 하나일 것이다.

2. 제웅과 귀신

어느 나라든지 죽음에 대한 두려움을 표현하는 문화가 있다. 이러한 표현은 때로는 물건에, 때로는 어떤 행위에 의지하여 표현된다.

죽음도 여러 가지 양상을 지닌다. 편안히 누워 죽는 경우는 드물다. 늙어 죽고, 병들어 죽고, 사고로 죽는다. 그 가운데 사고사의 경우는 사람의 마음을 혼란스럽게 한다. 갑자기 교통사고를 당한다든지, 때로는 다리가 무너지거나 육교가 무너져 뜻하지 않는 죽음을 당하기도 한다. 이러한 죽음은 말 그대로 '맑은 하늘에 날벼락'인 셈이다. 우리 조상들은 사람이 죽으면 또다른 세계로 간다고 믿었다. 이른바 영혼의 세계인 셈이다. 그런데 편안한 죽음이나 제 명 만큼 산 사람이 죽었을 경우에는 정상적으로 영혼의 세계에 가지만 그렇지 못했을 경우에는 구천에서 혼령이 떠돌면서 인간 세계의 여러 사람들을 괴롭힌다고 믿었다. 이른바 귀신인 셈이다.

우리말 금기 이야기 가운데에는 귀신과 관련된 것들이 매우 많다. 또한 귀신의 종류도 여러가지이다. 총각귀신, 몽달귀신, 물귀신, 조상신 등...

이러한 귀신은 억울하게 죽은 영혼들이기 때문에 인간에게 해를 끼친다. 따라서 귀신을 두려워하고, 만나지 않고 싶은 욕망을 금기어로 담아 내고 있다. 곧 사람에게 불행한 일이 닥쳐 오는 것은 귀신의 상난 때문이라는 것이다. 병마에 시달리거나 사고를 당하는 것, 심지어는 물에 빠져 자살하는 따위도 귀신이 씌웠기 때문에 일어난 일이라 믿은 것이다.

- 내버린 제웅을 가지고 놀면 몸에 병이 생긴다
- 죽은 사람의 집에 어린애들이 들락거려서는 안된다
- 상가집 개는 조심해야 한다

이러한 말들은 모두 사자의 영혼이 살아 있는 사람을 끌어당기는 힘을 갖고 있다고 믿었다. 제웅은 짚으로 만든 인형이다. 사람이나 귀신을 대신 표현한 물체인데, 제사를 지내거나 주술을 부릴 때 쓰는 도구이다. 이 인형은 쓰고 난 다음 논밭에 버려 저절로 썩도록 했는데, 이것을 가지고 놀면 제웅에 붙어 있던 귀신이 다시 붙는다고 믿는 것이다.

- 고사 지내던 집에서 고사를 지내지 않으면 집안 망한다
- 아궁이에 오줌 누면 해롭다
- 광주리를 머리에 쓰면 귀신이 쫓아온다
- 밤에 귀를 쑤시면 도깨비가 나온다
- 성황 나무를 베면 죽는다
- 성황당을 지날 때 돌 세개를 던지고 침을 세 번 뱉지 않으면 귀신을 만난다
- 어린애가 굿한 집 떡을 먹으면 귀신 붙는다

위의 말들도 귀신과 관련된 말들이다. 고사 지내던 집에서 고사를 지내지 않으면 그 집안이 망한다는 것은 아마도 심리적인 요인이 크게 작용하기 때문이다. 어떤 일이든 심리적인 요인이 일의 결과에 영향을 미치는 것은 당연하다. 교육학에서는 흔히 '자기 충족 예언'이란 말을 쓰기도 하는데, 이 말은 '내가 어떤 일 정도는 할 수 있어'라거나 '난 할 수 없어'라고 믿고 있다면, 그 일이 실제로 마음먹은 대로 이루어진다는 뜻이다. 심리적인 위축이 현실화되는 현상은 그뿐이 아니다. 병이 든 사람이나 공포, 두려움을 갖고 있는 사람에게도 일어난다. 김대행 교수가 〈문학이란 무엇인가〉에서 '토정비결을 알 만한 사람은 문학을 이해할 수 있다'고 했는데, 어떤 일이든 심리적인 요인에 의해 다양하게 해석되는 것이 문학이란 의미이다. 이와 마찬가지로 금기어도 사람 마음 먹은 대로 해석되기 마련이다. 이것이 하나의 원형으로 굳어지면서 금기어가 생성되는 것이다. 광주리를 쓰면 귀신이 붙는다는 것도 마찬가지이다. 광주리는 싸리나무나 대나무로 만든다. 이 물건은 무엇을 담게 되어 있는 물건인데, 이를 쓴다는 것은 정상적인 용도로 사용하는 것이 아니다. 따라서 비정상적인 용도와 대나무가 어우러져 억울한 영혼인 귀신을 불러내는 것이다. 성황

당을 두려워 하는 마음도 마찬가지이다. 심리적인 요인이 작용했기 때문에 '성황당을 지날 때면 어떠어떠한 일을 해야 된다'거나 '하지 말아야 된다'는 풍습이 생겨난다. 다만 밤에 귀를 쑤시지 못하게 하는 풍습은 단순한 심리적인 요인 이외에 현실적으로 귀를 상하게 할 수도 있다는 요인이 작용된 듯 싶다. 이러한 현상은 '밤에 발톱을 깎으면 안된다'는 말과도 유사한 것이라 할 수 있다.

〈무속언어〉

** 무당의 종류
1) 애기무당: 어린애의 목소리와 어린애의 모습 그대로이며, 동자신이나 도령의 신이 씌었다고 한다
2) 요미무당: 쌀을 받아내는 신통력을 가진 무당
3) 작두무당 : 작두를 잘 타는 무당인데, 주로 장군신의 영능력으로 행한다고 한다. 옛날에 난리가 있었을 적에 무기 대신에 작두를 가지고 싸우다 죽은 의병들의 넋을 기리려는 데에서 유래되었다고 한다.
4) 꽃무당: 점을 칠 적에 꽃을 들고 보거나 신당에다 꽃으로 장식을 많이 하는 절대적인 꽃 숭배자
5) 산무당: 산에서만 무당이 되며 산이 아닌 다른 장소에서는 영능력을 발휘할 수 없는 무당
6) 약사무당: 천계에서 약을 다스리던 신이나 자기의 조상이 한의가가 있으면 그 영이 강림했다고 한다.
7) 부채무당: 바람을 일으키는 부채를 들고서 점을 치는 무당

** 걸립 : 무당 집의 신당 문 앞이나 마루 위에 매달린 대바구니
** 공수 : 죽은 사람의 넋이 하는 말을 전하는 것
** 대신 할머니 : 무당의 조상 영들 중에서 여자가 대신 할머니

라는 이름을 듣는데, 신계에서 사는 조상 영 중에서 가장 큰 신으로 떠받들린다

** 동정재비 : 동토잡이라고도 하는데 남자가 주문을 외면서 도 끼를 쇠에다 부딪치면서 부엌에서 하는 치성

** 뒷전풀이 : 굿을 끝맺고 굿에 청했던 부정한 신을 돌려보내 는 풀이

** 몽달귀신 : 총각으로 죽은 귀신

** 무감 : '무감을 선다'라고 말하는데, 굿 중에 대감놀이가 끝 나면 모여든 손님들이 굿상에 돈을 놓고 대감옷을 입고 장단 에 맞춰 춤을 추고 아래 위로 뛰노는 것

** 명두무당: 귀신 소리가 나는 신당을 가진 무당

** 물밥 : 무당이 귀신을 쫓기 위해 물에 밥을 말아 내버리는 것으로 이 말은 물에 말기 때문에 물밥이라고 부른 것으로 보이나 어원적으로는 '무르다〔退〕'에서 온 것으로 보이기도 한다. 곧 무르다 + 밥의 합성어로 '귀신을 물리치는 밥'이란 의미를 갖는다.

** 별신 : 별상이라고도 하며 병을 낫게 해 주는 신으로 떠받들 여진다. 특히 천연두가 무서운 병으로 취급될 때 마마라고 해서 별신굿을 함

** 부정풀이 : 여러 신들이 오는 길을 깨끗이 하기 위해 부정한 것을 풀어내는 의식

** 삼신풀이 : 아이를 못 낳는 원인을 캐는 풀이

** 상문 부정 : 사람이 죽은 곳에 다녀오면서 부정이 끼는 것 (이를 막기 위해 소금을 뿌린다)

** 소지 : 굿 가운데 가족의 이름을 부르며 가느다란 종이를 태 우는 것

** 대잡기 : 무당이 신을 받아들일 때에 문종이를 술이 너풀거 리게 감은 대를 손에 쥐는 것

** 신병 : 무당이 될 사람에게 신이 실려 까닭없이 아픈 것

** 신장 : 신 중에서 장군의 스승으로 잡귀와 악신을 몰아내고 제압하는 신 (오방 또는 오방신장이라고 함)

> ** 주당살 : 어느 굿에서나 굿을 하기 전에 굿상 앞에서 무당이
>   빈 장고를 이삼분 쯤 두들기는 것(주당살가림이라고도 함)
> ** 질닦음 : 죽은 사람의 넋을 저승으로 보내는 것
> ** 칠성 : 태어난 아이의 수명을 맡은 신
> ** 풍어제 : 어촌에서 어민들이 바다의 안전과 풍어를 비는 굿
> ** 해원식 : 죽은 사람을 저승으로 보내는 굿
> ** 최판관 : 염라대왕 밑에서 수명 명부를 들고 사람의 수명을
> 관장하는 신
> ** 호랑이 : 무속에서 신을 대신 일컫는 말

3. 바가지에 얽힌 상징

바가지는 물건을 푸거나 담아 두는 그릇이다. 본디 박을 쪼개어 속을 파내 만든다. 박과 관련된 문학 작품은 매우 다양한 편이다. 널리 알려져 있듯이 〈흥보가〉에서는 박이 행운을 가져다 주는 도구가 되었다. 물론 놀부처럼 욕심많은 사람에게는 불행의 씨앗이 되긴 했지만, 이야기의 구조로 볼 때 박은 틀림없는 행운의 표시였다. 문헌상에 나오는 박 이야기는 〈삼국사기〉 신라본기가 처음인 것으로 보인다. 본기 1에서는 '진한 사람들은 표주박(瓠)을 박이라 했는데, 혁거세가 나온 알의 모양이 표주박처럼 생겼다 해서 이를 인연으로 박(朴)을 성으로 삼았다'는 기록이 있다. 이는 물론 민간어원일 것임이 틀림없다. 많은 언어학자들은 박혁거세의 '박'을 '밝다'에서 온 것으로 생각하기 때문이다. 실제로 최근 토박이말 이름을 갖고자 하는 밝덩굴 님은 성씨를 '밝'으로 바꾸기도 했다. 혁거세도 엄밀히 고증한다면 '밝을 혁(赫)'의 '밝다'와 관련이 깊을 것임은 당연한 일이다.

바가지는 한국 가정에서는 반드시 필요한 물건 가운데 하나였다. 그렇기 때문에 이에 얽힌 민속도 매우 많다. 〈동국세시기〉에는 '물장

구놀음'이 설명되어 있는데, 4월 8일 아침에 물동이에다 바가지를 엎어놓고 빗자루로 두들기면서 진실하고도 솔직한 소리를 내는 것을 말한다. 이러한 풍속은 지금은 거의 사라지고 찾을 길이 없다. 그러나 바가지에 얽힌 주술적인 의미는 아직도 시골 구석에 남아 있는 경우가 많다. 흔히 구식 혼례에서 신부의 가마가 신랑집 문전에 다다르면 바가지를 통째로 가져다가 깨뜨린다. 납채(전통 혼례에서 육례의 하나)를 할 경우에도 바가지를 엎어 놓고 발로 밟아 깨뜨려 소리를 낸다고 하니(최상수 〈한국의 의식주와 민구의 연구〉) 이 또한 바가지에 얽힌 주술성이라 아니할 수 없다. 뿐만 아니라 굿이나 고사를 지낼 때에도 세거리 목에 식칼을 꽂고 바가지를 엎어 놓는다. 또한 남녀 아이들이 정월 초하루에 바가지를 만들어 차고 다니다가 14일 거리에 버리면 액을 막는다는 믿음도 있었다. 이와 같은 주술성으로 말미암아 금기어도 많이 생겨났다.

- 바가지 깨진 것을 때면 다리에 부스럼이 난다
- 바가지에 밥을 담아 먹으면 수염 빠진다
- 바가지를 머리에 쓰면 키가 자라지 않는다
- 바가지를 상 위에 올려 놓으면 집안 싸움이 난다
- 바가지를 솥뚜껑 위에 올려 놓으면 귀가 막힌다
- 바가지를 머리에 쓰면 장가갈 때 호랑이가 쫓아온다
- 바가지에 돌이 박히면 혓바늘을 앓는다

먹을 것을 담는 바가지, 또는 복을 담아야 하는 바가지가 깨지더라도 불에 들어가 타는 것을 허용하지 않았던 탓에 이러한 금기어가 생겨난 것이다. 뿐만 아니라 바가지를 머리에 쓴다는 것은 바가지를 거꾸로 사용하는 것이니 키가 자라지 않을 것이라고 경계하고 있으며, 다른 용도로 함부로 쓰는 것을 막기 위해, 밥을 담아 먹으면 수염이 빠진다거나 장가갈 때 호랑이가 쫓아온다는 말로, 하지 못하도록 했던 것이다. '바가지를 상 위에 올려 놓으면 집안 싸움이 난다'는 말도 비교적 쉽게 이해할 수 있는 말이다. 요즘도 부부싸움이 일어나면 으레 바가지 긁는다는 표현을 하고 있지 않은가. 지금이야 시대가 변해 플라스틱 바가지로 바뀌었지만 옛 선조들의 삶 속에서 바가지 만큼 소중한게 어디 있었겠는가. 그러니 바가지를 함부로 사용한다는 것은 불화를 일으키는 원인이 되었음직도 하다.

4. 조왕과 올래지기

부엌과 변소에 얽힌 민간 신앙은 제주도에 전해져 온다. 제주도에서는 집안신을 가족화하여 믿고 있는데, 서사무가 〈문전본풀이〉에 이러한 내용이 자세히 전해온다.

이 무가에서 남편은 문전신이고 아내는 조왕신이다. 이들 부부에게는 일곱 아들이 있었다. 이 아들들은 올래지기라 히여 모두 집 입구를 지키는 신들이었다. 그런데 문전신에게는 노일제대, 또는 변소각시라 불리는 측간신이 있었다. 이 신은 올래지기를 모두 죽이는 악질 첩이다. 따라서 본처인 조왕신과 아들을 죽인 측간신은 상극관계에 놓이게 된다. 이 무가가 일반화되어 있는 제주지역에서는 '변소 물건이 부엌으로 옮기면 크게 동티난다'는 말을 쓴다.

사실 이러한 말은 제주지역뿐만 아니라 일반지역에서도 일상화되어 있다. 부엌의 먹을 것을 들고 변소에 가서도 안되고, 변소의 물건을 부엌으로 가져와서도 안되는 것은 위생상 당연한 것이라고도 할 수 있다.

측간신에게는 또다른 믿음이 더 있다. 이 신은 머리카락이 길어서 늘 그것을 발가락에 걸고 세고 있는게 일이다. 머리카락을 세는 동안에 사람이 갑자기 변소에 들어와서 놀라게 하면, 긴 머리카락으로 덮어 씌워서 탈이 나게 한다. 이렇게 탈이 나면 굿을 해도 풀어주지 않으므로 병이나서 죽는다고 한다. 따라서 변소 앞에서는 헛기침을 미리하여 측간각시가 놀라지 않도록 해야 한다. 특히 밤에는 더 조심해서 헛기침을 해야 한다. 이와 같은 믿음도 변소 앞에서 인기척을 냄으로써 서양인들이 손기척을 하는 것과 같은 효과를 내도록 하는 데서 유래한 것으로 보인다. 어찌본다면 금기어 유형은 지극히 일상적인 데서 말미암은 것이 많다.

민간에서 믿고 있는 귀신의 종류는 매우 다양하다. 앞쪽에서 금기해야 할 날짜를 살펴본 바 있는데, 지역에 따라서는 무서운 존재로서가 아니라 인간에게 해꼬지를 할 수 있는 존재로서 '손'이라는 귀신을 설정하는 경우도 있다. 문효근의 조사에 따르면 이 귀신은 날수에 따라 사방위로 돌아 다니면서 사람의 활동을 방해하는 귀신인데 1, 2일에는 동, 3, 4일은 남, 5, 6일은 서, 7, 8일은 북, 9, 10일, 19일 20일, 29일, 30일에는 하늘로 올라간다고 한다. 손있는 날은 그 방향에 집을 수리하거나 못을 박거나 하면 눈병이 나고 그 방향으로 먼길을 떠나거나 이사를 하면 화를 입는다. 따라서 이 날짜에 속하는 날은 당연히 금기일이 된다. 물론 이러한 날짜에 왜 손이 그 방향에 있다고 믿는지는 정확히 알 수 없다. 이런 믿음이 생긴데도 타당한 이유가 있었을 것이라고 생각되지만 남아 있는 자료를 확인하기는 쉽지 않다. 어떻든 측간신과 부엌신의 관계나 손 따위는 모두 우리 겨레의 삶 속에서 생활이나 날짜 감각에 따라 형성된 것으로 볼 수 있다.

** 집 안팎에 자리잡고 있는 신
· 삼신바가지 : 안방에 아이를 낳게 해 주는 신을 바가지 형태
　　　　　　　로 모심
· 조상단지 : 안방에 조상의 혼령을 모신다고 생각함
· 터주 : 집을 지켜 주는 신으로 재산운을 관장한다고 믿음
· 업 : 터주와 같은 구실을 하며 구렁이, 족제비, 두꺼비가 대
　　　상 동물임

- 업신 : 경기지역에서 팥을 담은 단지를 일컬음
- 철륭신 : 장독대에 있는 신으로 간장과 된장을 돌봐줌
- 칠성단 : 장독대 주변에 돌을 쌓아 치성을 드리는 단
- 측신각시(정낭각시,측간신) : 뒷간에 있는 신
- 문전신 : 문 앞의 신
- 조왕신 : 부엌신

5. 가축과 인간

민간 신앙 가운데 가축과 관련된 것들도 상당히 많은 편이다. 이러한 신앙은 가축을 길러 인간 생활에 도움을 얻고자 하는 열망에서 비롯된 것으로 보인다. 물론 원시 시대 동물 숭배의 경우는 다소 색다른 입장에서 출발한 금기이다. 이는 동물의 외형이나 몸놀림에서 오는 위협감을 믿음으로써 종족 대표신이 되는 경우가 많다. 그러나 일반적인 가축 신앙은 생활과 관련된 것들이 대부분이다. 다음과 같은 가축 신앙을 살펴보자.

- 가축을 너무 오래 키우면 요물이 된다
- 가축을 못살게 굴면 죽어서 짐승이 된다
- 가축을 잡아 약에 쓰려고 할 때 불쌍하다고 말을 하면 약효가 떨어진다
- 가축이 새끼를 낳은 뒤에 상제가 출입하면 부정탄다
- 가축이 새끼를 낳을 때 여자가 보면 부정탄다
- 가축이 새끼를 낳을 때 붉은 옷을 입은 사람이 들어오면 부정탄다

이러한 말들은 두 가지 이유에서 금기어가 되었다. 첫째는 가축이

인간 생활에 미치는 본질적인 존재 가치가 무엇인가라는 문제이고, 둘째는 일반적인 금기 대상이 가축에게도 적용되는 경우이다. 지나치게 오래 키운다거나 제대로 키우지 못하는 일, 필요 이상으로 가축을 아끼는 일 따위는 가축을 기르는 본래 목적과 일치할 수 없다. 그렇기에 가축을 기를 때는 인간 생활에 도움을 줄 수 있는 한도 내에서 길러야 한다. 또한 상제나 여자, 붉은 옷을 입은 사람은 가축뿐만 아니라 언제든지 금기 대상이 될 수 있다.

　흥미로운 사실은 제물로 올리는 가축의 성격이다. 제물에 오르는 가축은 돼지, 닭과 같이 비교적 식용만을 위한 목적으로 기르는 동물이 많다. 개고기나 말고기의 경우는 제물로 쓰지 않는다. 물론 중국사에 보면 말을 잡아 희생 의식을 치르는 경우는 비교적 자주 나타난다. 그러나 이 경우는 어디까지나 말의 피로 자신들의 맹세를 굳게 하자는 뜻일 뿐이지 제물로 쓰는 것은 아니다. 그렇기에 순수한 제물은 오로지 식용 목적을 위한 가축일 수밖에 없다. 이러한 가축을 제물로 올릴 때 "이놈 참 불쌍하다."라는 말을 하게 되면 제물로서 가치가 떨어진다는 믿음도 있다. 물론 이 경우는 약으로 쓸 경우도 마찬가지이다. 이와 같은 의식이 생겨난 까닭은 무엇일까? 참고로 〔논어〕에는 〈자공이 초하루를 아뢰는 종묘의 제사드리는 양을 없애고자 하니, 공자께서 말씀하시기를, "사야, 너는 그 양을 아끼느냐? 나는 그 예를 아낀다."고 하셨다.〉란 구절이 보인다. 어찌 본다면 이 구절은 약으로 쓸 가축이나 제물로 쓸 가축이 왜 효력을 잃는지 잘 드러내준다고 할 수 있다. 약을 먹는 자나, 제물을 받는 자의 입장에서 자신 때문에 아까운 가축을 소비했구나라고 생각한다면 즐거운 마음으로 그 음식물을 받아들일 수 없을 것이다.

　또 한편으로는 이와 같은 말 속에서 '말조심'이나 '몸가짐 조심'을 교훈으로 얻을 수도 있다. 도살할 때 '불쌍하다.'라고 말하는 것은 어찌본다면 인간의 가장 보편적인 연민의 심리라 할 수 있다. 죽음을 보고 두려워하지 않을 사람이 없고, 그것이 비록 짐승일지라도 슬퍼

보이지 않을 사람은 없을 것이다. 그러니 자연스럽게 '저 놈 눈물 흘리는 것좀 보게.'라는 말이 나옴 직도 하다. 그러나 인간은 모든 사물을 인간에 맞도록 꾸며 낸다. 가축도 결국은 사람을 위해 있는 것이다. 그러니 가축보다는 병자가 더 소중할 수밖에 없다. 본디 목적을 잃어버리고 처연함을 드러내기보다는 모지락스런 마음일지라도 병자를 더 위해야 효험이 나타난다고 믿는 것은 당연한 일이다.

다소 뜻밖의 금기어로 '가축을 너무 오래 기르면 요물이 된다.'는 말이 있다. 이 말이 생겨난 까닭도 비교적 쉽게 이해될 수 있다. 사람도 오래 알고 지낸 사람이 더 가까울 수 있듯이 가축도 오래 기르면 정이 들 수밖에 없다. 전기가 들어오지 않는 시골, 도시화 물결에 따라 서서히 마을 사람들이 대처로 이사하는 경우가 많았던 시절, 사실 산골 아이들은 하나 둘 동무를 잃기 시작한다. 어떤 때에는 학교에서 돌아오면 놀아 줄 사람조차 없을 경우가 많다. 그럴 때면 으레껏 지게를 지고 산으로 향한다. 겨울에는 나무꾼이 되고, 여름에는 소먹이꾼이 된다. 그 때 아이들에게 가장 가까운 동무는 일년여 기른 누렁이가 될 수밖에 없다. 꼬마들은 누렁이를 아예 제 방에 안고 들어와 잠을 잘 정도가 된다. 그럴 때쯤 개장사가 돌아다니며 개를 사 갈 경우는 하늘이 무너지는 듯한 아픔을 겪는다. 그 때는 개도 눈물을 흘리는(?) 것이다. 한 집에서 오래 산 가축들은 집 주인의 표정만 보아도 사정을 안다. 그러다 보니 사람의 마음을 알아주기도 하고, 때로는 지나친 교만감 - 가축이 교만하다는 것은 다소 어색한 이야기가 될지 모르나 -을 갖기도 한다. 때로는 김장밭에 들어가 채소를 망가뜨리기도 하고 때로는 흙벽을 헤쳐놓기도 한다. 아마도 요물이 된다는 뜻은 이러한 의미에서 붙을 말일 듯싶다.

<table>
<tr><td>여덟째 마당</td><td>세시와 기념일</td></tr>
</table>

연례 행사나 계절에 담긴 의미도 겨레마다 다르다. 농사를 주업으로 삼는 농경민족의 경우 계절 변화에 따른 의미는 더욱 중요하다. 이러한 현상은 특정 겨레에만 국한된 것은 아니다. 인간의 보편적인 심리가 계절의 변화를 즐기려 하고, 기념일을 기념하고자 하는 것이다. 이에 어긋날 경우 좋지 못한 결과를 불러 일으킨다는 금기어는 어느 곳이나 다양하게 나타난다.

1. 놀이와 명절

- 정월 대보름에 술먹지 않으면 귀가 잘 들리지 않는다
- 설날 일하면 죽을 때까지 헛손질한다
- 생일날 일하면 가난해진다
- 명절날 일하면 자식 두고 먼저 죽는다

금기어 가운데 유희를 권장하기 위한 것이 상당수 있다. 이러한 말들은 '놀 때 놀고, 일할 때 일해라'는 식의 표현으로 나타나는데 위의 말들은 대부분 명절이나 특별한 날에 일해서는 안된다는 것을 뜻한다. 곧 쉬면서 노는 것도 일을 하는 것 못지 않게 중요하다는 뜻이다.

요즘 심심찮게 나타나는 과로사 문제를 보면, 휴식이나 놀이가 인간에게 얼마나 중요한 문제인지를 알 수 있다. 어찌본다면 인간은 놀이를 위해 태어났다고도 할 수 있다. 가장 기본적인 이야기이지만 인간의 놀이 본능은 문화를 만드는 동기가 되었을 것이다. 옛문헌에서도 놀이와 관련된 기록은 수없이 나타난다. 그렇기에 칸트와 같은 철학자는 '인간은 다른 동물과는 달리 유희본능으로 말미암아 예술을 창조한다'고까지 했던 것이다. 흥미로운 사실은 놀이의 기능이다. 놀이는 생활의 리듬을 주는 가장 중요한 기능을 담당했는데 세시풍속에 나타나는 놀이가 대부분 이에 해당한다. 정월부터 동짓달까지 항상 생활의 리듬을 찾고자 놀이를 만들었다. 문학 작품 가운데는 세시풍속을 빌어 애정을 표현하거나 농삿일의 힘듦을 나타낸 것들도 많다. 대표적인 작품으로는 고려가요 동동과 조선조 정학유의 농가월령가를 들 수 있다.

덕으란 곰비예 받줍고
복으란 림비예 받잡고
덕이여 복이라 호놀
나ᅀᆞ라 오소이다

정월 나릿 므른
아으 어져 녹져 ᄒ논ᄃᆡ
누릿 가온ᄃᆡ 나곤
몸하 ᄒ올로 녈셔
　　　　　　------ 고려가요 〈동동〉

팔월이라 중추되니 백로추분 절기로다
북두성 자로도라 서편을 가ᄅ치니
신션호 죠셕긔운 츄의가 완연ᄒ다

귀쏘람 말근쇼리 벽간에 들거고나
아참에 안기 씨고 밤이면 이슬ᄂ려
빅곡을 돌나보니 힘드린 닐 공싱ᄒ다
빅곡의 이삭픠고 여물므러 고기 숙어
셔풍에 익ᄂ 빗츤 황운이 이러ᄂ다
빅셜 갓튼 면화송이 산호갓튼 고초다리
안팟 마당 닷가 노코 발치 망구 작만ᄒ쇼
----- 정학유 〈농가월령가〉 팔월령

세시 풍속은 놀이의 가장 중요한 기능 가운데 하나였다. 그렇기에 제 때 놀이를 하지 않으면 피해를 입는다고 믿게 된 것이다. '정월 대보름에 널뛰지 않으면 발바닥에 좀이 생긴다', '정월 대보름에 술먹지 않으면 귀가 잘 들리지 않는다', '설날 일하면 죽을 때까지 헛손질한다', '생일날 일하면 가난해진다', '명절날 일하면 자식 두고 먼저 죽는다'는 말들은 모두 휴식과 일의 조화를 꾀하고자 했던 조상들의 지혜에서 비롯된 말들이다.

이 가운데 정월에 술을 마시지 않으면 귀가 잘 들리지 않는다는 말에는 특별한 의미가 들어있다. 이는 '귀밝이술'이라고 해서 음력 정월 대보름날 아침에 술을 마시도록 한데서 비롯된 말이다. 이 풍습은 〈경도잡지〉나 〈동국세시기〉에도 기록되어 있을 만큼 오래된 풍습이다. 이 날 새벽에는 술을 한잔 마시는데, 이를 명이주 이명주라 불렀다. 이 날 아침에는 데우지 않은 찬 술을 마셔야 하는데 마시고 나면 정신이 맑아지고 그 해 내내 기쁜 소식을 듣게 된다고 믿었다. 금기어로 정초에 술을 마시지 않으면...이라고 된 부분은 엄밀히 말한다면 정월 대보름을 뜻하는 것이다.

2. 생일(生日)

- 생일날 그릇 깨면 해롭다
- 생일날 누룽지 먹으면 가난해진다
- 생일날 돈을 내가면 나쁘다
- 생일날 된장국을 먹으면 가난해진다
- 생일날 떡을 해주지 않으면 재수없다
- 생일날 매맞으면 항상 매맞는다
- 생일날 죽 쑤어 먹으면 물에 빠져 죽는다

동서고금을 막론하고 생일은 특별한 날이다. 해마다 돌아오는 출생일이면서도 누구나 기뻐해 주는 날이 바로 이 날이다. 흥미로운 사실은 생일과 관련된 금기어는 대부분 어린아이들에 해당된다는 점이다. 생일은 속설로 '귀빠진 날'이라고도 한다. 이 말은 항상 손아랫사람에게만 쓰며 손윗사람의 경우는 생신, 선성(先聖)이란 한자말을 써왔다.

생일은 본디 돌이나 회갑과 같이 대규모의 잔치를 베풀지 않고 집안끼리 자축하는 정도로 지낸다. 단 이 날은 떡을 해 먹는다거나 미역국 또는 고깃국을 끓여 평소보다는 잘 먹을 수 있도록 한다. 이러한 풍속도 먹을 것이 귀한 시대에 생겨난 것으로 보인다. 특히 10세 미만의 아동들에게는 백설기와 수수팥떡을 해 주면 좋다고 생각했는데, 이는 민간신앙과 결부된 것이다. 백설기는 흰 떡살만큼이나 아이들을 깨끗하고 탈없이 키울 수 있다는 믿음에서, 수수팥떡은 귀신을 쫓아낼 수 있다는 신앙에서 생겨난 풍속이다. 그렇기에 이날 아이들이 제 대접을 못받으면 나쁘다고 믿는 것은 당연한 일이었다. 금기어가 생긴 까닭도 이에서 연유한다. 생일날 그릇을 깨면 깨지는 소리가 아이의 운수에 영향을 미친다고 믿었으며, 생일날 누룽지 먹으면 먹을 것이 부족하여 항상 굶주린다고 믿었다. 그렇기에 아이들이 누룽지를 먹는 것도 못하게 막는 풍습이 있었다. '생일날 된장국을 먹으면 가난해진다'거나 '생일날 떡을 해주지 않으면 재수없다' 따위의 말들은 생일날 먹는 음식과 관련되어 생긴 금기어이고, '생일날 매맞으면 항상 매맞는다'는 것은 축하를 받지 못할 정도로 천덕꾸러기가 됨을 뜻하는 것이다. 그밖에 생일날 죽 쑤어 먹으면 물에 빠져 죽는다는 금기어도 있는데, 죽그릇을 물그릇에 연상시켜 만든 말로 보인다.

간혹 '생일날 먹으려고 이레를 굶는다'는 말도 있다. 이 말은 금기어는 아니지만 불투명한 미래를 위해 현재를 소홀히 할 때를 경계하기 위해 쓰는 말로 쓰인다. 어린아이의 생일과 관련된 또다른 금기어도 있다. 아이가 태어나 한 돌이 되면 돌잔치를 한다. 이 경우는 평범한 생일보다도 더 큰 의미가 담겨 있어 돌잔치를 성대히 하게 된다. 이 풍습은 유아사망률이 높던 시대, 한 돌이 지나야만 아이가 제대로 클 수 있다는 믿음을 가질 수 있었기 때문에 만들어진 것이라는 설도 있다. 그렇기에 돌과 관련된 금기어도 제법 많은 편인네 다음과 같은 것들이 있다.

- 돌 때 떡을 해 주지 않으면 자주 넘어진다
- 어린애가 돌 잔치상의 음식을 마구 휘저으면 나쁘다(반대로 돌잔치상에서 연필을 집으면 공부를 잘한다거나 떡을 잡으면 잘 산다는 믿음도 있다)

이런 말들도 생일과 마찬가지로 특별한 날 특별한 대접을 받아야 한다는 의미에서 생긴 말이다. 또한 '돌집 하인 뒷간 가듯한다'는 말이 있는데 이 말은 돌잔치를 풍요로이 하던 풍습에서 생겨난 말이다. 곧 돌잔치하는 집 하인이 욕심을 내어 음식을 너무 많이 먹기 때문에 생겨난 것으로 지나치게 욕심을 내지 말라는 뜻으로 쓰인다. 어떻든 어린아이에게 주어진 특별한 날의 의미를 새겨주어야 한다는 믿음은 많은 금기어를 낳았다. 이런 말들은 아이들을 풍요롭게 돌보지 못하던 시절, 부모들이 애처로움을 대신하여 만든 말일 가능성도 높다.
본디 사랑은 내리사랑이라 했던가. 윗 어른이나 자기 자신의 기념일
보다는 아이들의 기념일에 금기 사항이 많아진 까닭도 이에 있으리
라.

3. 마수걸이

- 아침에 외상으로 팔면 그날은 종일 재수없다
- 아침에 어깨 짚으면 재수없다
- 정월 초하룻날 욕을 먹으면 일년 내내 욕을 먹는다

금기어 가운데는 시작이나 출발을 좋게 해야 한다는 것도 많다. 이
런 말들은 선입견이나 남녀 차별과 같은 내용을 담기도 하는데, 위의
표현은 선입견을 담고 있는 것들이다. 아침에 외상으로 물건을 팔면
하루 종일 장사가 안된다거나 아침에 어깨를 짚으면 재수 없다는 따
위는 외상이 주는 선입견이나 어깨를 짚어 기를 누르는 행위의 선입
견이 담겨 있는 것이다. 심지어는 아침에 욕을 먹으면 하루 종일 욕
을 먹는다는 말도 쓴다.

좋은 출발이나 시작을 바라는 마음은 누구에게나 동일하다. 시작이
반이라는 속담은 시작의 중요성을 알리는 말이지만 때로는 출발을 잘
해야 한다는 의미도 담고 있다. 뿐만 아니라 '하루 기분이 좋으려면
아침에 머리를 감고, 한달 기분이 좋으려면 월초에 머리를 깎고, 십
년을 즐겁게 살려면 결혼을 해라'는 따위의 말도 생겨난다. 이러한
말은 모두 즐겁고 기쁜 출발이 생활에 얼마나 중요한 일인가 하는 것
을 나타내 준 말이다. 그러니 상큼하지 못한 출발이야말로 경계의 대
상이 될 수밖에 없다.

그러나 출발과 관련된 금기어는 반드시 근거가 있기 때문에 형성되

는 것만은 아니다. 대표적인 것으로 '정초 여자가 집을 방문하면 일년 내내 재수 없다'는 믿음이 있다. 이러한 믿음은 남녀차별이라는 뿌리 깊은 의식 속에서 형성된 것일 뿐이다. 어떻든 시작의 시간인 아침, 정초에 얽힌 금기어는 비교적 많은 편이다. 이를 정리해 보고 다시 이야기를 이어가자.

〈아침〉
- 아침부터 집 안에서 여자의 울음소리나 큰 웃음소리가 나면 재수없다
- 아침에 노래부르면 가난해진다
- 아침에 머리 빗으면 재수없다
- 아침에 물건을 외상으로 주면 재수없다
- 아침에 발등 밟히면 그 날은 재수없다
- 아침에 불을 주면 그 날은 재수없다
- 아침에 이께 짚으면 재수없다
- 아침에 여자와 말다툼하든지 욕을 먹으면 재수없다
- 아침 일찍 장님을 보면 그 날은 재수가 없다

〈정초〉
- 정월 초하룻날 소금장수가 들어오면 가난해진다
- 정월 초하룻날 손톱을 깎으면 복이 나간다
- 정월 초하룻날 싸우면 일년 내내 싸운다
- 정월 초하룻날 울면 일년 내내 운다
- 정초에 재채기하면 복이 나간다
- 정월 초하룻날은 비로 방을 쓸지 않는다
- 정월 초하룻날 치마주름 잡으면 근심 생긴다
- 정초에 구두를 잃으면 그 해엔 재수가 없다
- 정월 초하룻날 거울을 깨뜨리면 일년 내내 우환이 떠나질 않는다
- 정초에 죽을 먹으면 일년 내내 궁하다

　　　• 정초에 수저를 잃으면 그 해엔 재수 없다

　특이한 것은 아침이나 정초에 얽힌 금기어는 많아도 매달 시작되는 날의 경우는 별반 금기어를 찾기 힘들다는 점이다. 이는 달의 시작보다는 하루 시작, 또는 일년의 시작이 더 큰 의미를 지닐 수 있었기 때문으로 보인다. 위의 금기어에 나타난 소재들은 '노래, 욕설, 여자의 음성, 장님, 소금장수, 손톱, 싸움, 재채기' 따위로 금기어에 언제나 등장하는 것들이다. 이러한 행위나 존재는 언제든지 우리 겨레에게는 환영의 대상이 아니었기 때문에 기분 좋은 출발을 방해하는 요소로 작용한다. 흥미로운 사실은 인생에서 제2의 출발이라 할 수 있는 결혼에 얽힌 금기어도 출발과 관련된 것이 많다는 사실이다. 다음과 같은 것들이 있다.

　　〈출발로서의 결혼〉
　　　• 결혼식날 눈물 흘리면 후에 잘 살지 못한다
　　　• 결혼식하고 돌아오는 신부를 마중하면 바람난다
　　　• 결혼 첫날밤 등잔불을 입으로 끄면 안된다
　　　• 결혼 첫날밤 문을 열어두고 자면 복 나간다
　　　• 결혼식날 신부가 부엌에 들어서면 시어머니 말대꾸한다
　　　• 결혼식날 신부가 방에 들어갈 때 처마 끝에 서 있으면 해롭다
　　　• 결혼식날 그릇 깨면 해롭다
　　　• 결혼식날 손수건 선사하면 이별한다

　이러한 금기어들은 대부분 근거를 찾기는 어려운 것들이다. 흔히 결혼식과 관련된 금기어는 출발 의미에 엄숙한 의식을 함께 담고 있어서 복합적인 의미를 생산해 낸다. 또한 시대적인 분위기가 결혼식 자체를 보는 눈을 바꾸고 있으므로 금기어 유형도 시대에 따라 달라질 수밖에 없다. 최근에는 '결혼식장에서 신부의 꽃(부케)를 받은 친구가 여섯달 내 시집을 못가면 평생 시집을 못간다'는 말도 생겨났다.

이 말은 모든 일에도 때가 있듯이, 친구는 결혼을 하는데 당사자는 못하고 있으니 때를 넘기지 말라는 뜻으로 해석할 수 있다. 곧 때를 놓치지 말고 좋은 배필을 만나라는 축원이 함께 담긴 말이리라.

4. 세시와 달거리

달과 관련된 금기어도 비교적 많은 편이다. 정월은 시작의 달이고, 이월은 농사를 준비해야 하는 달이다. 그밖에 유월은 쉬는 달로, 구월은 활동이 왕성한 달로 인식했다. 그렇기에 때에 걸맞지 않은 일을 하는 것을 꺼렸는데 달에 얽힌 금기어를 찾아보면 다음과 같은 것들이 있다.

- 정월 보름날 아침에 머리 빗으면 밭에 새삼이 낀다
- 정월 보름날 더위를 산 사람은 여름에 더위 먹는다
- 이월 초하룻날 머리 빗으면 노래기 낀다
- 사월에 근친이 돌아가시면 나쁘다
- 오월 단오일에 머리 깎으면 머리카락이 빠진다
- 유월 초하룻날 머리 감으면 앓는다
- 유월에 장을 담그면 그 집안에 궂은 일이 생긴다
- 유월에 결혼하면 나쁘다
- 유월이나 섣달 이사하면 나쁘다
- 팔월 보름날 욕을 먹으면 그 해에는 재수가 없다
- 구월달 머리를 감으면 해롭다
- 구월달 문을 달면 해롭다
- 동짓달 팥죽을 쑤지 않으면 해롭다
- 섣달 그믐날 찬밥 남기면 가난해진다
- 섣달 그믐날 찬밥 남기면 논이 묵는다

흥미로운 사실은 삼월이나 칠월, 시월은 금기 사항이 드물다는 점이다. 그 까닭은 금기어 형성이 특별한 의미를 부여할 수 있는 조건을 가져야 하는데, 이 시기는 그러한 의미가 비교적 적기 때문이다. 특별한 의미는 세시풍속이나 출발, 종료, 또는 민간신앙과 연계되어 있다.

달에 얽힌 금기어로 가장 많은 시기는 정월이다. 정월은 시작의 의미를 담을 뿐만 아니라 세시풍속도 가장 많은 달이다. 그렇기 때문에 이 달에 얽힌 금기어의 소재는 민속놀이, 남녀관계, 자연물 등 매우 풍부하게 나타난다. 다음과 같은 말들이 더 있다.

- 정월달에 조리를 먼저 사 두지 않으면 가난해진다(복조리를 파는 풍습에서)
- 정월 보름날 널 뛰지 않으면 귀가 잘 들리지 않는다
- 정월 보름날 신발을 매달지 않으면 해롭다(귀신관련)
- 정월 보름날 아궁이에 밤 구워 먹으면 눈먼다
- 정월 보름날 아침에 여자가 그릇을 깨면 언짢다
- 정월 보름날 아침에 오곡밥을 해먹지 않으면 해롭다
- 정월 보름날 저녁에 날밤을 깨물어서 버리지 않으면 부스럼 난다(부럼 깨물기에서)
- 정월 보름날 칼질하면 나쁘다
- 정월 보름 안에 빨래를 하면 곡식이 잘 자라지 않는다
- 정월에 초상집 가면 나쁘다
- 정월 열나흗날 물레를 보면 호랑이를 만난다
- 정월 열나흗날 아침에 김치를 먹으면 쐐기에 쏘인다(쐐기는 갈잎에 자라는 곤충임)
- 정월 열나흗날 아침에 날콩을 깨물면 여름에 여드름과 부스럼 난다
- 정월 열나흗날 아침에 남자가 키를 보면 여름 농사 때 볏섬을 터뜨린다

· 정월 초하룻날 놋그릇을 솥 안에 넣어두면 자기 남편이 일
  년 내내 연장에 다친다
· 정월 열나흘에 오곡밥을 먹지 않으면 농사철 일꾼이 모이지
  않는다

　이월에 얽힌 금기어는 많지 않은 편이다. 이월 초하룻날 머리를 감
으면 노래기 낀다는 정도의 금기어가 있다. 그러나 풍속에 따르면 이
월에 때지난 만두를 먹는다든가 때지난 널뛰기를 하면 좋지 않다고
말리는 풍습이 있었다. 삼월에 금기어가 없는 것도 특이한 현상인데,
그 까닭은 삼월은 온갖 사물이 피어나는 시기이기 때문인 것으로 보
인다. 활동이 왕성한 시기에 금기 사항을 따로 둔다는 것은 합당한
일이 아니었을지도 모른다. 사월에 얽힌 금기어는 '근친이 돌아가시
면 나쁘다'는 것 정도가 있다. 이 뿐 아니라 초파일 불교 행사와 관
련된 것도 있는데 일반화되어 있지는 않다. 더욱이 불교에 나타나는
귀신 사상은 팔관제와 관련된 것들이 많기 때문에 사월의 경우는 '초
파일에 연등 행사에 참가하지 않으면 복이 없다'는 정도의 금기어만
생겨났다. 불교 신앙의 귀신 사상은 〔해동역사〕를 통해 볼 때 10월
과 관련된 것으로 보인다.

　　고려국 동쪽에 동굴이 있었는데 이를 세신이라고 했다. 항상
　　10월의 보름에 신을 맞이하여 제사를 지냈는데 이를 팔관제라
　　했다. 이를 행하는 데는 매우 성대히 거행하였다. 그날 임금은
　　뚱비와 더불어 누각에 올라가 연희를 크게 베풀었다. 상인들은
　　천으로 막을 쳤는데 그 길이가 백필이나 되었다. 이를 통하여
　　각각 가진 부를 과시했던 것이다.
　　---------- 무라야마 지준 〔조선의 귀신〕에서 다시 인용

이러한 연유에서 불교적인 의미가 강한 사월에는 특별한 금기어가 생
겨나지 못한 것으로 보인다. 오월은 단오와 관련된 금기가 있다. 단

오 풍속으로는 그네뛰기와 같은 것이 있다. 민속에 이날 그네를 동아줄로 매지 않으면 복이 없다는 말을 쓰기도 한다. 그러나 지금까지 남아 있는 금기어로는 '오월 단오일에 머리 깎으면 머리카락이 빠진다'는 말이 있는데, 이 말은 머리카락과 관련된 금기어로만 보인다. 금기어 소재로 머리카락은 가장 많이 나타나는 것 가운데 하나이다. 이는 나이를 먹는 것을 두려워하고 병들어 고생하는 것을 싫어하는 인간의 보편적인 심성에서 비롯된 것이다. 그렇기에 머리가 센다거나 빠진다는 것은 늙고 병듦을 뜻한다. 재미있는 것은 속담이나 금기어 모두 오월 단독으로 나타나기보다는 유월과 함께 나타난다. 다음과 같은 말들을 살펴보자.

- 오뉴월 감기는 개도 안 앓는다
- 오뉴월 감주맛 변하듯 한다
- 오유월 개가죽 문인가
- 오뉴월 개 팔자다
- 오뉴월 녹두 껍데기 같다
- 오뉴월 닭이 오죽해야 지붕에 오를까(답답한 사람은 나중에 잘되고 못되는 것을 가리지 않고 무작정 일을 한다는 뜻)
- 오뉴월 똥파리 꾀듯한다
- 오뉴월 볕은 솔개만 지나가도 낫다
- 오뉴월 볕은 하루만 더 쬐어도 낫다
- 오뉴월 소나기는 말 한 귀는 젖고 한 귀는 안 젖는다
- 오뉴월 소나기는 지척이 천리다
- 오뉴월에는 배양반이요 동지섣달에는 뱃놈이다
- 오뉴월에 뜸질을 해도 제멋이다
- 오뉴월 염병에 땀 한 방울 못낼 놈이다
- 오뉴월 장마끝에 오이꼭지 씹는 상이다
- 오뉴월 존장 모시듯 한다
- 오뉴월 품앗이는 논둑 밑에 있다(빗 갚을 날짜가 멀었다는

뜻)
· 오뉴월 품앗이도 먼저 갚으랬다
· 오뉴월 하루 볕이 더 무섭다

　유월은 휴식을 뜻하는 달이라 할 수 있다. 이 때는 여름 가운데도 가장 더운 때이며, 활동하기 힘들 만큼 날씨도 편치 못하다. 그렇기 때문에 유월에 활동하는 것을 꺼린다. 금기어가 생긴 까닭도 마찬가지이다. '유월 초하룻날 머리 감으면 앓는다'거나 '유월에 장을 담그면 그 집안에 궂은 일이 생긴다', '유월에 결혼하면 나쁘다'는 말들은 모두 강렬한 햇빛이나 더위를 피해 일을 해야 함을 경고하는 의미가 담겨 있다.(독자 여러분이 유의할 점은 대체로 유월은 양력으로는 칠월이란 점이다) 여기서도 머리와 관련된 소재가 나오는데, 이는 유두절과 관련이 있기 때문이다. 이 날은 동쪽으로 흐르는 물에 창포로 머리를 감아야 하는데, 유두일이 아닌 날, 제멋대로 머리를 감는 것을 경계하기 위한 말이다.

　칠월도 금기어가 없기는 마찬가지이다. 절기를 따진다면 가을철에 접어드는 시기이니 금기어가 특별히 생길 이유도 없을 듯하다. 다만 늦더위와 관련된 속담이 생겨나기도 하는데, '칠월 개우량 해에 황소 뿔이 녹는다'거나 '칠팔월 수숫잎 마르듯이 한다'는 말이 있다. 앞의 속담은 신선해야 할 음역 7월 저녁이지만 늦더위가 기승을 부린다는 뜻이고, 뒤의 것은 유난히 변덕스런 성격의 사람을 가리키는 말로 수수잎이 금새 시들었다가 퍼지는 것에서 붙은 표현이다. 그밖에 '칠월 사돈은 꿈에 볼까 무섭다'는 말도 있는데, 이 말은 농촌에서 식량에 가장 곤란을 받는 칠월, 대접을 잘 해야 할 손님이 올까 무섭다는 뜻이다. 또한 '칠월 송아지다'라는 말은 잠시도 가만있지 않고 날 뛰는 사람을 비유한 말이다.

　팔월은 대보름이 있어 이와 관련된 금기어가 나타난다. 대보름은 한가위라 부르는데, 이 말은 가배에서 온 말이다. 곧 가운데를 뜻하는 '갑'에 처소를 나타내는 '애'라는 뒷가지(접사)가 붙어 형성된 말이다. 이 날은 달이 가장 밝기 때문에 달을 보고 소원을 빌기도 하고, 일년 농사를 지어 조상님께 제사를 드리기도 한다. '팔월 보름날 욕을 먹으면 그 해에는 재수가 없다'는 말은 팔월 한가위가 지니는 의미를 짐작할 수 있는 말이다. 이 날은 모든 사람에게 축제가 되어야 하는 날이다. 그밖에 구월이나 섣달과 관련된 금기어가 있다. 구월의 금기어는 늦가을 날씨나 건강과 관련된 것이 많으며, 섣달은 일년을 마감하는 의미에서 금기어가 붙는다. 특히 섣달의 경우 다음 해를 대비한다는 측면에서 풍요를 기원하는 금기 행위가 생겨난다. 오늘날도 묵은 한 해를 보내고 새 해를 맞이하고 싶어하는 것은 누구나 마찬가지의 심리로 작용한다. 그렇기에 송년회 때로 나이 드신 분들은 망년회를 갖는 것이 아니겠는가. 그렇다면 금기어도 결국은 인간의 보편적인 심리, 곧 공포나 희망, 미움과 사랑, 즐거움이나 슬픔의 감정에서 비롯되는 것이라 할 수 있을 것이다.

아홉째 마당 | 단순 연상과 금기

  금기어가 생기는 가장 보편적인 현상으로 단순 연상을 떠올릴 수 있다. 아무런 관련이 없는데도 낱말 소리나 사물의 모양이 유사하면 하지 말아야 할 대상으로 바뀐다. 달걀이나 그림자, 자루, 고무신 따위는 용도나 모양이 연상작용을 통해 금기 행위를 나타낸 경우다. 간혹은 위치나 생로병사와 같은 인간 삶의 변화가 연상 작용을 일으키기도 한다. 이가 빠진다거나 밥숟가락을 떨어뜨리는 것은 삶으로부터 연유된 것이다.

1. 심리적인 위축감

  직업이나 특별한 행사에 얽힌 금기어는 심리적인 위축감에서 생기는 경우가 많다. 보기를 들어, 운동 선수가 운동장에 나가기 전, 상여나 장의차를 보면 재수없다고 생각한다든지, 특정 요일에 경기를 하면 꼭 진다는 징크스 같은 것들이 있다. 직업적 금기어는 사실 근거보다는 개인의 느낌에서 비롯되는 것이 많기 때문에 개개인에 따라 달리 나타나는 경우도 있다. 보기를 들어 어떤 야구선수는 시합에 나서기 전 머리를 깎지 않는다든가, 새로운 야구 방망이를 절대로 만지지 않는다는 따위의 행동을 보인다. 반면 또다른 선수는 시합전 머리를 깔끔하게 손질하거나 새로운 방망이로만 연습을 한다. 두 선수의 행동은 상반된 것이지만 똑같은 이유로 금기에 해당한다. 이러한 심리적인 느낌이 보편적으로 작용할 경우도 있다. 그러한 보기 가운데 대표적인 것이 수험생들의 금기어다.

- 미역국 먹고 시험보면 떨어진다
- 계란 먹고 시험보면 떨어진다
- 시험 보기전 목욕을 하거나 머리를 깎으면 떨어진다

이러한 말들은 웬만한 수험생들이라면 누구나 한번쯤은 들어 보았을 내용들이다. 그렇다면 이러한 금기어는 왜 생겨난 것일까?

수험생 금기어는 먹는 것이나 입는 것 또는 행동거지와 관련된 것이 많다. 이 가운데 먹는 것은 쉽게 붙일 수 없는 것이거나 접착력이 떨어지는 것이기 때문에 그 음식물의 효험에 의해 당락이 결정될 것이란 느낌 때문에 형성된 것이다. 계란이나 미역국은 대표적인 경우이다. 이 때 계란은 둥그런 모양 때문에 어느 곳에든 붙일 수가 없다는 점이 연상된 것이고, 미역국은 미끌미끌한 성질 때문에 접착성이 없다는 점이 연상 작용을 일으킨 것이다. 입는 것과 관련된 경우도 있는데 '시험보기 전 옷을 갈아입으면 떨어진다'는 믿음을 갖고 있는 고시 준비생들도 있다. 그러나 입는 것은 먹는 것에 비해 보편적이지는 않다. 단지 옷을 벗고, 입는 행위에 국한되어 있을 뿐이다. 반면 행동거지와 관련된 믿음은 꽤 보편적인 편에 속하는데, 그 가운데 '목욕, 머리깎기'가 대표적이다. 이러한 믿음 또한 목욕을 통해 갖고 있던 실력이 씻겨 내려갈지도 모른다는 우려감이나 머리를 깎음으로써 실력이 사라져 버릴지도 모른다는 우려 때문에 생긴 것이다.

머리를 깎는 것과 관련된 전설은 비교적 많은 편이다. 이는 동서양을 막론하고 누구에게나 쉽게 받아들여졌던 것으로 보이는데, 성경에 나오는 삼손도 그 경우에 속한다. 머리가 길었을 때는 초인적인 힘을 발휘하지만 머리를 자르면 힘을 발휘할 수가 없다. 신화 속에서 영웅은 대체로 긴 머리를 가진 사람이 많다는 것도 특기할 만하다. 북애가 쓴 우리 고대사인 〈규원사화〉에서도 환웅시대 신시의 하느님이 "머리를 풀어헤치고 소를 타고 이 세상을 다스렸다〔陶髮跨牛而治〕"란 구절이 나오는데 신의 모습은 인간의 모습과 머리 모양에서부터 다른 것으로 보인다. 또한 디오니소스나 〈공부도하가〉에 나오는 백수광부의 모습도 모두 머리를 풀어헤치고 있다. 절대적인 힘으로서 머리는 항상 소중한 부분이었는데, 그렇기에 동양의 윤리에서 '머리터럭' 하나라도 소중히 하지 않으면 안 되었던 것으로 보인다.

수험생들의 금기와는 달리 염원을 나타내는 행위도 있다. 그 중 하나가 엿을 먹는 풍토이다. 시험을 보기 전에 엿을 먹거나 찹쌀떡을 먹으면 엿처럼 딱 붙을 수 있다는 믿음이 생기는 것이다. 이 또한 심리적인 이유에서 비롯된 것으로 볼 수 있다. 찐득찐득한 엿처럼 시험에서도 붙길 바라는 염원이 이러한 행동 속에 내포되어 있다. 이런 점에서 금기어나 소망을 나타내는 말들은 모두 심리적인 불안을 표출하면서 생긴 깃들이다. 요즘은 엿 대신 초코렛을 사 주는 경우도 볼 수 있다.

2. 그림자

- 그림자가 방에 들어오면 재수없다
- 벽에 손그림자를 비추면 도둑 든다

그림자는 어떤 물체가 빛을 가릴 때 생겨난다. 그렇기 때문에 그림자는 사물의 실체가 아니라 허상으로 비춰진다. 간혹은 그림자 때문에 오해를 사는 경우도 있다. 역사적으로 볼 때 송나라 태종은 그림자로 인해 가장 오명을 쓴 사람이다. 이른바 그림자 사건이라고도 부르는데, 형인 태조가 병석에 누웠을 때(송나라 시조는 조광윤으로 태조이다. 그가 태자를 정하지 못하자 둘째 아우가 법통을 이어 태종이 되었음) 태종이 와서 좌우를 물리치고 무슨 말을 하려는지 귀를 기울였다. 그러나 병이 위중한 태조의 말은 잘 들리지 않았기 때문에 귀를 태조의 몸 가까이로 가져가 들으려 했다. 이 모습이 촛불 그림자에 비치었는데 멀리서 볼 때는 태종이 태조에게 해를 가하는 것처럼 보였다. 태종이 일어나려 하자 태조가 도끼를 마루 바닥에 던지면서 큰 소리로 '잘해라'라고 한 마디를 외치고는 그 자리에서 죽었다. 죽어가는 사람이 어떻게 도끼를 던질 수 있겠는가라는 의심도 없지 않지만 죽음에 이르러 초인적인 힘을 발휘하는 경우도 있으니 충분히 있을 법한 일이었다. 그러나 후세 사람들은 이 사건으로 말미암아 태종이 태조를 죽였다고 생각했다. 이것이 이른바 그림자 사건이다.

어떻든 그림자와 관련된 금기어도 여러개 있다. '그림자를 밟으면 그 사람(그림자 주인)이 재수없다'는 말이나 '벽에 손그림자를 비추면 도둑 든다'는 말을 살펴보자. 사실 이러한 말에 특별한 근거를 찾기는 힘들다. 다만 그림자가 어둠과 관련된 의미를 갖기 때문에 근심 걱정이 늘어난다는 뜻으로 풀이할 수 있다. 금기어는 아니지만 '그림자 쉰 데와 숨 쉰 흔적은 없다'는 속담도 있다. 이 말은 행동에 흔적을 남기지 않는다는 뜻이다. 이 때 쓰이는 그림자는 '조심성' 또는 '치밀함'이란 의미를 담고 있다.

'그림자가 방에 들어오면 재수없다'는 말도 있다. 이 경우는 '그림자의 주인을 밟는 것'과는 또다른 의미를 갖는다. 이 때 그림자의 상징적 의미는 근심 걱정이 드리워져 있다는 것이라 할 수 있다. 그 사람 얼굴에 그림자가 드리워져 있다는 말은 걱정이나 근심이 있는 것처럼 보인다는 뜻이다. 그러니 그림자가 방에 들어온다는 말은 걱정스런 일이 집안에 들어온다는 말로 해석된다. 뿐만 아니라 그림자를 밟는다는 말조차도 걱정스런 일을 대신 떠맡을 수 있다는 뜻으로 다의적인 해석이 가능하다.

그림자는 때로 착시 현상의 원인이 되기도 한다. 그렇기에 '그림

자를 보고 놀라지 말라'는 말도 나온다. 〈성호사설〉에는 다음과 같은
글이 있다.

> 장자에 망량(도깨비)이 그림자에게 묻는 말이 있는데 그 주
> 에 망량이란 것은 그림자 옆에 희미하게 보이는 기운이다라고
> 하였다. 내가 일찍이 경험해 보니 두 물건에 그림자가 있어 두
> 그림자가 점점 가까와져서 서로 맞닿기 전에 희미하게 보이는
> 기운이 먼저 모이게 되는바 그림자 외에 희미한 기운이 분명히
> 있는 것을 비로소 알았다. 또 일찍이 유리 거울을 벽에 걸어놓
> 고 얼굴을 비추어 보았더니 그림자가 먼저 거울 속에 나타났
> 다. 좌우를 살펴보니 그림자 외에 또 보이는 얼굴이 있었는데,
> 그는 귀와 눈이 먼저 나타난 그림자보다 훨씬 컸으니 몽수(장
> 주의 별호--장자를 지은이)의 말이 과연 틀림없다.

이 글에 나오는 두깨비와 그림자는 같은 대상을 일컫는 말이다. 곧
도깨비라 여겼던 것이 실상은 그림자였다는 것이다. 이와 같은 현상
은 살아가면서 자주 겪을 수 있는 현상이다. 특별히 주의를 기울이지
않고 사물을 보거나, 심리적으로 억압된 상태에서 대상을 보았을 때,
사람들은 사물을 올바로 판단하지 못하는 경우가 많다. 아마도 어느
날 저녁, 형광 가로등 불빛 아래에 놓인 검은색 자가용이 다음날 아
침에 군청색으로 바뀐 경우를 본 사람도 많이 있으리라. 이러한 현상
은 일종의 착시 현상이다. 이와 마찬가지로 그림자는 반사되는 물체
가 있을 경우 착시 현상을 일으킬 수 있다. 흔히 '제 그림자에 제가
놀란다.'는 말이 있다. 이 또한 착시 현상의 하나가 아니겠는가. 그렇
기 때문에 도깨비를 만난 사람들은, 실제적으로 마음이 약하거나 질
병을 갖고 있는 사람인 경우가 많다. 건강한 젊은이나 중장년층에서
는 좀처럼 도깨비 이야기가 나오지 않는다. 어린아이나 노인, 또는
여인들이 주로 도깨비를 만났다고 말하고, 그 가운데 상당수는 나무
나 자신의 그림자, 심지어는 달빛과 구름이 만든 산그림자를 보고도

놀라 도깨비라고 행각하는 경우도 있다.

3. 자루와 주머니

· 자루를 깔고 앉으면 어린애 날 때 궁둥이 없는 애를 낳는다
· 주머니가 비면 자기 아이 배 곯린다
· 자루를 베고 자면 귀머거리가 된다

우리말 가운데 주머니와 자루는 비슷한 용도로 쓰인다. 그러나 엄밀히 말한다면 두 물건은 다른 물건이다. 주머니는 자질구레한 물건이나 손에 쥘 수 있는 물건을 넣고 졸라매어 들 수 있도록 한 것인데 비해 자루는 큰 물건을 담을 수 있도록 한 것이다. 간혹 주머니의 낱말 뜻이 확대되어 자루가 쓰일 자리에도 들어가는 경우가 있다.

　　〔보기〕 ① 호주머니, 쌀주머니, 폐품주머니, 신발주머니, 병주머니
　　　　　　② 고생주머니, 이야기주머니
　　　　　　③ 고생보따리, 이야기보따리

위의 〔보기〕에 쓰인 말들을 보면 ①은 작은 물건을 담는다는 것을 알 수 있다. 그런데 간혹 쌀주머니와 같은 말도 쓰이는 까닭은 쌀을 담는 기준이 작아졌기 때문으로 보인다. 쌀을 매매할 때 예전에는 가마나 자루에 담아 사고 팔았다. 그러나 최근에는 작은 용기에 담아 파는 경우가 많은데, 이 때문에 쌀주머니도 생겨난 것으로 보인다. ②는 주머니란 낱말이 '자질구레한' 또는 '손에 잡힐듯한'이란 뜻을 더 얻어 생긴 말들이다. 이 말들은 ③과 같이 보따리란 말로 대체된다. 그러나 자루의 쓰임은 전혀 다르다. 위의 보기에서 ①의 경우는 쌀 이외에는 자루가 안 쓰이고 ②에서는 자루로 대체될 수 있는 말이 전

혀 없다. 옛말에서는 '자루'라는 뜻의 낱말로 'ᄂᆞ뭇'이란 것이 있었다. 이 낱말은 간혹 주머니가 들어갈 자리에 쓰인 적도 있었다. 이러한 보기로는 다음과 같은 것들이 있다.

- ᄂᆞ치 뷔어눌 비녀와 볼쇠룰 자바 풀오
     (자루가 비니 비녀와 밝은 쇠를 잡아서 풀어 :
      두시언해 초간, 일: 9)
- 약 ᄂᆞ뭇출 더러 ᄇ리노라
     (약 자루를 덜어 버리노라: 두시 칠:6)
- 시혹 ᄂᆞ뭇 소배 이시며(간혹 자루 속에 있으며 능엄경
                              9:108)
- ᄂᆞ뭇 낭(자루 낭 유합 상:31)

위의 문장에서 'ᄂᆞ뭇'은 자루와 주머니 둘 중 어느 것 하나만을 가리키는 것이라 보기는 힘들다. 한자말 '낭(囊)'의 경우는 '주머니'로 풀이하는 것이 일반적이다. 잘 쓰이지는 않지만 '낭상(囊狀)'은 주머니처럼 생긴 모양을, '낭자(囊子)'는 주머니를 뜻하는 말이다. 또한 '주머니의 물건을 꺼내듯이 손쉽게'란 뜻으로 '낭중취물(囊中取物)'이란 한자성어를 쓰고 있음을 자주 보게 된다. 그렇다면 고어에서, 주머니와 자루는 별개의 물건이 아니었을 수도 있다. 금기어 발생 사유도 비슷한 점이 많다. 두 낱말과 관련된 금기어를 알아보자.

먼저 주머니가 비면 자기 아이 배곯린다는 말을 살펴보자. 이 말은 금기어라기보다는 당연한 사실을 언급한 것에 불과하다. 그러나 옛 사람들에게는 금기어로 작용했다. 특히 할머니들은 손주들에게 줄 사탕이나 엿, 동전 따위를 작은 주머니에 간직하곤 했는데, 아이가 귀엽거나 떼를 써서 달래야 할 경우 작은 주머니를 연다. 이 때 주머니가 비어있으면 왠지 서글픔을 느끼는 것이다. 좀더 심하게는 주머니가 비면 큰 일이라도 나는 것처럼 생각한 경우도 많았다. 그렇기에 동전 한 잎이라도 집어넣어 두어야 했고, 그나마 없을 때에는 콩 한

알이라도 넣어 두어야 한다고 믿었다. 자루가 빈다는 말은 단순히 아이들을 대하는 경우에만 쓰이지 않는다. 자루가 비면 집안 전체가 굶주리는 것이다. 두 물건은 모양에서부터도 금기어를 만들기도 한다. 자루를 베고 자면 귀머거리가 된다는 말은 자루 모양이 귀를 달고 있지 않기 때문에 생겨난 말이다. 자루를 깔고 앉으면 어린애 날 때 궁둥이 없는 애를 낳는다는 말도 마찬가지 이유에서 생긴 것이다.

요즘은 주머니나 자루가 새로운 의미에서 금기를 만드는 시대인 것으로 보인다. 특히 나일론과 비닐 산업이 발달한 이후로는 비닐의 분해력 때문에 더 많은 골치를 썩이게 되었다. 한 번 버린 주머니는 좀처럼 분해되지 않으니 토양을 유실시키고 지력을 약화시킨다. 그러니 함부로 비닐주머니를 버리는 것은 재앙을 스스로 불러들이는 일이 될 것이다. 뿐만 아니라 쓰레기 종량제 실시 이후로는 분리 수거 주머니는 곧 돈이니 바야흐로 종량제 공포, 아니 주머니 공포의 시대가 다가왔음을 실감할 수 있는 시대이다.

4. 이〔치아〕와 화복

- 웃이가 빠지면 어른이 돌아가시고, 아랫이가 빠지면 아랫사람이 죽는다
- 이를 빼서 임신 중에 있는 사람에게 보이면 이가 늦게 난다
- 이를 빼서 화로에 넣으면 집안 망한다
- 이를 빼서 지붕 위에 버리지 않으면 이가 나지 않는다

사람의 복을 흔히 오복(다섯 가지 복)이라 한다. 그 가운데 하나로 이가 튼튼하다는 것이 포함되어 있다. 이는 먹는 것이 건강의 지름길이라는 의미와도 통하기 때문에 당연한 것으로 생각된다. 그렇기 때문에 이와 관련된 격언도 매우 많다.

　이는 본질적으로 사랑의 또다른 표시로 작용하곤 했다. 널리 알려진 옛 소설 〈배비장전〉에는 흥미있는 이야기가 나타나 있다. 이른바 '가학 이별 풍습(이별시 사람을 학대하면서 웃음을 자아내는 것)'이 그것인데, 그 중 일절을 옮겨보자.

　　분벽사창(粉壁紗窓)에 마주 앉아 서로보고 당싯당싯 웃으시던 앞니하나 빼어주오. 앞니 하나 빼어 주면 손수건에 싸아 백옥함에 넣어 두고, 눈에 알알하고 귀에 쟁쟁한 님의 얼굴 보고 싶은 생각이 나면 종종 꺼내어 슬픔을 풀고, 또 소녀 죽은 뒤에라도 관 구석에 넣고 가면 합장일체 되지 않습니까

　이규태의 〈한국인의 의식구조〉에서는 〔골계전〕에 나오는 자학적인 사랑 표현 이야기를 덧붙이고 있다. 이야기에 따르면 경주에서 아름다운 기생을 사랑하던 장안의 한 소년이 있었다. 그러던 어느날 기생과 소년은 이별을 하게 되었다. 그 때 기생이 어찌나 슬피 울던지 소년은 사랑의 징표로써 이빨을 빼어 주었다. 그 후 소년이 서울로 올라와 듣자니 기생이 다시 바람을 피운다는 소식이 들려왔다. 불같은 질투감을 느낀 소년은 다시 기생에게로 가 이빨을 돌려 달라고 했다. 그러자 기생은 "백정에게 살생을 계하고, 창가에서 의리를 꾸짖음처럼 우둔함이 없다"고 했다.
　이빨은 사랑의 표시일 뿐 아니라 신체 가운데 가장 소중한 부분의 하나였다. 그렇기 때문에 빠진 이빨까지도 소중히 다루고자 했던 풍습이 남아 있다. 어린애가 이를 갈쯤이면 부모들은 으레 '이빨은 빼어서 지붕 위에 버려야 한다'고 했다. 그 까닭은 지붕이야말로 가장 신성한 곳이기 때문이었다. 사람이 죽으면 혼을 부른다. 이른바 '초혼'인데, 이 때에는 생쌀로 간단한 상을 차리고, 죽은 자의 옷을 지붕 위에 던지면서, "00살에 나는 김해 허씨(본관과 성을 부름) 혼 가져가오"라고 외친다. 혼을 가져가는 사자들이 지붕 위에 있는 옷가지를

보고 혼을 데려간다고 믿는 것이다. 그러니 이빨 하나에도 혼이 있다고 믿는 것은 당연함 직하다.

'이를 빼서 화로에 넣으면 집안이 망한다'는 이야기는 신성한 이빨을 함부로 다루지 말아야 함을 경계한 말이다. 뿐만 아니라 임산부에게 빠진 이빨을 보이는 것도 금기 사항 가운데 하나이다.그 까닭은 이가 자신에게는 소중한 것일지 몰라도, 외형상으로는 사실 섬뜩한 느낌을 줄 수 있기 때문에 생긴 것이리라.

5. 이별의 아픔

· 갑작 사랑은 영 이별
· 고무신을 사 주면 그 사람은 달아난다
· 결혼식날 손수건을 선물하면 눈물을 흘리며 이별한다

인생의 네 가지 고통 가운데 하나가 '애별리고(愛別離苦 : 사랑하면서도 이별을 해야 하는 아픔)'이다. 이별은 누가 보아도 슬프고 괴로운 일 가운데 하나이다. 그렇기에 〈아리랑 아리랑 아라리요/ 아리랑 고개를 넘어간다/ 나를 버리고 가시는 님은/ 십리도 못가서 발병난다〉고 하지 않았던가. 이별하는 것을 체념하면서도 헤어지지 않았으면 하는 마음에서 이 노래를 널리 부른 것이 우리 민족이다.

우리 문학 가운데 이별을 소재로 한 작품은 이루 헤아릴 수 없이 많다. 그 가운데 체념의 미학을 담고 있는 것으로는 〈가시리〉나 황진이의 시조가 대표적이다. 〈선하면 아니올세라/설운 님 보내 옵나니/ 가시는듯 도뎌 오소셔〉라는 표현 속에는 '혹시 내가 님을 너무 잡는 것조차 미움을 받는 일이 되지는 않을까'하는 두려움이 표현되어 있는 것이다. 이별이 없기를 바라는 마음은 민요에도 남아 있다.

이 몸이 학이나 되어/ 나래 우에다 님 사랑 싣고
천만리 훨훨 날아서/ 이별 없는 곳 찾아보세
그곳도 이별 있다면/ 또 천만리 가서나 보세
　　--- 김광순 〈한국 구비전승의 문학〉〈이별가〉에서

　이별의 두려움은 또다른 금기어를 나았다. 이러한 말들은 대체로 특정 사물의 기능과 연계되어 있다. '신을 사주면 그 사람이 달아난다'는 말은 아직도 연인들 사이에 남아 있는 풍습이다. 신을 신는다는 것은 거리로 나간다는 것을 뜻한다. 그렇기에 신을 사주는 것은 나가라는 의미를 연상시키는 것이다. 뿐만 아니라 '손수건을 사주면 눈물 흘리며 이별한다'는 말은 손수건이 눈물을 닦을 때 쓰는 물건이기 때문이다.

　이별의 고통을 줄이기 위해 '성급한 사랑'을 경계하기 위한 격언도 있다. '갑작 사랑은 영 이별'이란 말은 '사람을 너무 빨리 사랑하면 영원히 이별하기 쉽다'는 의미로 해석할 수 있다. 또한 '결혼식날 신부가 눈물을 흘리면 이별한다'는 말도 있다. 이 말은 부모와 헤어지는 것을 슬퍼하는 한국적인 결혼관에 관한 작은 위로의 말일런지도 모른다. 결혼은 이별이 아니라 새로운 만남일 테니까.

　최근에는 이러한 말에도 변화가 오는 듯하다. '고무신 거꾸로 신었다.'라는 말 대신 '새 차 뽑아 타고 떠났다.'란 말을 쓰기도 한다. 이는 자동차가 그만큼 생활에 밀접한 관련을 맺고 있기 때문에 생겨난 말이다. 하기야 지금은 자기집은 없어도 자동차는 있어야 하는 세대가 아니겠는가. 그렇다면 오늘날 심각한 교통 문제를 해결하기 위하여 다음과 같은 금기어를 하나쯤 만들어 보는 것이 어떨까?

　"자동차 키를 선물하면, 그 사람은 달아난다."

6. 손톱과 발톱

- 남의 집에서 손톱을 깎으면 저승가서 원수사이가 된다
- 손톱 발톱을 깎아서 한데 섞으면 저승가서 골라 놓으라 한다
- 밤에 손톱이나 발톱을 깎으면 가난해진다
- 밤에 손톱을 깎아 변소에 넣으면 죽는다
- 손톱 위에 살이 갈라지면 미움 받는다
- 손톱 발톱을 깎아 불에 넣으면 손발이 오그라든다
- 손톱 발톱을 주워먹은 닭을 잡아먹으면 그 사람은 죽는다

손톱과 발톱에 관련된 금기어는 매우 많은 편이다. 그 가운데 밤중에 손발톱을 깎지 못하도록 하는 것들이 많은데, 그 까닭은 쉽게 이해할 수 있다. 옛날에는 오늘날처럼 조명시설이 발달되지 못했다. 그렇기 때문에 등잔불이나 촛불을 켜놓고 일을 해야했다. 어두운 공간에서 일을 한다는 것은 결코 쉬운 일이 아니다. 더욱이 손발톱을 깎는 도구가 발달했던 것도 아니요 특별한 기술이 있는 것도 아니었다. 그러니 밤에 깎다가는 손발을 상하기 십상이었다.

어찌본다면 손발톱도 머리카락과 마찬가지로 신체의 일부라는 점에서 조심해야 할 대상이었을지도 모른다. 곧 함부로 이를 다루는 것은 부모에 대한 불효라는 생각이 적용되었을 가능성도 있는 것이다. 물론 손발톱은 머리카락처럼 "나의 머리는 자를지언정 머리카락은 자를 수 없다"는 선비의 지조가 적용되는 대상은 아니다. 그야 머리카락은 굳이 자르지 않더라도 생활하는데는 지장이 없겠지만 손발톱이야 깎지 않는다면 그야말로 생활 자체가 힘들테니까. 그렇지만 이러한 손발톱도 함부로 다루어서는 안되는 물건이었음에 틀림없다. 물론 이는 신체의 일부라는 관념만이 작용된 것은 아니다. 그보다는 오히려 손발톱을 함부로 다루면 쉽게 귀신이 붙을 것이라는 믿음 때문이었다. 옛 어른들은 '손발톱을 깎아 함부로 버리면 귀신이 쫓아 온다'는 말을

자주 했다. 뿐만 아니라 '남의 집에서 손발톱을 깎으면 원수 사이가 된다'고 했는데, 이 또한 특별한 근거가 있는 것은 아니다. 그러나 손발톱에는 쉽게 귀신이 붙을 수 있는데, 이것을 남의집에 떨어뜨리고 돌아오니 그 집 사람이 좋아할 까닭이 없다. 그러니 원수 사이가 된다는 것이다.

이러한 표현에 나타나는 손톱이란 존재는 매우 조심해 다루어야 할 대상임에 틀림없다. 그러나 우리말 쓰임에 나타나는 손톱은 매우 하찮은 것에 불과하다.

- 손톱만치도 없다
- 손톱 밑에 가시 드는 줄은 알아도 염통 밑이 곪는 줄은 모른다
- 손톱의 때만치도 안 여긴다

이러한 말에서는 모두 손톱을 작고 하찮은 것으로 표현하고 있다. 그러나 말은 시대에 따라 변화한다. 이는 시대에 따른 사람들의 관념이 바뀌기 때문이다. 손톱이나 발톱도 함축 의미가 달라진 것 가운데 하나다. 여성의 사회 진출이 활발해지면서 손톱도 미를 나타내는 주요한 부분이 되었다. 미인 선발 대회와 같은 행사도 광범위하고 연례적인 행사로 정착된 지 오래이다. 그러니 아름다움 하나만으로도 부와 명예를 걸머쥘 수 있는 시대가 되었다. 이쯤이면 화장품 회사가 아니라도, 손톱이 얼마나 소중한 신체 부분인지 쉽게 생각할 수 있으리라.

7. 수의(壽衣)

- 수의(장례식에 쓰이는 옷)를 만들던 물건을 빌려쓰면 나쁘다
- 수의는 실 매듭을 짓지 않는다

· 시체 옷에 바늘을 넣으면 불길하다

수의나 상복에는 특별한 의미가 담겨 있다. 곧 죽은자를 편안히 하고 추모해야 한다는 의미이다. 이러한 의미에서 금기어가 생기기도 한다. 특히 수의는 죽은 자에게 입히는 옷이다. 음력 윤달에 만들어 놓으면 좋다고 하며 대개 노인이 계신 가정에서는 미리 준비하는 풍습이 있다. 윤달에 수의를 만드는 까닭은 덤으로 있는 달이기 때문이다. 그래서 윤달을 '여벌달, 덤달, 공달'이라고 부르기도 한다. 이 때는 귀신이 열두달 모두 일을 하고 나서 하늘로 올라간다고 생각한다는 것이다. 그렇기 때문에 평소 하지 못했던 일을 하는 경우가 많은데, 혼인, 이사, 집수리, 조상의 묘 단장, 수의짓기 등을 한다.

수의는 매듭을 짓거나 박음질을 하지 않는다. 이는 박음질을 하면 자손이 줄어 들고, 매듭을 지으면 자손이 끊긴다는 믿음 때문에 생긴 것이다. 여기서 자손이 줄고, 대가 끊긴다는 의미는 단순한 연상에서 비롯된 것이라 볼 수 있다. 매듭은 한 부분을 묶는 것을 말한다. 곧 자손이 태어나는 것을 묶는다는 의미로 뜻이 옮겨짐으로써 대가 끊긴다는 뜻으로 쓰이는 것이다.

수의는 주로 삼베옷이나 명주를 쓴다. 〈열하일기〉에 따르면 처음에는 흰색 명주옷을 썼다고 한다. 이는 상복의 경우도 마찬가지인데, 차츰 명주에서 삼베옷으로 바뀐 것으로 보인다. 수의에 명주가 어울릴 수 있는 까닭은 죽은 자를 극진히 모시고자 하는 동양인의 전통 때문이었던 것으로 보인다. '죽으면 욕도 없어진다.'는 속담도 있듯이 죽은 사람을 모시고자 하는 것은 자손뿐만 아니라 대부분의 사람들의 보편적 심리일 것이다. 그러니 깨끗하고 고운 옷을 입혀 보내드리고자 하는 심리에서 명주옷, 심지어는 흰색 비단을 사용하는 경우도 있었다. 이러한 비단 명주가 삼베로 바뀐 데에는 그럴 만한 까닭이 있다. 동양 전통 윤리에서 상제는 죄인과 마찬가지였다. 부모가 돌아가시는 것은 자연의 섭리이지만, 우리 겨레나 유교적 전통 속에서는 이

것도 죄악이 되는 것이다. 그러니 상제는 좋은 옷과 좋은 음식을 탐내서는 안된다. 탈상 이전까지는 항상 몸가짐을 삼가고, 외모를 꾸미지 말아야 하며, 거친 옷을 입고 고행을 겪어야 한다. 그러니 명주보다는 쉽게 삼베옷이 어울릴 수밖에 없었다. 물론 명주 생산량과 베 생산량의 차이에 따른 변화라는 설명도 가능하다. 그러나 죽은 자를 추모하는 한국인의 풍습으로 볼 때, 베옷을 입는 것 자체가 부모에 대한 마지막 효행임을 뜻하는 것이었다고 볼 수 있다.

상복에 베옷이 쓰인 뒤부터는 수의에도 베옷이 쓰이기 시작한 것으로 보인다. 오늘날에는 많은 사람들이 명주보다는 베로 수의를 짓는데, 상복과 수의는 모두 죽은 사람을 매개로 이루어진 의식이기 때문인 것으로 보인다. 그밖의 수의와 관련된 금기어로 다음과 같은 것들이 더 있다.

- 수의를 만들던 실패, 가위, 자 등을 빌어 쓰면 나쁘다
- 수의를 만들고 남은 천 조각을 아궁이에 넣으면 재난이 일어난다
- 수의를 보고 제사 지내면 안된다

수의는 상복과 같이 죽음의 상징으로 통용된다. 그렇기에 죽은 자의 영혼이 산 자에게 옮아오거나 조화를 부릴 수 있다는 믿음은 쉽게 생겨날 수 있다. 따라서 수의를 짓던 도구로 산 사람의 옷을 지으면 재앙이 뒤따른다고 생각할 수밖에 없다. '수의를 보고 제사를 지내면 안된다'는 말은 자주 쓰이는 말은 아니다. 그러나 사람이 실제 죽지 않은 상태에서 수의를 보고 제사를 지낸다면 빨리 죽으라는 뜻이 될 것이다. 또한 실종된 사람의 경우도 마찬가지이다. 수의는 어떻든 사람이 죽은 다음, 마지막으로 입고 가는 옷이다. 빨래하여 다시 입는 옷이 아니니 입은 사람이 없을 경우, 그 옷의 임자는 아직 생존해 있을 가능성도 있는 것이다. 농담조의 말이지만 '장사꾼이 손해본다는

말, 노처녀 시집 안간다는 말, 노인께서 일찍 돌아가셔야겠다는 말은 어떤 시대, 어느 누구에게나 공통된 거짓말'이란 말이 있듯이, 삶에 대한 인간의 욕구는 그만큼 누구에게나 끈질긴 것임에 틀림없다.

전래 관습이나 남녀차별의식이 금기어를 만드는 경우도 있다. 이 경우는 합리적인 근거없이 단지 전해오는 의식에 따라 생성된 경우가 많다. 간혹은 전조어나 당연한 말처럼 쓰이는 경우도 있는데 '여자 입술이 파란색이면 일찍 죽는다'는 표현이 그 경우이다. 입술이 파란색이면 병자의 입술에 가깝다. 그러나 이 말은 간혹 여성이 지나치게 색채에 민감한 것을 경계하는 말로도 쓰인다. 전근대적인 남녀차별에 따른 금기어는 오늘날 입장에서는 맞지 않기 때문에 사라지는 경우도 많다. '여자가 한을 품으면…' 따위의 말은 옛 전설에서나 나타날 따름이지 생활 속에서는 특별히 여성에게만 해당되는 말로 쓰이지는 않는다.

1. 남의 가슴에 맺힌 한

- 남의 피를 훔치면 죽어서 기름솥에 들어간다
- 여자가 한을 품으면 오뉴월에도 서리가 내린다
- 남을 업신 여기면 죽어서 기름솥에 들어간다
- 남에게 침을 뱉으면 버짐이 난다

우리 겨레의 심성은 언제나 남에게 해를 끼치는 것을 두려워 했다.

그렇기에 자신이 받는 것은 적어도 남에게 주는 것은 후하고 넉넉해야 했다. 이러한 심성이 금기어를 만들기도 한다. 그 가운데는 물질적인 것도 있고 정신적인 아픔 같은 것도 있다.

'남의 피를 훔치면 죽어서도 기름솥에 들어간다'는 말은 '남의 가슴에 못박으면 제 가슴에 정 박힌다'는 말처럼, 남에게 마음 고통을 주면 그 벌을 몇 배로 되돌려 받는다는 뜻을 지녔다. 특히 남녀 관계에서는 더욱 조심성을 띠게 되는데, 남성 중심 사회에서 주로 상처를 받을 수 있는 사람이 여성이었다는 점에서 여성에게 상처를 주지 말 것을 요구하고 있다. '여자가 한을 품으면 오뉴월에도 서리가 내린다'는 말은 그 중 하나이다. 여자의 한이 얼마나 깊으면 가장 더운철인 오뉴월에 서리가 내리겠는가. 이러한 전통은 노랫말 속에도 남아 있다.

이선달네 맏딸애기   어 잘났다 소문듣고
한번가도 못볼내라   두번가도 못볼내라
삼시(세)번 거듭가니   동쪽 문을 열어놓고
서쪽 문을 그러앉아   거게가는 저도령아
앞은 보니 도령이요   뒤는 보니 선비내라
노다가소 노다가소   하로밤만 노다가소
무자이불 되어놓고   자욱 벼개 머리놓고
벼람박아 별이돋고   천장에는 달이돋고
사모필경 닫아놓고   핑경소리 듣기좋고
하로밤만 노다가소

뿌리치고 가는양을   입살눌린 거동보소
한모랭이 돌거들랑   급살병이 들려주소
두모랭이 돌거들랑   벼락이나 맞아주소
장개타고 가거들랑   말다리나 부러지소
가마타고 가거들랑   가마채나 부러지소
대례청에 들거들랑   사모관대 부러지소

저녁상을 들거들랑 판다리나 부러지소
아침상을 들거들랑 은절수절 부러지소
첫날저녁 들거들랑 짓머리 곁머리 속머리 아파주소
(중략)
내죽을따 내죽을따 머리아파 내죽을따
넘어졌네 넘어졌네 숨이달칵 넘어졌네
아이고 답답 내일이야 무슨일로 이러하노
안사랑에 달려들어 아배아배 울아배요
어제오른 새손님이 숨이 달칵 넘어졌네
안방에 드리달려 어매어매 울어매야
어제오른 새손님이 숨이달칵 넘어졌네
뒷방에 드리달아 울배울배 울울바씨
어제오신 새손님이 숨이달칵 넘어졌소
--- 경북 의성 〈원정요〉

　이 노래는 경북 의성지방에 전해오는 원정요이다. 원정요란 처녀가 원한을 품어 복수를 한데서 붙은 이름이다. 이 노래는 어느 총각이 동네 처자가 잘 생겼다는 소문을 듣고 몇번을 찾아가 겨우 만났는데, 소문과는 달랐던지 처자의 호의를 배반하고 다른 처녀에게 장가를 들었기 때문에 처녀의 원혼이 씌워졌다는 설화에서 비롯되었다. 여자의 한이 무서운 복수를 한다는 이야기는 이밖에도 여러 곳에 전해진다.
　여성이 상처를 입고 복수를 한다는 전설은 어느 고장이나 다 전해 내려 온다. 춘향전의 근원 설화로 알려진 '남원 추녀 설화'의 경우도 '여자가 못 생겼기 때문에 당한 한을 푼다'는 줄거리로 되어 있음은 널리 알려진 사실이다. 이와 같은 면에서 '여자의 눈매를 함부로 놀리지 말라'는 말도 있다. 이는 여자의 외모를 평가하지 말라는 말과도 통하는데, 함부로 외모를 평가하면 상처를 줄 수 있다는 뜻이다. 물론 이러한 말들은 오늘날처럼 개방된 사회에서는 그다지 큰 의미를 지니지 못할지도 모른다. 갤럽 조사에 따르면 우리 나라의 젊은 여성들 가운데 삼분의 일 정도는 성에 대해 개방적인 태도를 취하고 있다고 한다. 그러니 성은 어쩌면 남녀 모두 하나의 놀이에 불과한 것으로 변했을지도 모른다. 그러나 아직도 성은 순수하고 고귀한 의미로 생각하는 사람들이 절대 다수다. 그렇기에 '성희롱'이라는 신조어가 생겨나기도 하고, 광고나 대인 관계에서 여성의 상품화에 반대하는 의견이 높게 나타나기도 한다. 이런 점에서 볼 때 전통 사회에서 여성을 무시하거나 놀림감 정도로 생각하여 표현한 말들이 오늘날에 와서 의미를 갖는다고 보기는 어렵다. 다만 아직도 '오뉴월 서리'는 자주 쓰이는 말임에 틀림없다.

2. 색채와 금기

- 여자가 입술이 파랗거나 보라색을 좋아하면 일찍 죽는다.
- 여자 입술이 푸르거나 자색이면 초년 과부가 된다.
- 얼굴에 죽은깨나 검은 반점이 많으면 팔자가 나쁘다.
- 정월 보름 동리 입구에는 붉은 베 나부랑이를 달아 놓는다.
- 동짓에는 팥죽으로 귀신을 쫓는다.
- 장승의 입술이 붉은 것은 귀신을 쫓아야 하기 때문이다.

어느 민족이든 색깔을 표시하는 낱말을 갖고 있다. 다만 색깔을 나타내는 낱말을 하나의 밭으로 볼 때, 이 낱말밭을 구분하는 기준은 매우 다르다. 어떤 민족은 매우 섬세한 색채 감각을 갖고 있고, 어떤 민족은 그렇지 못하다. 하나의 보기를 들어 '파란색'을 표시하는 경우를 보자. 영어에서는 단지 blue 하나로 끝나는 경우가 일반적이지만 한국어는 '파랗다, 푸르스름하다, 퍼렇다' 등 매우 다양하다. 이것도 모자라 '하늘색, 비취색' 따위의 자연물을 의지해 색깔을 표시하기도 하고, 앞가지말(접두사)을 붙여 '검푸르다'를 만들어 쓰기도 한다. 그만큼 한국인의 색채 감각이 뛰어남을 뜻하는 것일까?

이러한 색채어에도 여러 의미가 담겨 있다. 앞머리에 옮겨 적은 '블근새 그를 므러'는 〈용비어천가〉에 나오는 구절인데, 이 글 속에는 여러 의미가 담겨 있다. 곧 붉은 새는 통치자에게 힘을 주는 절대적인 존재를 뜻한다. 이러한 모습은 역사극을 보아도 쉽게 이해할 수 있다. 예부터 임금이나 고급 관리가 아니면 붉은 색 옷을 입지 못했다. 이는 붉은 색에 큰 의미가 담겨 있기 때문이었다. 붉은 색은 태양을 뜻하는 색이다. 중세어 '붉다'는 한자말로 본다면 '적, 홍, 주, 단(赤, 紅, 朱, 丹)'이 혼랍스럽게 대체되고 있다. 참고로 〈훈몽자회〉에는 '블글 젹'으로, 〈월인석보〉에는 '紅온 블글 씨라'로 되어 있음을 볼 수 있다.

이와 같은 절대적 존재를 상징했기 때문에 색채와 관련된 금기도 매우 많다. 하나의 보기로 무속에서 굿을 할 때면 무당을 제외한 일반인은 붉은 옷을 입지 않는다. 이 또한 하늘과 교감을 나누는 무당만의 고유몫이기 때문이다. 민속에서도 붉은 색으로 귀신을 쫓는 풍습은 매우 많다. 정월 대보름에 황토를 집안에 뿌리고, 붉은 화롯불을 담장 곁에 놓아 귀신의 출입을 막는다. 속설에 따르면 '귀신이 집에 들어오다가 화로의 숯불을 사람의 눈이라고 생각하여, 이를 헤아리다가 날이 밝게 되면 놀라 달아난다'는 것이다. 마을 입구에 있는 고목나무나 서낭당에 붉은 색 천을 걸어놓는 것도 마찬가지이다. 마을에 들어오는 잡신을 막기 위한 것이다. 뿐만 아니라 장승의 입술도 붉은 색이다.

색채어 '붉다'와 관련하여 유의할 점이 있다. 일반 백성에게는 붉은 색이 금기 색채이지만 반드시 그런 것만은 아니었다. 보기로 꿈에 '붉은 색 과일을 따면 아들을 얻는다'는 꿈풀이가 그 경우이다. 이 경우는 과일의 색채가 붉기 때문에 연상된 말이라 할 수 있을 것이다. 그렇기 때문에 색채어가 금기를 나타내는 경우는 특정 자연물이 어떤 색을 띠고 있는가에 좌우될 가능성이 높다. 이러한 보기로 '여자가 입술이 파랗거나 보라색을 좋아하면 일찍 죽는다'라거나 '여자 입술이 푸르거나 자색이면 초년 과부가 된다' 또는 '얼굴에 죽은깨나 검은 반점이 많으면 팔자가 나쁘다' 따위가 있다. 이 말들은 김성배 〈한국의 금기어, 길조어〉에도 실려 있는데, 푸른색은 피로를 뜻하고, 검은색은 어둠을 뜻한다. 지금도 흔히 쓰는 말로 '파랗게 질렸다'는 표현을 상기해 보자. 사람이 질리거나 피로할 때에는 '파랗다'고 표현한다. 또한 극도로 위엄을 세우고자 하는 경우에도 '서슬이 시퍼렇다'는 말을 쓰고 있지 않은가. 검은색이 악마의 색, 어둠의 색을 뜻하는 것은 동서양이 마찬가지이다. 입술과 색채 감각은 또다른 의미를 갖기도 한다. 곧 입술은 성의 상징이라 할 수 있다. 성적인 면에서 '자색'은 환상적인 느낌을 준다. 이 점에 비추어 본다면 '초년 과부'의 의미는 비교적 쉽게 풀릴 것이다. 이와 같이 색채 감각과 상징의 관계는 세계 어느 곳에서나 보편성을 띨 수 있다. 다만 보라색의 경우 쉽게 상징 관계를 찾기는 어렵다. 다만 황순원의 소나기에서도 '보라색 꽃을 좋아한다'는 소녀의 말 속에서 소녀가 죽으리라는 것을 내비치고 있음을 볼 수 있다.참고로 우리말 발전사를 살펴보면 '보라색'이란 낱말이 생겨난 시기가 이르지 않음을 알 수 있다. 김성대 교수는 "우리말 색채어 낱말밭"(〈한글〉164 한글학회)이란 논문에서 조선 후기에 이르러 '보라, ㅈ색, 감찰식'이란 낱말이 나오고 있음을 밝힌 바 있다. 〈한중록〉에는 '보라 도류단 져고리'란 표현이 나오는데, 보라색이 옷감에 쓰이고 있음을 알 수 있는 자료가 된다.

결국 색채어와 관련된 의식은 절대적 존재에 대한 두려움, 생활이나 자연물 속에 나타나는 색채로부터 연상된 회피 심리 따위에 의해 금기어가 형성된다고 볼 수 있다. 붉은 색이 길조를 나타내는 경우도 얼마든지 있다. 대표적인 사례로 아들을 낳으면 처마 금줄에 고추를 단다. 이 또한 고추가 남근을 상징할 수 있기 때문에 생긴 풍습이라 할 수 있으리라.

** 조선조 색채어 낱말밭(김성대 님, 앞의 글에서 다시 정리)

		색채의 개념화 유형								
1	자연색	보라	빨강	주황	노랑	초록	청색	남색	흰색	검은
2	무지개	보라	빨강	주황	노랑	초록	청색	남색	*	*
3	한자	적		황		청			백	흑
4	조선 전기	블근 (즈디)		누른 (금식)		프른 (족)			힌 흰	거 믄 부
5	소선 후기	블근 홍식 보 즈 감 라 식 출 진홍/주홍 식 다홍/연홍		누른 (금식)		프른 (족) 프론(남식) 초록 –청식			힌 흰 (센)	거 는 부

3. 성차별에 얽힌 금기

- 정초에 여자가 먼저 방문하면 일년 내내 재수가 없다.
- 암탉 울어 날 샌 일 없다
- 계집 말은 잘들어도 패가하고, 못 들어도 패가한다
- 암탉이 울면 집안 망한다.

남성과 여성, 어느 사회든지 성의 구별은 있다. 그런데 시대에 따라 또는 나라에 따라 성에 대한 인식도 다르게 마련이다. 우리나라의 경우 남존여비 사상이 그 어느 곳보다도 심했음은 누구나 다 아는 사실이다. 그렇기 때문에 우리 풍습이나 말 가운데에도 여자와 관련된 금기가 매우 많다.

그 가운데 '정초에 여자가 먼저 방문하면 일년 내내 재수가 없다'(전국)는 것부터가 그렇다. 옛 풍습에 정월 초하룻날 남의 집에 갈 때에는 누구든지 남자가 먼저 발을 들여 놓아야 한다고 생각했다. 아무 생각없이 이웃 어린 계집애가 사립문에 발을 들여 놓으면 집 주인은 으레 얼굴을 찡그린다. 이 또한 남자보다는 여자를 천시했던 풍조에서 비롯된 것임은 두말할 필요도 없다. 이 뿐이 아니다. '계집 말은 잘들어도 패가요 못들어도 패가다'라는 말 속에는 여자의 말을 얼마나 무시했는가 드러나 있다. 또한 '암탉이 울면 집안이 망한다'라는 속담도 있다. 암탉은 물론 여자를 비유한 말이다.

〈삼국사기〉 권5 선덕왕 편 기록에는 '남자는 존귀하고 여자는 비천하니 어찌 규방에서 나온 늙은 할미가 국가의 정사를 맡도록 할 수 있겠는가'라는 기록이 있다. 선덕여왕은 진평왕의 장녀이다. 진평왕이 죽을 때 아들이 없어 왕위를 계승했는데, 당시의 신하였던 비담과 염종 등이 난을 일으킬 때, 여왕이 나라를 다스리기 때문에 국력이 쇠퇴하고 나라가 어지러워졌다는 주장을 펼쳤던 것이다. 이 때 두 사람이 썼던 말이 '암탉이 울면...'이다. 이밖에도 여성과 관련된 금기 이야기는 매우 많다. '남자의 몸을 여자가 타고 넘으면 재수없다'고 해서 옛 사람들은 아내가 남편의 몸을 넘지 못하도록 했었다. 금기어의 구조는 '…하면 …하다'라는 형태를 띤 것이 많은데, 성(性)과 관련된 금기어는 대부분 이 구조를 갖는다. '여자가 휘파람을 불면 팔자가 세다'라든가 "여자가 치마를 태우면 부모와 이별한다(충남북의 금기어)' 따위도 마찬가지이다. 이러한 금기어는 대부분 남존여비에서 비롯되었음은 물론이다.

여성을 소재로 한 금기어가 많이 생기는 까닭은 여성에 대한 고정

관념에서 비롯되기 때문인 것으로 보인다. 그 가운데 대표적인 것으로는 '말띠 여자와 결혼하면 팔자가 드세다(전국)'는 것이다. 대체로 말은 빠르고 사나운 동물로 생각되었다. 그렇기에 말과 여성을 연계시켜 운명론을 펼친 것이다. 비슷한 금기 사항으로 '호랑이띠 여자'라는 말도 있는데, 여자의 띠가 강한 동물이고 남자가 온순한 동물일 때 궁합이 맞지 않는다고 생각했기 때문에 나온 말이다.

이러한 연유에서 성과 관련된 금기어는 매우 많이 생겨났다. 앞에 든 보기 이외에도 전국 각지에는 수많은 금기어가 존재한다. 심재기 교수에 따르면 "여성 대우에 관한 금기어"로 다음과 같은 것들이 더 있다.

(가) 남존 여비를 인식시키기 위한 것
 · 남자가 여자에게 눌리면 집안 망한다
 · 여자가 한숨 쉬면 될 일도 안된다
 · 부부가 함께 남의 집 잔치에 가면 이별하게 된다
(나) 자유연애 및 화장을 금지한 것
 · 밤에 거울을 보면 남에게 미움을 받는다
 · 밤에 머리를 빗으면 근심이 생긴다
 · 밤에 세수를 하면 곰보신랑에게 시집을 간다
(다) 여성의 행위를 단속하기 위한 것
 · 여자가 해 진 뒤에 세수하면 남편이 첩을 얻는다
 · 여자가 톱질하거나 칼질하면 해롭다
　　　　　　　──────심재기 〔국어어휘론〕 집문당

이 밖에도 여성 차별에 관한 금기어는 매우 많다. 이러한 말들은 관습적으로 전해오기도 하는데, 오늘날은 '안경 낀 여자를 첫 손님으로 맞으면 재수없다'는 말을 쓰기도 한다. 단순히 여자라는 말 대신에 안경을 덧붙여 사용하는 것은, 일반적으로 여자를 첫손님으로 맞는 경우가 흔히 있을 수 있으므로, 안경 낀 여자로 탈바꿈시킨 것이라 할 수 있다.

남존여비, 사실 이젠 옛말이 되어 버렸다. 그러나 아직도 이런 의식이 완전히 사라진 것 같지는 않다. 한 통계에 따르면 현재 태어나는 아이들의 성 비율이 1:1.4 정도로 깨져 버렸다는 우려도 있다. 지금 태어나는 아이들이 결혼 적령기가 되면 결혼하지 못하는 남자도 매우 많이 생겨날 것이라는 우려가 나오기도 한다. 태아의 성을 미리 알고 여아일 경우는 낳지 않는 경우가 많기 때문이다. 아무리 법으로 금지했다 하더라도 뿌리 깊은 의식이 쉽게 없어지질 않는 모양이다. 하기야 우리 문학작품을 살펴보건데, 시집살이가 힘들다거나 규방의 탄식이 자주 소재가 되곤 했다. 금기어는 아니지만 이러한 작품 몇 개를 소개해 보고자 한다. 아마도 여성과 관련된 금기어가 왜 생겨났는지 쉽게 이해되리라.

> 무남독녀 외딸아기 금지옥엽 길러내여
> 시집살이 보내면서 어머니의 하는 말이
> 시집살이 말많단다 보고도 못본체
> 듣고도 못들은체 말 없어야 잘산단다
> 그말들은 외딸아기 가마타고 시집가서
> 벙어리로 삼년살고 장님으로 삼년살고
> 귀머거리 삼년살고 석삼년을 살고나서
> 미나리꽃 만발했네 이꼴을 본 시아버지
> 벙어리라 되보낼제 본가근처 거의 와서
> 꿩 나는 소리 듣고 딸아기의 하는 말이
> 에그 우리 앞동산에 꺼더득이 날아간다

이 노래에 미나리꽃은 하얀 색의 머리를 뜻한다. 이미 오랜 시간이 흘러 백발이 되었다는 뜻이다. 비슷한 노래로 "시집살이 개집살이, 고추 당추 맵다해도, 시집살이 더 맵더라"란 민요도 있다. 이미 널리 알려져 있듯이 시집살이 민요의 또다른 유형의 하나인 "외나무 다리

어렵대야/ 시아버지같이 어려우랴/나뭇잎이 푸르대야/시어머니보다 더 푸르랴/ 동서하나 할림새요/시누하나 뾰족새요/시아버지 뿌룽새요/남편하나 미련새요…"에서 시집살이가 얼마니 힘들었는지 짐작하는 것은 어렵지 않으리라. 그러기에 여성에게는 칠거지악이라는 또 하나의 굴레가 생겨나는 것은 아닐까. 엄밀히 말한다면 칠거지악이야말로 여성이 가장 하지 말아야 할 금기 사항이었던 것이다. 시부모에게 불손하거나, 음행함, 말이 많거나, 투기, 나쁜 병, 도둑질하는 버릇, 심지어는 자식이 없는 것조차 쫓겨날 사유가 되었던 것이다. 하기야 오늘날에는 시집살이란 말 대신에 며느리살이란 말이 생겨날 정도가 되어 버린 것 같다. 결혼 전제 조건으로 부모를 모시겠다고 하면 '결혼할 수 없어요'라 하는 사람들이 많다고 하니 세월이 바뀌긴 바뀌는 모양이다. 효는 백행의 근본이라 했던가…

4. 소의 신령스러움

- 소 팔러 가는 집에 여자가 들어오면 재수없다
- 송아지 낳을 때 곡식을 내가면 나쁘다

소는 가끔 신령스런 동물로 여겨졌다. 그렇기 때문에 소를 천대하면 벌을 받거나 재앙이 닥친다는 믿음도 생겨났다. 소가 문학 속에 처음 나타나는 것은 아마도 향가 〈헌화가〉 속의 견우노옹일 것이다. 견우노옹은 말 그대로 암소를 끌고 가는 노인이다. 이 노래는 수로부인에 얽힌 이야기와 함께 노랫말이 전해지는데 내용을 살펴보면 다음과 같다.

성덕왕대 순정공이 지금의 명주인 강릉태수로 부임해 가는 도중 바닷가에서 점심을 하고 있었는데, 곁에 석봉(石峰)이 있

어 높이 천장은 되고 그 위에 철쭉꽃이 활짝피어 있었다. 공
의 부인 수로가 보고 좌우에게 명하여 "누가 저 꽃을 꺾어 오
겠느냐?"고 하니 종자들이 대답하되, 인적이 이르지 못하는 곳
이라 하여, 모두다 응치 아니하였다. 이에 곁에 한 늙은 노인
이 암소를 끌고 지나다가 부인의 말을 듣고는 그 꽃을 꺾어 노
래와 함께 바쳤다.

딛배 바회 ㄱ회   (붉은 바위 가에)
자ㅂ온손 암쇼 노히시고   (잡은 손 암소 놓게 하시고)
나할 안디 붓히리샤돈   (나를 아니 부끄러워 하시면)
곳홀 것가 받ㅈ보리라   (꽃을 꺾어 바치오리다)

이 노래는 쉽게 보아 사랑하고 존경하는 이에게 꽃을 꺾어 바치는 노
래이다. 그러나 〈황금가지의 나라〉의 저자인 박용숙은 꽃과 소에 대
한 해석을 덧붙일 때 특별한 의미를 지닐 수 있다는 풀이를 한다. 이
를 잠시 인용해 보자.

    꽃이나 암소에 대해 아무런 의미를 부여하지 않는다면 이 시
는 정말 노인의 낭만적인 마음을 노래한 단순한 연애시로 이해
할 수도 있다. 그러나 신라시대의 많은 귀중한 것들이 다 잊혀
졌던 당대의 상황으로 볼 때, 이것은 단순한 연애시가 아니라
는 것은 짐작할 수 있다. 우리는 이 시에 나타나는 꽃의 의미
나 암소의 의미가 특별하다는 걸, 이를테면 높은 절벽 위에 핀
철쭉꽃이 높은 탑 속에 숨겨진 꽃장식의 금관이라는 것, 그리
고 암소를 끌고 가는 노인이 그 금관의 주인인 제우스(帝)라는
것을 이해할 수 있다. 이 점은 수로부인이 그 뒤 바다의 용들
에 이끌리어 용궁으로 들어갔다 나오는 이야기에서 설명이 덧
붙여지고 있다. 용궁의 이야기는 다음 장에서 거론되겠지만,
금관에 매달린 노리개 중에는 용의 이빨로 불리는 보물이 있음
을 상기해 둘 필요가 있다.

곧 꽃이나 소는 신의 화신이라는 설명이다. 특히 박용숙은 사찰벽화(절에 있는 벽화)에서 십우도를 찾아내고, 이 십우도는 천지 자연을 다스리는 이치라고 설명한다. 소에 대한 신성성은 우리 민족뿐만 아니라 세계적으로 널리 퍼져 있는 원형이라는 점도 중시되고 있는데, 그리스 신화의 제우스도 소로 나타난다는 점을 지적하고 있다.

   이러한 거창한 풀이가 아니더라도 우리 민족이 소를 얼마나 아꼈는지는 쉽게 알 수 있다. 소는 농경사회에서 없어서는 안될 노동력을 제공해 주는 동물임과 동시에 때로는 귀중한 식량이자 재산 축적의 척도이기도 했다. 그렇기 때문에 소에게 마땅치 않은 일을 하게 되면 손해를 입으리라는 말들이 생겨나게 되었다. 민요 가운데 〈짐승타령〉 속에 나타나는 소의 특성은 이를 가장 잘 드러내 준다.

> 허허 네이름이 소로구나
> 위(威) 있고 겸손하고
> 부지런도 할서이고
> 남을 위해 몸바치고
> 사람에게 점잖으기
> 네 몸밖에 또 있을까
>
> 온갖 짐승 다 있어도
> 모두 모두 꾀만 있고
> 노래나 즐겨 빼고
> 할일없이 다니나니
> 밉생코도 밉생코나
> 온갖 곡식 해치우니
> 죽어야 마땅하지
>
> 너는 천지 무궁토록
> 살고살고 자꾸 살아

천하 백성 모아다고
평야광야 너른 들도
네 몸 아니면 뭐가 된다
허허 네이름이 소로구나
------고정옥 〔조선민요연구〕

이와 같이 소는 인간에게 언제나 도움을 주는 고마운 존재였다. 소에 얽힌 금기어가 생기는 까닭도 이러한 데서 비롯된 것으로 보이는데, 소의 신성성은 여성을 꺼린다든지 곡물을 떼어놓지 않아야 한다는 표현으로 나타나게 된다. 특히 여성을 꺼리는 것은 관습적인 남녀차별 의식에서 비롯된 것이라 할 수 있다.

5. 화로와 불

- 손톱을 화로에 넣으면 불길하다
- 여자가 임신중에 화로를 타넘으면 불효자식을 낳는다
- 여자가 치마를 태우면 부모와 이별하게 된다
- 임신한 여자가 숯불을 피우면 재수없다
- 상인이 숯을 밟으면 재수없다
- 저녁에 재를 뿌리면 가난해진다

불은 예부터 신성하고 신비스런 것이었다. 인간의 문명이 지금처럼 발전한 것도 불을 발견하고 나서부터였다. 불은 인간의 생활 반경을 지구 전체로 옮겨놓았고, 위험한 동물로부터 보호받을 수 있는 도구가 되기도 했다. 그러나 불은 잘못 사용하면 위험하기 짝이 없는 존재였다. 자연 발생적인 불이나 인위적인 화재 모두가 위협적인 것이었다.

신화나 전설도 불과 관련된 것이 매우 많다. 신화비평가로 유명한

프레이저에 따르면 오스트레일리아 지방에서는 여성의 자궁으로부터 불을 꺼냈다는 이야기가 있다. 그렇기 때문에 신화 연구가들은 불은 곧 여성을 뜻한다고 생각하기도 했다. 참고로 정병욱 교수가, 널리 알려진 우리 옛노래 〈구지가〉도 '모계사회에서 여성이 남성을 위협하는 노래'로 해석한 것을 들 수 있다.

龜何龜何	거북아 거북아
首其現也	머리를 드러내어라
若不現也	만약 드러내지 않는다면
燔灼而喫也	잡아서 구워 먹으리

이 시에서 거북이 머리는 남자의 성기를 상징한다. 모계 중심 사회에서는 남자보다 여자의 힘이 훨씬 강했음은 당연한 일이라 하겠다. 그렇기 때문에 만약 '나의 사랑 고백'을 듣지 않는다면 납치라도(불은 여성 자신) 하겠다는 의지를 나타낸 것이라는 해석도 전혀 근거가 없는 것은 아니다.

또 하나의 전설이 있다. 〈대동운부군옥〉이라는 책에 전재되어 있는 '심화요탑'이 그것이다.

　　신라 선덕여왕 때 지귀라는 젊은이가 있었다. 지귀는 활리역 사람인데 하루는 서라벌에 나왔다가 지나가는 선덕여왕을 보게 되었다. 그런데 여왕이 얼마나 아름답던지 그는 첫눈에 여왕을 사모하게 되었다. 선덕여왕은 진평왕의 장녀로 성품이 인자하고 지혜로울 뿐 아니라 용모가 아름다워서 모든 백성들로부터 칭송을 받았다. 지귀도 여왕을 한 번보고 깊은 상사병에 빠져들게 되었던 것이다. 그는 잠도 자지 않고, 밥도 먹지 않으며 정신 나간 사람처럼 여왕을 부르다 미쳐버렸다.
　　그는 거리를 뛰어다니며 "아름다운 여왕이시여, 나의 사랑하는 여왕이시여"를 외쳐댔다. 관리들은 그러한 그를 붙잡아다

매질도 하고 달래보기도 했지만 소용이 없었다. 그러던 어느날 여왕의 행차가 있었다. 골목에서 기다리던 그는 여왕이 지나갈 무렵, 뛰어나와 여왕을 부르다가 관리들에게 잡히고 말았다. 한참 소란이 있자 여왕이 물었다.

"대체 무슨 일인가?"

"미친 사람이 여왕님 앞으로 뛰어나오다가 사람들에게 붙들렸습니다."

"무슨 까닭으로 내게 온단 말인가?"

"아뢰옵기 황공하오나 지귀라는 젊은이인데, 그만 여왕님을 사모하다가 미쳤다고 합니다."

그 말을 들은 선덕여왕은 "고마운 일이로구나"라고 말하며 지귀를 뒤따르게 했다. 절에 이르러 여왕은 불공을 드리기 시작했고, 지귀는 오랜 시간 밖에서 기다리다 잠이 들었다. 여왕은 불공을 마치고 돌아나오면서 금팔찌를 빼어 지귀의 가슴에 안겨주었다. 지귀가 깨어나 보니 여왕은 없었고 팔찌만 있었던 것이다. 가슴에 팔찌를 안은 지귀는 너무 기뻐 어쩔 줄 몰랐다. 그러다가 온 몸이 불덩어리가 되는 듯 싶더니, 가슴 속에 활활 타올랐다. 그가 탑을 짚고 일어서는 순간 탑도 불길에 휩싸였다. 그가 사라져간 여왕의 뒤를 따르고자 거리로 나오는 순간 거리는 온통 불길에 휩싸였다. 그 뒤로 지귀는 불귀신이 되어 서라벌을 불구덩이로 몰아넣었다. 사람들은 지귀의 그런 모습에 몹시도 놀랍고 두려움을 갖지 않을 수 없었다. 그것을 알게된 선덕 여왕이 주문을 지어 지귀를 달래게 되었는데, 그 노래는 다음과 같다.

志鬼心中火	지귀는 마음에서 불이 일어나
燒身變火身	몸이 불로 변하였네
流移滄海外	바다로 멀리 쫓아서
不見不相親	보지도 말고 서로 친하지도 말지어라

이 일이 있은 뒤부터는 불귀신을 물리치는데 사람들은 이 주
문을 쓰게 되었다.

이 설화도 비번하게 발생하는 화재를 막기 위한 교훈적인 설화라고
볼 수 있다. 물론 지귀와 선덕여왕 사이의 사랑 이야기가 전제되어
있으나 불로 인한 손실을 두려워 하는 마음도 이 전설이 생긴 주요
요인이라 아니할 수 없다. 삼국사기의 기록에 따르면 선덕왕 당시에
도 수많은 천재지변이 있었다. 선덕왕 2년에는 큰 지진이 있었고, 5
년에는 왕궁 서쪽에 큰 나방이 몰려들어 '백제의 침공을 예언'해 주기
도 했다. 이 과정에서 크고 작은 병화는 끈길 날이 없었는데, 심화요
탑도 이러한 시대적 분위기가 작용한 것이라 할 수 있으리라.

불과 관련된 금기 문구는 매우 많다. 이러한 문구는 대체로 여성과
관련되어 있거나 불길한 느낌을 주는 사물, 또는 불로 인해 남은 흉
측한 모습이나 상처와 관련 되는 것들이 많다. 먼저 옷의 일부를 태
움으로써 생긴 금기어를 살펴보자. '옷에 불똥이 앉으면 재수없다'는
말이 있는데, 불똥으로 생긴 구멍은 언제나 보기 흉한 모습으로 남게
마련이다. '여자가 치마를 태우면 부모와 이별하게 된다'는 말도 그렇
다. 치마는 여자의 옷 가운데 가장 소중한 것이다. 옷을 태운다는 것
도 그렇다. 전래 풍속에 따르면 죽은자의 옷은 태우게 마련이다. 그
러니 여자가 치마를 태우면 부모가 돌아가실 것이라는 예언을 하게
되는 것이다.

불을 담는 화로도 소중하기는 마찬가지이다. 민가에서 온기를 오랫
동안 유지하기 위해 화로를 방안에 들여 놓고는 긴 겨울 밤을 지샌
다. 간혹은 그곳에 고구마를 묻기도 하고, 노인들이나 남정네들은 긴
담뱃대에 불을 붙이기도 한다. 그러나 본디 화로는 온기를 유지하기
위한 것이었다. 불씨를 보존하고 방을 따뜻하게 하자는 것이 화로다.
그런데 엉뚱하게 담배불을 붙이는 것을 보고는 색다른 금기어를 만들
었던 것이다. 곧 '정초에 화로를 엎지르면 재수없다'는 말이 그 말이

다. 화로와 관련된 금기어는 매우 많다. '임신한 여자가 화로를 타넘으면 불효자를 낳는다'거나 '어린애가 태독(낳을 때의 독)을 앓는다'는 말은 임신했을 때 여자로 하여금 몸조심을 더욱 하라는 뜻이 담긴 금기어이다. 널리 알려진 금기어로 '손톱을 깎아 화로에 넣으면 불길하다'는 말도 있는데, 이 말은 손톱 탄내가 유쾌하지 않은 것과도 관련이 있음 직하다.

목적에 어긋나는 행위를 삼가라는 금기어는 또 있다. 그 가운데 다리미와 관련된 금기어가 있다. '다리미불에 담배불을 붙이면 재수없다'는 속설도 그 가운데 하나다. '다리미불을 입으로 불면 재수없다'는 이야기나 '촛불에 담배를 붙이면 손자를 늦게 본다'는 말도 비슷한 연유에서 비롯된 것은 아니겠는가.

한편 어린애들이 불을 가지고 노는 것도 어른 입장에서는 매우 조심스런 일 가운데 하나였다. 초가집이 대부분이었던 시절, 부지깽이나 성냥을 가지고 호기심에 처마끝에 대어 보다가 불을 낸 사람도 많이 있다. 보통 70년대 강원도 산골만 해도 그랬었다. 겨울철이면 사흘이 멀다하고 산불이나 집불이 난다. 그 가운데 대부분은 어린애 장난이 화재 원인이었던 것이다. 그러니 '어린애가 밤에 불장난을 하면 오줌을 싼다'는 이야기가 나올 수밖에. 물론 그 다음날 녀석은 키를 메고, 이웃집에 소금을 얻으러 가야 한다. "오줌싸개, 소금 얻으러 왔니?"라고 이웃 아주머니는 소금 한바가지에 부지깽이 매 세례를 퍼붓겠지만…

불은 신성함 못지 않게 집안의 뿌리를 상징할 수도 있었다. 전설 속에 나타나는 '불씨'는 이러한 성질을 띤다. 그래서인지 '이웃집에서 연기나는 불덩이를 가져오면 그 집과 싸운다'는 말도 생겨났다. 또한 '정월달에 불 난 집은 그 해 세 번 불이 난다'는 속설이나 '묘에 불지르면 몸에 해롭다'는 이야기도 불과 관련된 이야기이다. 특히 묘에 얽힌 이야기를 하나 덧붙이고자 한다. 옛 사람들은 묘지를 매우 중히 여겼다. 그렇기 때문에 묘에 불이 난다는 것은 그 집을 망치고자 하는 일이나 다름없었다. 그렇기 때문에 실수로 묘에 불을 놓아 태우게 되면, 시신이나 혼도 뜨겁게 탄다고 생각했다. 까맣게 타버린 묘는 다시 차가운 겨울을 헐벗은 채로 나게 된다고 믿었다. 그래서 묘를 태운 사람은 짚을 썰어 잔디 대신 입혀야 했고, 사죄의 뜻으로 술을 사들고 묘에 제사를 지내주어야 했던 것이다.

6. 동성동본 금혼

〈고려사〉나 〈고려사절요〉를 살펴보면, 고려 시대까지 우리 민족의 결혼 풍습 가운데 동성동본 금혼이라는 풍습은 없었던 것으로 보인다. 심지어는 근친까지의 결혼도 허용된 것으로 보이는데, 그 가운데 흥미 있는 기사가 '김치양전'이다. 김치양이라는 사람은 목종 때의 사람으로서, 두 딸을 두 임금에게 바쳐 권세를 누린 사람이었다. 강조의 정변이라 일컬어지는 변란도 김치양의 문란한 성생활과 관련이 있었다. 두 딸을 한 남자에게 바쳤을 뿐만 아니라, 셋째딸은 사위의 아들인 다음대의 왕에게 바쳐 권세를 누렸다. 그리고 자신은 왕의 어머니와 사통을 한 것이다. 이로 인해 지방 세력가인 강조에게 정변의 구실을 주었는데, 이 정변은 거란의 침입으로 이어졌다.

이러한 사건뿐만 아니라 고려 시대의 혼인 풍습으로 근친혼이 있었다는 것은 여러 자료에서 나타난다. 그런데 근친혼뿐만 아니라 동성동본 금혼이 나타나게 된 까닭은 무엇일까? 이는 아마도 성리학의 예악사상에서 비롯된 것이리라 추측된다. 조선조는 건국 이래로 유교를 주요 통치이념으로 삼았다. 가족 관계 윤리도 성리학적 사고 방식이 주요 기준으로 자리잡게 되었는데, 이러한 데에는 몇가지 요인이 있었다. 특히 조선조 서얼차별이라든가 동성동본 금혼은 당시의 정치적인 원인도 함께 작용한 제도라 할 수 있다.

먼저 서얼차별의 경우를 살펴보자. 이 제도는 조선조 3대 임금인 태종으로부터 시작된 제도이다. 태종은 서얼을 차별하여 양반의 자제라 할지라도 서얼의 경우는 관직에 등용할 수 없도록 했는데, 이는 왕권을 강화하기 위한 수단이었다. 이는 조선 왕조의 통치 구조상 특성에서 비롯된 것이었다. 조선 왕조는 한마디로 '중앙집권적 양반 관료사회'라 할 수 있다. 중앙집권적이라 함은 고려조의 지방 분권화에 대립된 개념이다. 고려 시대까지는 대체로 지방 호족들의 세력이 강성했었다. 그러나 조선조의 경우는 신진 사대부와 무인 세력이 함께 나라를 세웠듯이, 호족 세력들이 힘을 얻을 수 없었다. 그렇기에 통치 권력이 중앙 정부에 모일 수 있었다. 양반 관료제는 양반이라는 통치 세력이 존재함을 뜻하고, 관료제가 확립되었음을 뜻한다. 양반은 본래 문반과 무반을 일컫는 말이었으나 조선조에 이르러서는 지배세력을 뜻하는 말이 되었다. 따라서 양반 관료제는 지배 세력으로서의 양반과 지배 질서로서의 관료제를 의미하게 되었다. 양반 관료제 사회에서의 특징은 왕과 양반 관료 사이의 권력 관계가 모호하다는데 있다. 양반 관료의 경우 지배 세력으로서 확고한 위치를 갖고 있을 뿐 아니라 주요 정책 결정에서 핵심적인 역할을 한다. 그렇다고 왕권은 존재하지 않는가 하면 그렇지도 않다. 왕권은 분명 존재하는 것이다. 아무리 양반이라도 왕의 눈에 벗어나면 권력을 행사할 수 없었다. 그러나 이러한 입장은 왕도 마찬가지였다. 왕이 아무리 똑똑해도 양반 관료들의 신임을 얻지 못하면 권위를 세울 수 없었다. 이와같은 왕과 신하의 관계를 드러내는 통로가 경연이나 서연이란 제도로 나타난 것이다.

조선조 태종의 통치 기간은 이와 같은 권력 관계가 다소 특이했던 시기라 할 수 있다. 태종은 실질적으로 조선왕조를 건국한 사람이다. 태조의 셋째 아들로 태조가 나라를 세울 수 있도록 모든 것을 계획하고 실행한 인물이다. 뿐만 아니라 정상적인 상황에서 자신이 임금의 자리를 이을 수 없는 처지임에도 동생들을 죽이며 임금에 오른 사람이다. 이 과정에서 태종이 수많은 사람을 죽인 것은 널리 알려진 사실이다. 그렇기에 태종의 경우는 후대 다른 임금들에 비해 신하들의 견제를 덜 받은 사람이라고 볼 수 있다. 그의 집권 과정이나 통치 기간이 말해주듯이, 태종은 신하들을 억누르며 자신의 뜻대로 정치를 펼 수 있는 힘이 있었다. 경연이나 서연을 폐지하고, 양반들이 거느렸던 사병을 없애기도 하는 등, 당시로서는 충격적인 일들을 서슴없이 단행했다. 그러나 이 과정에서 태종도 양반들이 첩을 거느려 자제를 많이 낳는 것까지는 말릴 도리가 없었다. 더욱이 양반의 자제가 늘어난다는 사실은 왕실에 비해 양반의 숫자가 늘어난다는 것을 의미한다. 사람의 숫자가 늘어나면 아무래도 그 힘이 모이게 마련이다. 이 점에서 불안을 느낀 태종은 양반의 수를 줄일 수 있는 중대한 정책을 실시하기에 이른다. 이것이 이른바 서얼차별이다. 서얼은 양반의 범위에 넣지 않는 것이다. 특이한 사실은 서얼 차별은 중구에도 존재하지 않는 제도란 점이다. 성리학이 발달한 중국의 경우에도 서얼 차별이라는 제도를 만들지 않았는데, 우리 나라의 경우는 서얼 차별이 생겨난 것이다.

혼인 풍습으로 또 하나의 특징이 동성동본 금혼이다. 이 제도는 아직까지도 우리 민법에 남아 있어 구속력을 갖는다. 흥미로운 사실은 동성동본 금혼이 우생학적으로 여러 사람들에게 타당한 것처럼 여겨진다는 데 있다. '동성동본인 사람이 결혼하면 기형아를 낳는다.'거나 '동성동본끼리 결혼하면 머리가 나쁜 아이를 낳는다.'는 말들이 있다. 이러한 말들은 의학적으로는 타당하지 않다는 것이 이미 밝혀진 바 있다. 더욱이 동성동본이라고는 하지만 실제로 혈통이 같은 사람은 극히 드물다는 사실을 상기한다면, 이와 같은 말들이 얼마나 비합리적인가를 알 수 있을 것이다. 그렇다면 이러한 풍습도는 왜 생겨난 것일까. 이에 대한 정확한 자료는 아직 제시되고 있지 못하다. 분명한 것은 이러한 풍습도 유교적 관념론에서 비롯된 것이라는 사실이다. 지나친 명분론이나 친족 의식이 금혼 풍습을 만든 것이라 볼 수 있는 것이다. 우리 나라 사람들이 보편적으로 성을 갖기 시작한 때가 고려 시대임을 감안한다면 - 물론 각 씨족마다 자신들의 조상들은 먼 삼국 시대 이전부터 성을 갖고 있었다고 믿겠지만 - 동성동본이라는 개념이 나타난 것은 이 이후의 일임에 틀림없다. 그러나 고려조는 근친혼까지 허용했으므로, 공식적으로 동성동본까지 혼인하지 못하게 한 것은 조선 전기 이후의 일이 된다. 〈대명률〉을 차용한 〈대명률직해〉를 살펴보면 조선조 동성혼 금지가 어디에서 온 것인지 다소 추측할 수 있다. 이 책 속에는 '동성혼을 한 자에게는 장 60장에 처한다.'는 기록이 있다. 곧 중국에서도 동성혼이 금지되었음을 알려주고 있는데, 이로부터 동성동본 금지가 나온 것이라 볼 수 있다. 그런데 흥미로운 사실은 조선조 중기까지 '동성이본'의 경우는 법적으로 금지하더라도 혼인하는 풍습이 있었다. 물론 오늘날처럼 본이 다른 같은 성씨는 완전히 다른 혈족이라는 관념이 쉽게 머리 속에 자리잡힐 수 있다면 별개의 문제가 될 수 있으나, 조선조의 경우 성씨가 같다는 것은 조상이 같다는 것으로 치부되었던 시대이니만큼, 동성이본의 혼인 풍습도 동성혼 금지 규정에 어긋나는 것임에 틀림없었다. 그럼에도 동성이본의 경우는 혼인을 한 사람들이 많았다.

혼인과 관련된 흥미로운 금기어도 많다. 특히 동성혼 금지 풍습은 이유없는 금기어를 낳는 배경이 되었다. '동성끼리 결혼하면 못 산다', '동성동본 사이에서는 기형아가 나온다'라는 말들은 의학적인 근거없는 금기어에 불과할 뿐이다. 이와 같은 잘못된 믿음과 비합리적인 법률 제도가 아직도 동성동본 금혼이라는 인습을 고집하고 있다. 아마도 지금까지 이 조항 때문에 수많은 남녀가 눈물을 흘렸을지도 모른다. 얼마 전에도 여섯 쌍의 동성동본 부부가 혼인 신고를 거절 당했다고 한다. 현재 이 법에 대한 개정 논의가 활발하므로, 빠른 시일내 그 결과가 있을 것으로 보인다.

<table><tr><td>열한째 마당</td><td># 꿈과 금기</td></tr></table>

꿈은 인간의 의도와는 달리 무의식의 상태에서 나타난다. 그렇기 때문에 꿈풀이와 관련된 문장은 금기어로 보기는 힘들다. 이는 단지 전조어일 뿐이다. 그러나 꿈이야기를 함부로 하거나, 바다에 나가는 사람에게 흉몽을 이야기 하는 것 따위를 금지하는 금기어가 존재한다. 이러한 말들은 꿈이 현실화될 것을 우려하기 때문에 생겨난 것이라 할 수 있다.

1. 꿈풀이

꿈은 원시 시대부터 신비로운 영역으로 자리잡고 있었다. 그렇가에 꿈은 '그 민족이 믿고 있던 초인적 본질의 세계와 관련되어 있으며, 신들이나 귀신들의 계시'라고 믿었다. 꿈을 본격적으로 연구한 학자는 프로이드라 할 수 있는데, 그의 저서 〈꿈의 해석〉에서는 인간의 꿈에 관심을 가졌던 역사를 약술하고 있다. 프로이드에 따르면 꿈은 이미 아리스토텔레스 이후로 심리학의 범위에 들어 있었다는 것이다. 곧 꿈은 신에게서 온 것도 아니요, 정신의 성질이나 신적인 것도 아니다. 곧 꿈은 초자연적 계시가 아니라 도리어 신성에 가까운 인간 정신의 법칙에서 온 것이라는 것이다. 사실 꿈을 이와 같이 과학적으로 분석한다면 원시인의 마음이나 금기어, 또는 흉조어로서 꿈이 동원되는 것을 설명하기는 힘들다. 어찌본다면 인간의 본원적인 심리

현상으로서 꿈은 길흉을 판단하는 근거가 되었던 듯하다. 몇가지 흥미로운 이야기를 제시하고 꿈풀이와 금기어의 관계를 알아보기로 하자.

(1) "그대의 말이 방불하나 어제 밤에 내 몽사 불길하기로 마음에 저으기 꺼림하노라"

　자라 가로되,

" 내 젊어 약간 해몽법을 배웠으니 아모커나 그대의 몽사를 듣고저 하노라"

　토끼 가로되,

" 칼을 빼어 배에 닿이고 몸에 피칠하여 보이니 아마도 좋지 못한 정상을 당할까 염려하노라"

　자라 가로되,

" 너무 길한 몽사를 가지고 공연히 사렴하는도다. 배에 칼을 닿였으니 칼은 금이라 금띠를 띨 것이요, 몸에 피칠을 하였으니 홍포를 입을 징조로다. 물망이 일국에 무거우며 명성이 팔방에 떨칠지니 이 어찌 공명할 길몽이 아니며 부귀할 대몽이 아니리오. 공자의 주공을 봄은 성인의 꿈이요, 장주의 나비된 꿈은 달관의 꿈이요, 공명의 초당꿈은 선각의 꿈이요, 그 외의 누구누구의 여간 꿈이란 것은 무비관몽이요, 개시허몽이로되 오직 그대의 꿈은 몽사 중 제일 갈 꿈이니 그대 수부에 들어가면 만인 위에 높일지라. 그 아니 좋을손가?"

——————— 〈토끼전〉

(2) 춘향이가 지나간 밤 초경 이경 못든 잠을 삼경에야 겨우 드니, 옥창에 앵도화가 어지러이 떨어지고, 단장하던 몸 거울의 한복판이 깨어지고 흉악한 허수아비 문 위에 달렸거늘, 깜짝놀라 잠을 깨니 남가일몽이라... 꽃이 떨어지면 열매가 열 터이니 열매는 목자로다. 나무 목 아래 아들 자 하면 오얏이자 정녕하고, 거울이 깨어지니 옛날에 서덕언이 파경을 가지고서

옛 연분을 찾았고, 허수아비라 하는 것은 폐의 파립한 것이니 이가 성을 가진 사람이 옛 연분을 찾으려고 폐의파립으로 올 꿈이라, 문 위에 걸릴 제는 우러러 볼 터이니 헌 옷은 입었어도 사람마다 무서하지.

────── 〈열녀춘향수절가〉

(3) 석왕사는 안변읍의 검봉산 아래에 있다. 세상에 다음과 같은 이야기가 전한다. 중 무학이 이 산의 토굴에 살고 있었는데, 우리 태조가 왕이 되기 전에 찾아보고 물었다. " 꿈에 허물어진 집에 들어가서 서까래 세 개를 지고 나왔는데 이것이 무슨 징조입니까?" 무학이 하례하고 말하였다. "서까래를 세 개 진 것은 왕자(王字)입니다." 태조는 또 물었다. "꿈에 꽃이 떨어지고 거울이 떨어졌으니 이것은 무슨 징조입니까?" 무학이 곧 대답하였다. "꽃이 날면 열매가 맺을 것이요, 거울이 떨어지니 어찌 소리가 없겠습니까?" 태조는 크게 기뻐하여 곧 그 땅에 절을 짓고 석왕(왕이 되는 것을 풀이함)이라 이름지었다.

──────〈지봉유설〉 권 19. 궁실부 사찰

(4) 옛날 유생 세 사람이 과거를 보려고 하였다. 한 사람은 거울이 땅에 떨어지는 꿈을 꾸었고, 한 사람은 허수아비가 문위에 걸린 꿈을 꾸었으며, 한 사람은 바람이 불어 꽃이 떨어지는 꿈을 꾸었다. 모두 해몽하는 사람의 집으로 갔더니, 해몽하는 사람은 없고 그의 아들만이 혼자 있었다. 세 사람이 물으니, 그 아들이 점을 치며 말했다. "세가지 모두 상서롭지 못한 것이니 원하는 바를 이루지 못할 것입니다." 조금 뒤에 해몽하는 사람이 돌아와 아들을 꾸짖고 시를 주면서 말했다. "허수아비는 사람들이 우러러 보는 것이요, 거울이 떨어지니 어찌 소리가 없겠습니까? 꽃이 떨어지면 응당 열매를 맺을 것이니 세 분이 함께 꿈을 이룰 것입니다."

──────── 〈용재총화〉 권 6.

이와 같이 꿈풀이는 경우에 따라 다양한 양상으로 나타난다. 특히 동일한 꿈도 풀이에 따라 서로 다른 해석을 나을 수도 있는데, 대체로 귀한 사람이나 영웅과 관련된 꿈풀이는 어떤 방법으로든 좋은 쪽으로 풀이되어 있고, 간웅이나 역적 무리와 관련된 꿈은 나쁜 의미로 풀이하게 마련이다. 〈삼국지〉의 경우에도 제갈량이 죽은 뒤 위연의 반란과 관련된 꿈풀이가 있다. 위연은 제갈량이 죽던 날 꿈을 꾸었는데, 머리에 뿔이 난 용이 하늘을 향해 오르는 것이었다. 이에 비위가 제갈량의 죽음을 알리러 가자 꿈이야기를 하기에 이른다.

꿈과 관련된 인간의 심리는 이처럼 다양하다. 프로이드는 꿈의 재료와 꿈의 원천에 대한 분석을 시도한 바 있다. 이를 소개하면 다음과 같다.

1) 꿈은 뚜렷하게 최근의 여러 인상을 반영한다
2) 꿈은 본질적인 것이나 중요한 것보다는 부수적인 것이나 간과한 것일 기억하고 있으므로, 꿈은 깨어 있을 때와는 다른 여러 원리에 따라서 재료를 선택한다.
3) 꿈은 우리들의 가장 어렸을 때의 여러 인상을 마음대로 부릴 수 있고, 우리들 자신을 쓸모없는 것으로 생각하여 깨어 있는 상태에서 이미 잊혀진 것으로 생각된 변변치 않은 것까지도 어린 시절에서 끄집어 낸다

이와 같은 원리에서 우리말 속담에 나타난 꿈의 이해는 지극히 정당한 것들이 많다.

· 꿈보다 해몽이 좋다
· 꿈에서 먹은 떡이다(도움이 되지 않는다는 뜻)
· 꿈은 아무렇게나 꾸어도 해몽은 잘해야 한다
· 꿈도 꾸어야 님을 본다
· 꿈에서 일어난 일은 반대로 일어난다

이러한 말 속에는 꿈풀이가 현실과는 일치하지 않는다는 의미를 담기도 하고, 현실 속에서 꿈이 다분히 예언적인 기능을 수행해 주길 기원하기도 한다는 의미를 담는다. 이러한 연유에서 꿈과 관련된 금기어가 생겨난다.

· 꿈을 함부로 풀이하면 그대로 된다
· 좋은 꿈을 팔면(이야기하면) 그 사람에게 복이 옮겨간다
· 돼지꿈 꾸고 이야기하면 개꿈된다

꿈과 관련된 금기어를 이해할 때 유의할 점이 있다. 많은 사람들이 '꿈에 …하면, …된다'는 구조의 말을 금기어로 보고 있는데, 과연 이러한 표현을 금기어라 볼 수 있을지 따져 보아야 한다는 뜻이다. 이러한 말은 길흉을 뜻하는 흉조어로 볼 수는 있어도 '심리적인 위축이나 행동의 제약을 가져오는 금기어'로 풀이할 수는 없다. 따라서 흉조어이지 금기어는 아니다. 이 점에서 꿈과 관련된 금기어는 꿈 자체를 소중하게 간직하거나 함부로 풀이해서는 안된다는 정도의 표현으로 한정시켜야 할 것으로 보인다.

2. 꿈과 흉조어

일반적으로 금기어라 보기 쉬운 말 가운데, 해몽에 관한 것은 꿈의 기능에서 비롯된 것이지만 금기어는 아니다. 따라서 흉조어라는 범주를 따로 설정할 필요가 있는데, 이러한 말이 생기는 까닭은 그루페의 〈희랍신화와 종교사〉에 언급된 ① 꿈 속에서 받는 직접적인 예언이나 ② 눈 앞의 일에 대한 예언 ③ 상징적인 설명이 필요한 꿈의 기능에서 비롯된 것으로 볼 수 있다. 김성배의 〈한국의 금기어, 길조어〉에 설정되어 있는 꿈과 관련된 금기어는 모두 이 유형에 속한다. 이를

정리해 보면 다음과 같다.

(1) 꿈 속에서 사람이 어떤 행위를 하는 경우

- 꿈에 관가에 가서 매를 맞으면 상복을 입는다
- 꿈에 결혼하면 불길하다
- 꿈에 계집과 다투면 병이 생긴다
- 꿈에 곱게 차리고 나가면 신변에 해롭다
- 꿈에 군사를 점검하면 나쁘다
- 꿈에 귀한 사람이 산에 올라가 노래하면 나쁘다
- 꿈에 길에서 울면 나쁘다
- 꿈에 남녀가 목욕하고 산에 올라가면 나쁘다
- 꿈에 남자가 중이 되면 나쁘다
- 꿈에 남자 교섭을 하면 재물을 잃는다
- 꿈에 남자와 여자가 나체가 되면 상서롭지 못하다
- 꿈에 똥 흙을 쓸면 집이 망한다
- 꿈에 머리를 깎으면 흉한 일이 생긴다
- 꿈에 꿈에 머리를 헤쳐 얼굴이 머리에 가리면 이별이 있다
- 꿈에 병든 사람이 노래부르면 크게 흉한 일이 생긴다
- 꿈에 병든 사람이 노래하면 죽는다
- 꿈에 병든 사람이 수레에 오르면 죽는다
- 꿈에 부부가 서로 절하면 이별한다
- 꿈에 부부가 서로 꾸짖으면 병이 온다
- 꿈에 부인이 귀신과 절하면 불길하다
- 꿈에 부인이 시집가면 자식에게 흉한 일이 생긴다
- 꿈에 불을 끄면 그 집에는 재수가 없다
- 꿈에 빨래하면 옷을 잃어버린다
- 꿈에 사람과 같이 일을 하면 흉하다
- 꿈에 사람과 더불어 양산을 같이 쓰고 가면 이별한다
- 꿈에 사람들과 더불어 장단을 치며 놀면 구설이 있다

- 꿈에 사람에게 주역을 점치면 병이 든다
- 꿈에 사람이 밖에서 부르면 흉하다
- 꿈에 사람이 불렀을 때 크게 좋다고 하면 매우 흉하다
- 꿈에 사람이 붓 여럿을 가지면 문장이 줄어든다
- 꿈에 손가락을 끊으면 자기 아들에게 병이 생긴다
- 꿈에 손뼉치고 노래하면 불길하다
- 꿈에 손에서 시위를 버리기 어려우면 형제에게 나쁘다
- 꿈에 스스로 거상을 입으면 벼슬을 잃는다
- 꿈에 스스로 결장하면 도리어 욕을 본다
- 꿈에 시집가거나 장가가면 불길하다
- 꿈에 써레질이나 쟁기질을 하면 해롭다
- 꿈에 악한 사람과 같이 말을 하면 구설수가 있다
- 꿈에 어린애를 안으면 근심이 생긴다
- 꿈에 여인을 불러 잡으면 크게 흉하다
- 꿈에 여행을 하면 재수없다
- 꿈에 웃으면 우는 일이 생긴다
- 꿈에 이를 드러내면 슬픈일이 생긴다
- 꿈에 이를 빼면 사람이 죽는다
- 꿈에 적을 치러갔다가 돌아오면 병이 온다
- 꿈에 절하고 오래 일어서지 않으면 죽는다
- 꿈에 제자 아이를 안거나 죽이거나 하면 구설이 있다
- 꿈에 거문고를 품으면 서로 불화한다
- 꿈에 화장을 하면 처첩이 간사하다

이러한 말들은 꿈이 아닌 현실 속에서도 금기어를 만드는 경우가 많다. 앞에서도 이러한 문장 앞의 '꿈에'라는 말을 뺀 나머지 부분으로 금기어가 이루어지는 경우를 많이 살펴보았듯이, 현실적인 이유에서 금기 대상이 되는 경우가 많았다. 간혹 이러한 꿈을 꾸거든 빨리 깨어나는 것이 좋다라는 뜻에서 옛어른들이 꿈이야기를 하는 경우도

있다. 이 경우는 다의적인 면에서 〈금기어〉 범주에 속할 수도 있을 것이다. 이는 꿈의 재료나 원천을 살펴보았을 때도 충분한 근거가 있다. 곧 평소 그러한 마음을 먹으니 꿈에 나타나는 것 아니냐라는 꾸지람도 포함되어 있을 수 있기 때문이다.

(2) 꿈 속에서 다른 사람(존재)이 어떤 행위를 하는 경우

- 꿈에 군병이 패함을 보면 나쁘다
- 꿈에 군사가 패하는 것을 보면 나쁘다
- 꿈에 귀신에게 맞으면 상서롭지 못하다
- 꿈에 남에게 결박을 당하면 나쁘다
- 꿈에 도적이 스스로 옥에 들면 나쁘다
- 꿈에 도적이 집에 들어오면 집이 망한다
- 꿈에 먼 곳에 있는 사람이 와서 울면 흉하다
- 꿈에 사람으로부터 물건을 받으면 나쁘다
- 꿈에 사람 머리를 베는 것을 보면 나쁘다
- 꿈에 아내가 임신하면 밖에서 사사로운 정이 있다
- 꿈에 아전이 문서를 기록하면 급한 일이 생긴다
- 꿈에 여인이 부르면 해롭다
- 꿈에 여자가 와서 자면 구설에 오른다
- 꿈에 여자를 보면 재수없다
- 꿈에 왕비가 불러 술 먹이면 흉하고 병든다
- 꿈에 옥중에서 죽으면 관가에서 일이 안풀린다
- 꿈에 죄인이 달아나면 병에 걸린다
- 꿈에 죽은 사람이 울면 나쁘다
- 꿈에 죽은 사람이 일어나면 흉하다
- 꿈에 죽은 여자를 보면 재수없다
- 꿈에 중이 경을 읽으면 근심이 있다
- 꿈에 절을 옮기면 병이 온다

- 꿈에 집사람이 싸우면 난산한다
- 꿈에 집사람이 전송하면 죽는다
- 꿈에 춤추고 노래하는 것을 보면 구설이 있다
- 꿈에 친척이 와서 울면 크게 나쁘다

이러한 말들은 순수한 흉조어이다. 꿈 속에서 일어나는 일들이 자기의 의지대로 할 수 있는 것이 아니라 단지 피동적으로 경험하는 것일 뿐이다. 곧 꺼림직하여 피하고자 하는 심리를 일으키는 말들도 아니고, 행동해서는 안되는 일들도 아닌 것이다. 단지 타인의 행위를 자신이 꿈 속에서 바라봄으로써 꺼림직한 마음이 들 뿐이다.

(3) 신체 변화나 자연물이 흉조를 의미하는 것

- 꿈 속에 깃발이 서로 다투어 니기면 병이 생긴다
- 꿈에 다리가 끊어지면 구설이 있다
- 꿈에 두 손이 부러지면 형제가 흉하다
- 꿈에 머리에 뿔이 나면 남과 다툰다
- 꿈에 머리에 뿔 하나가 돋으면 칼맞아 죽는다
- 꿈에 머리와 수염이 빠지면 자손에 근심이 있다
- 꿈속에서 몸에 땀이 나면 나쁘다
- 꿈에 살찌거나 마르면 흉하다
- 꿈에 병이 위급하면 나쁜일이 생긴다
- 꿈에 손가락이 부러지면 자손에게 불길한 일이 생긴다
- 꿈속에서 얼굴에 종기가 생기면 아들에게 불길한 일이 생긴다
- 꿈 속에서 얼굴 한 곳이 검어지면 자식에게 흉한 일이 생긴다
- 꿈에 윗니가 빠지면 윗 사람이 죽고, 아랫니가 빠지면 아랫사람이 죽는다
- 꿈에 이가 빠지면 사람에게 해롭다
- 꿈에 이가 스스로 빠지면 부모에게 해롭다

꿈 속에서 일어나는 신체변화는 본인의 의지와는 무관하다. 또한 자연물의 변화 역시 인간 의지와는 상관없이 이루어지는 것이므로, 이와 관련된 말은 금기 대상이라 볼 수는 없다.

(4) 인조물을 다루는 데 유의해야 할 꿈

- 꿈에 가위로 무엇을 자르면 나쁘다
- 꿈에 가위질을 하면 자기 몸에 해롭다
- 꿈에 거울 보면 해로운 일이 생긴다
- 꿈에 기를 보거나 기를 들고 산에 올라가면 흉한 일이 생긴다
- 꿈에 상다리를 고치면 아랫사람(노비)에게 나쁘다
- 꿈에 상 위에 올라 누우면 나쁘다
- 꿈에 스스로 밥을 지으면 처첩에게 나쁜일이 생긴다
- 꿈에 신 벗고 허리띠 매면 흉한 일이 생긴다

이러한 말들은 꿈 속에서 어떤 행동을 하면 좋지 않다는 식으로 표현되어 있다. 이와 같은 표현은 꿈이 아니라도 조심해야 하는 행위로 여기는 것들이다. 따라서 금기어의 범위에 넣을 수 있다.

(5) 인조물이 뜻하는 흉몽

- 꿈에 가마타면 죽을 일이 생긴다
- 꿈에 가위가 부러지면 아내가 해롭다
- 꿈에 가위를 보면 재물이 없어진다
- 꿈에 거울이 갈라지면 부부가 이별한다
- 꿈에 거울이 깨지면 부부가 이별한다
- 꿈에 거울이 어두우면 흉하다
- 꿈에 관을 열고 죽은 사람과 말을 하면 좋지 못하다
- 꿈에 구리쇠 솥을 보면 구설이 있다

- 꿈에 금노리개를 보면 첩을 얻는다
- 꿈에 금비녀 한 쌍을 얻으면 구설이 생긴다
- 꿈에 남의 칼을 얻으면 손이 오고, 남에게 칼을 주면 흉한 일이 생긴다
- 꿈에 남이 자기 신을 신으면 아내에게 외도의 기가 있다
- 꿈에 노끈과 새끼가 끊어지면 해롭다
- 꿈에 놋그릇을 보면 구설에 오른다
- 꿈에 다른 사람이 내 거울을 희롱하면 아내에게 흉한 일이 있다
- 꿈에 다리 기둥이 부러지면 자손에게 흉한 일이 생긴다
- 꿈에 다리 밑에 풀이 나면 대흉하다
- 꿈에 돈을 얻든지 주우면 흉하다
- 꿈에 말에게 수레를 매면 길한 일도 흉하게 된다
- 꿈에 그릇이 우물에 빠지면 급한 일이 생긴다
- 꿈에 발과 장을 헐어버리면 아내에게 아주 나쁘다
- 꿈에 방망이와 끌을 보면 남을 해롭게 한다
- 꿈에 배가 얕은 언덕에 있으면 흉하다
- 꿈에 배 가운데 스스로 누우면 죽는다
- 꿈에 배나 차가 부서지면 불길하다
- 꿈에 병든 사람이 배를 타면 죽는다
- 꿈에 비녀가 서로 두드리면 아내와 이별한다
- 꿈에 비녀를 보면 재물이 흩어진다
- 꿈에 빗에 살이 없으면 일이 용납키 어려워진다
- 꿈에 사기 시계를 보면 구설이 있다
- 꿈에 상과 장롱이 문 밖으로 나가면 아내에게 나쁘다
- 꿈에 상 위에 지양(자개) 있으면 아내에게 나쁘다
- 꿈에 상이 부러지면 노비가 죽는다
- 꿈에 상자 그릇을 얻으면 구설이 있다
- 꿈에 솥을 도적이 깨뜨리면 나쁘다
- 꿈에 쇠북을 쳐도 소리가 나지 않으면 재수가 없다

- 꿈에 수건을 보면 구설수가 있다
- 꿈에 수건을 얻으면 구설수가 있다
- 꿈에 수레가 문으로 들어오면 흉한 일이 있다
- 꿈에 수레바퀴가 깨어지면 부부가 이별한다
- 꿈에 수레에 실려서 일어나지 못하면 액이 많다
- 꿈에 수레와 배가 깨어지면 흉하다
- 꿈에 신을 잃으면 그날 흉한 일이 생긴다
- 꿈에 신이 해지면 자손과 노복에게 병이 있다
- 꿈에 오색 종이를 보면 재물에 조심하라
- 꿈에 은비녀를 보면 부귀를 서로 다툰다
- 꿈에 장을 지다가 깨뜨리면 아내에게 병이 있다
- 꿈에 칼을 쓰면 병이 생긴다
- 꿈에 칼을 얻으면 재수 없다
- 꿈에 칼을 잃거나 땅에 떨어뜨리면 재수없다
- 꿈에 칼이 물 가운데로 떨어지면 아내에게 해가 온다
- 꿈에 칼이 집으로 들어오면 대흉하다
- 꿈에 탕자와 시렁을 보면 크게 불길하다
- 꿈에 톱을 보면 무슨 일을 나쁘게 한다
- 꿈에 활이 깨어지면 크게 흉하다
- 꿈에 활시위 끊어지면 나쁘다
- 꿈에 활이 부러지면 병을 얻는다
- 꿈에 활이 시위가 없으면 뜻을 이루지 못한다

위의 언어 형식은 〈꿈에 …을 보면, …하다〉로 된 것이 대부분이다. 이는 인조물들의 쓰임새에 따른 상징 의미에서 비롯된 것으로 보인다. 이러한 말 또한 금기의 대상이라기보다는 흉조를 상징하는 것으로 보아야 할 것이다.

⑹ 의식주와 금기몽

- 꿈에 감자나 감을 먹으면 병이 생긴다
- 꿈에 개고기를 먹으면 곧 슬픈 일이 생긴다
- 꿈에 고기덩이를 만지면 신병이 생긴다
- 꿈에 고기를 먹으면 병이 생긴다
- 꿈에 고기를 뺏거나 주우면 병이 생긴다
- 꿈에 기름 묻은 더러운 옷을 입으면 흉하다
- 꿈에 담을 넘어 집을 나가면 험한 일이 생긴다
- 꿈에 떡과 밥을 먹으면 마음먹은 것을 이루지 못한다
- 꿈에 떡 먹으면 하는 일이 마음대로 되지 않는다
- 꿈에 떡을 먹으면 아프다
- 꿈에 문을 막으면 일이 잘 되지 않는다
- 꿈에 밥먹으면 감기든다
- 꿈에 밥 먹으면 구설이 있나
- 꿈에 배 먹으면 재산을 잃는다
- 꿈에 백의를 입으면 거상을 당한다
- 꿈에 베옷을 입으면 크게 흉한 일이 생긴다
- 꿈에 벼를 얻어다가 일구면 간사하다
- 꿈에 둘이 일하면 일을 이루지 못한다
- 꿈에 부엌에서 밥을 지으면 흉하다
- 꿈에 부추를 먹으면 중복을 당한다
- 꿈에 사람과 집을 다투면 흉하다
- 꿈에 삶은 고기를 먹으면 나쁘다
- 꿈에 새 도포를 입으면 처첩이 더해진다
- 꿈에 성에 가서 다니면 흉하다
- 꿈에 술에 크게 취하면 병이 든다
- 꿈에 시장으로 뛰어 나가면 재물이 흩어진다
- 꿈에 오리고기를 먹으면 처첩에게 해롭다
- 꿈에 오이를 먹으면 병이 든다

· 꿈에 옷을 많이 입으면 재수없다
· 꿈에 옷을 태우면 재수없다
· 꿈에 우물 속에 무엇을 감추고 보면 옥 속에 갇힌다
· 꿈에 음식을 먹으면 감기든다
· 꿈에 진육을 먹으면 이별을 한다
· 꿈에 집 위로 오르다가 무너지면 재수없다
· 꿈에 집을 물 뿌려 쓸면 흉하다
· 꿈에 칼로 고기를 베면 병이 생긴다
· 꿈에 콩을 쌓으면 집안에 해롭다
· 꿈에 홍시와 감자를 먹으면 병이 있다
· 꿈에 흰 옷을 입으면 근심이 생긴다

이러한 말들도 두가지 해석이 가능하다. 위의 내용은 꿈 속에 의식주를 행하는 것으로 되어 있는데, 연상작용에서 비롯된 흉조어 내지는 특정 행동은 꿈속에서조차 해서는 안된다는 금기어 유형으로 받아들일 수도 있다. 특히 금기 대상은 생활 속에서 보편적으로 행해서는 안되는 일이 대부분이다. 이와 같은 금기 행위는 금기어라기보다 실제로 어떤 일을 하면 몸에 해로운 경우가 대부분이다. 참고로 도서출판 두로 편집부에서 엮은 〈생활속의 금기〉를 살펴보면, 왜 이러한 내용의 말들이 생겨났는지를 알 수 있다. 앞에서 살펴본 금기어 이외에도 꿈 속의 전조어와 비교되는 금기 사항을 정리하면 다음과 같다.

· 화가 날 때 음식을 많이 먹으면 안된다
· 음식을 먹을 때 큰 소리로 떠들면 안된다
· 이른 아침에는 마른 음식을 삼가야 한다
· 침전물이 생긴 우유를 마셔서는 안된다
· 공복에 우유를 마셔서는 안된다
· 차가운 우유를 많이 마시면 안된다
· 우유를 마신 후에 산성 음식을 먹으면 안된다

- 음주 후에 탄산음료를 마시면 안된다
- 술을 너무 많이 마시면 안된다
- 추위를 물리친다고 술을 마시면 안된다
- 잠들기 전에 술을 마시면 안된다
- 커피를 너무 많이 마시면 안된다
- 차가운 음료를 너무 많이 마시면 안된다
- 물을 적당히 마셔야 한다
- 소금을 너무 많이 먹으면 안된다
- 식초를 많이 먹으면 안된다
- 탄 음식은 먹지 말아야 한다
- 여름에는 끓였던 우유를 마시면 안된다
- 푹 익지 않은 콩은 먹으면 안된다
- 병으로 죽은 돼지는 먹으면 안된다
- 죽든지 오래된 게는 식용을 삼가야 한다
- 게를 날것으로 먹는 것도 좋지 않다
- 게의 내장은 먹으면 안된다
- 왕새우를 산 채로 먹는 것은 삼가야 한다
- 날 달걀을 너무 많이 먹는 것은 좋지 않다
- 돼지의 간을 과다하게 먹는 것은 좋지 않다
- 죽은 지 오래된 두렁허리는 식용을 삼가야 한다(두렁허리는 민물고기의 일종)
- 해파리를 날 것으로 먹으면 안된다
- 무 갓을 너무 많이 먹으면 안된다
- 오래된 채소는 식용을 삼가야 한다
- 남자줏빛의 김은 절대 먹어서는 안된다
- 소금에 절인 채소는 장기간 먹어서는 안된다
- 음식을 너무 뜨겁게 먹어서는 안된다
- 데친 채소를 너무 많이 먹으면 안된다
- 발아한 감자는 먹어서는 안된다
- 감자 껍질은 먹으면 안된다

- 물고기를 날것으로 먹는 것은 삼가야 한다
- 조개류를 날것으로 먹는 것은 삼가야 한다
- 넘나물은 많이 먹으면 안된다
- 청색 토마토는 먹지 말아야 한다
- 야생 독버섯을 식용하면 안된다
- 썩은 생강은 식용을 삼가야 한다
- 시금치를 너무 많이 먹으면 안된다
- 산이 많은 식품을 너무 많이 먹으면 안된다
- 살구를 많이 먹어서는 안된다

음식과 관련된 금기 사항은 대체로 지나친 과식, 편식, 풋음식을 먹지 말 것, 죽은 것 식용 금지 따위로 이루어져 있다. 이러한 내용은 의학상이나 신체 구조상 당연한 것일 따름이다. 다만 꿈 속의 전조어(어떤 상징적 의미를 담는 표현)는 연상작용에 의한 것도 많다는 특징을 지닌다. 대표적인 것으로 "꿈 속에 시장으로 뛰어 나가면 재물을 잃는다"와 같은 것들을 들 수 있다.

(7) 의식주와 흉몽

- 꿈에 관과 사모를 잃으면 벼슬을 잃는다(벼슬이 갈린다)
- 꿈에 귀인이 비단을 보면 흉한 일이 생긴다
- 꿈에 귀인이 잔치 지내면 병이 생긴다
- 꿈에 남의 집에 물이 있으면 자식이 죽는다
- 꿈에 담 아래의 흙을 파면 이사한다
- 꿈에 대들보가 무너지면 집안 망한다
- 꿈에 대청이 무너지면 재수없다
- 꿈에 돈을 얻으면 추동에는 흉하다
- 꿈에 뒷간 속이 마르면 집안이 재수없다
- 꿈에 뒷간에 떨어져서 나오지 못하면 나쁘다

- 꿈에 뒷방에 수레가 있으면 일이 이루어지지 않는다
- 꿈에 문살이 무너지면 종이 도망간다
- 꿈에 문 앞에 구렁이가 나타나면 집안 일이 되는 일이 없다
- 꿈에 문이 무너지면 흉하다
- 꿈에 문이 저절로 열리면 아내에게 사사의 정이 있다
- 꿈에 방의 들보가 무너지면 몹시 흉한 일이 생긴다
- 꿈에 버선이 헐어버리면 자손이 흩어진다
- 꿈에 베개가 떠내려가는 것을 보면 재수없다
- 꿈에 베옷 입은 사람을 보면 상을 당한다
- 꿈에 베짜는 것을 보면 사람에게 욕을 본다
- 꿈에 부엌 가운데 불이 나면 위급한 일이 생긴다
- 꿈에 부엌에서 가마가 깨어지면 흉하다
- 꿈에 부엌에 있는 솥이 깨지면 사람이 죽는다
- 꿈에 실과 비단을 주우면 흉하다
- 꿈에 사람의 베옷을 얻으면 크게 흉하다
- 꿈에 시장 가운데 사람이 없으면 흉하다
- 꿈에 신을 잃으면 노비가 도망간다
- 꿈에 실과 옷감을 받으면 크게 흉한 일이 생긴다
- 꿈에 쌀을 보면 근심이 생긴다
- 꿈에 오곡이 흩어지면 나쁘다
- 꿈에 우물 속에서 소리가 나면 구설이 있다
- 꿈에 우물 속에 저절로 빠지면 병이 생긴다
- 꿈에 우물 속에 집이 있으면 병이 생긴다
- 꿈에 우물에 떨어지거나 내려가 일어나지 못하면 흉하다
- 꿈에 우물에 앉아서 하늘을 보면 기쁜 일이 적어진다
- 꿈에 우물이 마르면 재물이 없어진다
- 꿈에 우물이 저절로 무너지면 집안 일이 안된다
- 꿈에 우물 파는 것을 보면 이별이 있다
- 꿈에 의복을 잃으면 아내가 해산을 못한다
- 꿈에 의복이 갑자기 찢어지면 아내가 외도를 한다

- 꿈에 죽은 사람이 음식을 먹으면 병이 있다
- 꿈에 지붕에 올라가면 불길하다
- 꿈에 집 가운데서 배를 타면 재물을 잃는다
- 꿈에 집 가운데서 재물을 나누면 흉하다
- 꿈에 집 가운데서 풀이 나면 불길하다
- 꿈에 집에 사람이 없으면 흉하다
- 꿈에 집이 구렁(구덩이)에 빠지면 나쁘다
- 꿈에 집이 땅 속으로 빠지면 모친이 병든다
- 꿈에 창고가 무너지면 흉하다

전조어란 어떤 일이 일어날 것을 예측하는 언어이다. 전조어는 자연물이나 동식물, 때로는 의식주로부터 비롯된다. 위의 말들은 흉한 일이 일어날 것을 예측하는 전조어이다. 흥미로운 사실은 어떤 재난이 있을 경우 반드시 전조어가 생겨났다는 점이다. 그 가운데 길조어보다는 흉조어쪽이 훨씬 더 자유롭게 생성된다는 점도 주목할 필요가 있다. 이는 인간 심리가 길조보다는 흉조를 더 염려하기 때문으로 보인다. 참고로 해외 뉴스에 실린 "일본 대지진 직전의 전조"를 요약해 보자.

- 지진 직전 기르고 있던 개의 허리가 빠졌다
- 지진 전날 밤 평소의 몇 배나 되는 두꺼운 구름이 일직선으로 뻗어 있었다
- 지진 직전 기르던 개에게 먹이를 주었으나 꼬리만 흔들고 일어나지 못했다. 뒤에 여진이 줄어들면서 개가 일어났다
- 지진 직전 천정에서 난폭하게 굴던 쥐도 갑자기 조용해졌다
- 지진 직전 만월이던 달에서 광채가 내려왔다
  (위의 내용은 〔일간스포츠 신문〕 95년 2월 19일 소개된 기사 요약임)

결국 꿈 속의 표현이지만 흉조어라 보이는 표현은 인간의 보편적 심리를 반영하는 전조어라 볼 수 있다.

(8) 동식물과 금기몽

- 꿈에 거북을 잡으면(죽이면) 초상이 난다
- 꿈에 나무에 오르다가 나무가 부러지면 죽는다
- 꿈에 어떤 사람과 꽃을 주고 받으면 그 사람과 이별한다
- 꿈에 양을 치거나 죽이거나 하면 흉하다
- 꿈에 참새를 죽이면 처첩에게 해롭다

위의 말들은 동식물을 죽이거나 해치면 좋지 않다는 내용으로 이루어져 있다. 이는 생활 속에서 이러한 행위를 하지 말 것을 경계한 내용으로 보인다 따라서 금기어 범주에 넣을 수 있다. 이 때 죽여서는 안되는 동식물을 살펴보면 거북, 꽃, 나무 따위로 인간에게 이로운 것들이다. 그렇기에 함부로 죽이거나 못살게 굴면 해를 입는다고 여겨온 것들이 대부분이다. 이러한 말은 '꿈에'라는 조건을 빼면 일상적 금기어와 같아진다.

(9) 동식물과 흉몽

- 꿈에 갈대가 얽혀 있으면 액운이 온다
- 꿈에 개가 주인을 해치면 집안에 파산이 온다
- 꿈에 개구리가 울고 달아나면 구설이 있다
- 꿈에 개를 보면 좋지 못한 일이 생긴다(개꿈 유형)
- 꿈에 개한테 물리면 불길하다
- 꿈에 거머리를 보면 집사람이 재물을 잃는다
- 꿈에 나무가 떨어지는 것을 보면 크게 흉하다

- 꿈에 나무가 말라죽으면 집에 불안한 일이 생긴다
- 꿈에 나무를 우러러보면 크게 흉하다
- 꿈에 나비가 불에 뛰어들면 남이 패한다
- 꿈에 닭을 보면 해롭다
- 꿈에 돼지가 스스로 죽으면 나쁘다
- 꿈에 마른나무의 불꽃을 보면 자손에게 흉하다
- 꿈에 말에 돈을 실으면 관록을 잃는다
- 꿈에 말이 집에 들어오면 간사한 뜻이 있다
- 꿈에 매화가 마르면 그리운 사람이 병에 걸린다
- 꿈에 목화가 헐면 자손과 처첩에게 병이 생긴다
- 꿈에 물소가 집에서 나오면 초상이 난다
- 꿈에 박 덩굴이 구르면 흉하다
- 꿈에 뱀을 보면 매 맞는 일이 생긴다
- 꿈에 뱀이 검고 붉으면 구설이 있다
- 꿈에 뱀이 누렇고 하얀 색이면 관가에 일이 생긴다
- 꿈에 뱀이 사람을 따르면 아내가 오입을 한다
- 꿈에 뱀이 산골로 들어가면 구설이 있다
- 꿈에 벌레와 나비가 서로 희롱하면 일을 이루지 못한다
- 꿈에 봉이 주먹 위에 앉으면 큰 병이 있다
- 꿈에 뽕나무가 우물 위에 나면 흉하다
- 꿈에 소가 문 밖으로 나가면 간사한 일이 있다
- 꿈에 소가 사람을 밟으면 불길하다
- 꿈에 소나무가 마르면 병이 생긴다
- 꿈에 소를 보면 근심이 생긴다
- 꿈에 앵무새를 보면 부인에게 구설이 있다
- 꿈에 양에게 수레를 매면 일이 이루어지지 않는다
- 꿈에 양의 어미와 새끼를 보면 병이 위중해 진다
- 꿈에 오리가 집에 들면 아주 나쁘다
- 꿈에 오이가 덩굴 위에 열리면 상처한다
- 꿈에 용과 뱀이 사람을 죽이면 크게 나쁘다

- 꿈에 용이 우물 가운데 들어가면 관가에서 욕을 본다
- 꿈에 원앙새가 집에 떨어지면 계집이 다툰다
- 꿈에 원앙새가 흩어지면 아내에게 아주 나쁘다
- 꿈에 자라가 사람의 옷에 떨어지면 구설이 있다
- 꿈에 잔나비(원숭이)를 보면 곧 슬픈 일이 생긴다
- 꿈에 쥐가 사람을 물면 크게 나쁘다
- 꿈에 지네가 사람을 물면 병이 위중해진다
- 꿈에 큰 나무가 부러지면 크게 흉하다
- 꿈에 학에게 술을 먹이면 난리를 치른다
- 꿈에 학이 하늘에 오르면 구설이 있다
- 꿈에 흰 말을 타면 병을 얻는다

꿈과 흉조어의 관계도 일상 사물의 외형이나 속성에서 유래하는 연상작용과 깊은 관련을 맺는다. 뱀이나 소, 원앙새, 말과 같은 동물이 어떤 행동을 보이면 불길하다는 형식을 갖는 문장은 지극히 평범한 의미로 쓰일 수 있다. 이 경우는 추상적 의미를 갖는 어휘보다도 더 쉽게 형성될 수 있는 가능성이 높은데, 이는 각 동식물의 형태가 눈에 드러나기 때문이다.

⑩ 풍수나 자연에 얽힌 흉몽

풍수와 자연에서 비롯된 꿈에는 금기어로 해석할 만한 것들이 없다. 그 까닭은 어떤 일이 일어날 것이라는 예언이 자연 상태에서 비롯되기 때문에 '꺼림직한 행위'를 바탕으로 하는 인간 심리가 들어갈 여지가 없기 때문이다. 이러한 표현은 모두 흉조어로 볼 수밖에 없고, 일상 언어로는 '흉몽'이라 부를 수밖에 없다.

- 꿈에 검은 구름이 땅에 떨어지면 계절병이 생긴다
- 꿈에 검은 구름이 땅에 닿으면 병이 생긴다

- 꿈에 검은 무지개를 보면 흉하다
- 꿈에 공사 자리를 옮기면 질병이 생긴다
- 꿈에 공중에서 새가 울면 아내가 죽는다
- 꿈에 구름을 보면 뜻을 이루지 못한다
- 꿈에 구름을 잡으면 해롭다
- 꿈에 구름이 뜬 것을 보면 일이 이루어지지 않는다
- 꿈에 구름이 앞을 가리면 모든 일이 뜻대로 안된다
- 꿈에 구름이 푸르게 되면 흉하다
- 꿈에 구름이 해를 가리면 괴기한 일이 있다
- 꿈에 너른 들에 사람이 없으면 길이 멀다
- 꿈에 뇌성이 산중에 떨어지면 만사가 이루어지지 않는다
- 꿈에 눈을 밟으면 상사가 있다
- 꿈에 눈이 녹아 흘러내리면 모든 일에 해롭다
- 꿈에 눈이 뜰 가운데 떨어지면 초상난다
- 꿈에 달이 떨어져 흩어지면 뿔뿔히 흩어지는 일이 생긴다
- 꿈에 땅이 검은 색을 띠면 병이 있다
- 꿈에 땅이 깨지면 병이 생긴다
- 꿈에 땅이 높고 낮아 고르지 못하면 병이 생긴다
- 꿈에 무덤 위가 어두우면 흉하다
- 꿈에 무덤 위에 궁기(구멍) 나면 관가에 일이 좋지 못하다
- 꿈에 무지개가 검으면 흉한 일이 생긴다
- 꿈에 물 가운데 스스로 떨어지면 나쁘다
- 꿈에 물 위에 섰으면 불길하다
- 꿈에 바람이 모래와 돌을 날리면 이사한다
- 꿈에 바람이 불어 사람의 옷을 날리면 병이 생긴다
- 꿈에 바람이 불어 움직이면 이사하고자 한다
- 꿈에 밭에 벼를 심으면 먼데로 간다
- 꿈에 번갯불이 문을 태우면 흉하다
- 꿈에 별이 다른 방향으로 옮아가면 어지러운 생활을 한다
- 꿈에 별이 달아나면 벼슬을 얻지 못한다

- 꿈에 별이 떨어지면 병들어 위태해진다
- 꿈에 북두칠성이 어두우면 근심이 있다
- 꿈에 불을 잡아 우물에 비추면 병이 온다
- 꿈에 사나운 바람과 큰 바람이 불면 사람이 죽는다
- 꿈에 산에 올라가서 땅에 떨어지면 벼슬을 잃는다
- 꿈에 산에 올라가서 산과 돌이 무너지는 듯하게 보이면 흉하다
- 꿈에 언덕을 급히 오르면 병들린다
- 꿈에 연기가 검으면 병이 온다
- 꿈에 진흙 가운데 있으면 불길하다
- 꿈에 천문이 밝으면 병화가 일어날 징조다
- 꿈에 큰 길이 무너지면 재물을 잃는다
- 꿈에 폭풍이 불고 큰비가 오면 누가 죽을 징조다
- 꿈에 하늘이 검으면 흉하다
- 꿈에 하늘이 깨어지면 근심이 있다
- 꿈에 하늘이 몸에 비치면 병이 든다
- 꿈에 하늘이 무너지면 부모상을 당한다
- 꿈에 해와 달이 떨어지면 부모에게 근심이 생긴다
- 꿈에 흙을 몸에 칠하면 부끄러운 일이 생기난다
- 꿈에 흙탕물을 보면 재수없다

　이러한 말들은 자연물의 변화가 인간사의 변화를 예고하는 형식으로 이루어져 있다. 따라서 동식물과 관련된 흉몽과 같은 형식을 취한다. 또한 '꿈에'라는 형식을 떼어내면 일상 언어에 나타나는 흉조어와 같은 구조가 되는 경우가 대부분이다. 이러한 말들이 생기는 심리적 요인도 사물의 속성에 깊이 관련될 수밖에 없다. 하나의 보기로 구름을 들어보자. 구름은 해를 가리는 존재로 쓰인다. 문학 작품 속에는 임금의 총명을 가리는 간신과 같은 존재로 묘사되는 경우가 많았다. 송강 정철의 〈관동별곡〉이나 〈속미인곡〉에서도 '구름이 해를 가려'와 같은 표현이 등장한다. 이백의 한시 '등금릉봉황대(봉황대에 올라)'라

는 시가 나타난 이래로 동양 문학에서 구름은 항상 불길함이나 총명을 가리는 존재를 뜻하는 말로 쓰였다. 흉몽 가운데도 이와 같은 연상작용에서 생겨난 것들이 많다.

(11) 신과 제사와 관련된 꿈

· 꿈에 귀신과 부처가 항렬을 이루지 못하면 흉하다
· 꿈에 귀신에게 맞으면 불길하다
· 꿈에 대사가 오는 것을 보면 병이 온다
· 꿈에 부처가 말을 안 하면 크게 흉하다
· 꿈에 하늘에서 귀신이 내려오면 크게 흉하다
· 꿈에 흙으로 만든 신인이 움직이면 구설이 있다

위의 꿈에서는 두가지 풀이를 할 수 있다. 하나는 일상 삶 속에서 귀신이나 부처를 섬길 때 정성을 다해야 한다는 것을 꿈으로 나타낸 경우이며, 다른 하나는 일상 흉몽의 구조와 같이 '흉조어' 구실만 하는 경우이다. 위의 말 가운데 '하늘에서 귀신이 내려오면'이라거나 '흙으로 만든 신인이 움직이며'와 같은 조건문의 경우는 단지 흉몽일 따름이다. 그러나 '부처와 귀신이 항렬을 이루지 못한다'거나 '부처가 말을 하지 않는다'는 따위의 표현은 단지 꿈에 나타난 모습만을 이야기하고자 하는 것은 아니라 할 수 있다.

<table><tr><td>열두째 마당</td><td># 현대인의 금기</td></tr></table>

현대인의 금기는 생활 속에서 많이 나타난다. 금기어는 일반적으로 원시인일수록 훨씬 더 많이 갖고 있을 것으로 생각하기 쉬우나 항상 그런 것만은 아니다. 현대인에게도 알 수 없는 금기어가 많이 생겨나는데, 그 까닭은 어떤 대상이나 상상의 세계를 꺼리는 심리는 모든 인간에게 보편적으로 작용하기 때문인 것으로 보인다. 이 마당에서는 현대인의 직장 생활 속에서 나타나는 금기어를 중심으로 꾸며 보고자 했다.

1. 휴무일과 요일

백화점에 근무하는 사람들이 들으면 다소 기분 나쁜 이야기가 될지 모르지만 학생들이나 일부 샐러리맨 가운데는 '월요일 아침에 극장에 가는 사람은 재수 없다'는 말을 쓴다. 이 말은 사실 외국 속담에서 비롯된 것이다. 가드너와 같은 수필가는 간혹 요일에 견주어 바빠야 할 사람이 여유를 부리고 있음을 암시하는 내용의 글을 쓴 적이 있다. 물론 이 때의 극장은 영화관을 말한다.

사실 영화 백년사를 살펴본다면 극장이 금기의 소재가 될 까닭은 많지 않은 것 같다. 이야기가 다소 빗나갈지는 모르지만 영화가 예술이냐 아니냐라는 논란이 있을 정도로 영화에 대한 사람들의 의견은 갈려 있다. 지금이야 영화와 관련된 안내서, 영화 평론가라는 직업

등이 있어서 영화도 하나의 예술 장르로서 굳건히 자리를 잡고 있지만 아직도 많은 사람들에게는 영화 감상이 단지 시간 보내기 또는 유흥 정도로 생각하고 있는 것은 틀림없다.

요일과 영화관이 금기의 소재가 된 까닭은 무엇일까? 이에 대한 해답은 지나치게 평범한 곳에서 찾을 수밖에 없다. 월요일은 한 주일이 시작되는 날이다. 많은 사람들이 가장 바삐 움직여야 할 시간이다. 그런데 한가히 극장에 가서 영화를 관람한다는 것은 쉽게 상상하기 어렵다. 물론 휴일이나 국경일인 경우는 다르다. 그렇기에 이와 같은 직장인의 금기어는 백화점 직원처럼 월요일이 정기 휴무일이 사람들에게는 매우 불쾌감을 줄지 모른다.

이와 같이 일과 시간의 의미가 내포된 금기어는 오래 전부터 사람을 깨우치기 위한 수단으로 유포되었던 것으로 보인다. '놀고 먹는 것은 짐새의 독과 같다'는 말이 있다. 짐새는 깃에 독이 들어 있다고 전해지는 전설의 새이다. '놀다 보니 도끼 자루 썩는다.'는 말도 인간의 놀기 좋아하는 본성과 관련이 있다. 어떻든 일하던 사람은 일을 해야 보람을 느낀다. 일을 하던 사람이 갑자기 휴식을 취한다면 그 사람은 병이 나거나 쉽게 늙어 버리는 경향이 있다. 84년 미국 대통령 선거전이 한창일 때 [타임]이란 잡지에서는 레이건 대통령에 관한 진지한 기사가 실린 적이 있었다. 미국의 대통령 선거는 사생활에서부터 정책에 이르기까지 언론의 집중 관심을 받는 것으로 알려져 있다. 이 때 레이건에게 가장 관심이 되었던 것은 고령이라는 점이었다. 나이가 많기 때문에 갑자기 큰 일이라도 생긴다면 노인으로서 감당하기 힘들 수도 있다는 점이었다. 그 때 [타임]에서는 "레이건이 만약 대통령 선거에서 진다면 그는 더 빨리 늙거나 어쩌면 급작스런 죽음을 맞이할 지도 모른다."고 썼다. 이는 물론 일을 하던 사람이 갑자기 일을 하지 않게 되면 오히려 충격을 받을 수 있음을 의미하는 말이었다.

일과 생활, 어찌본다면 인간에게 가장 중요한 의미를 갖는 낱말일지도 모른다. 그렇기에 생활인으로서 일과 일터 속에는 수많은 경구어나 금기어가 생겨나게 된다. 이에 비해 한가로이 시간을 보내는 것을 죄악처럼 여긴 경우도 많았다. 성경에도 있듯이 "일하지 않는 자는 먹지도 말라."라는 말은 어느 사회에서나 불문율처럼 지켜지는 교훈적인 어구일 수밖에 없다. 월요일 극장에 가면 재수없다는 표현 역시 이와 같은 인간의 보편적인 심리를 반영한 것이다.

2. 말조심과 관련된 금기어

직장에서의 금기어로 단순히 일과 관련되지 않은 것도 상당히 많다. 직장에서의 대인관계나 예절과 관련된 내용이 금기어를 이루기도 하는데, 이는 시대의 흐름에 따라 좌우된다. 사적인 이야기이지만 나는 한 때 영원한 지각자라는 별명을 갖고 있있던 직이 있었다. 학교 다닐 때, 통학거리가 멀기 때문에 지각을 한 적이 있었는데, 그 후에 이런 별명이 붙어버렸다. "한 번 지각자는 영원한 지각자!" 사실 이 말은 이청준의 산문집에서 읽은 내용을 한 번 써 먹은 탓에 붙은 별칭이었다. 이청준은 자기 산문집 〔말없음표의 속말들〕이란 책에서 스스로 문단에 늦게 등장했음을 이렇게 표현했었다. 처음 지각을 했을 때 이 글귀가 생각나서 한 번 써 먹은 것이었다. 이청준이 쓰고자 했던 의미는 사람살이가 백미터 경주와 같은 것이 아니라 만년 이등생이라도 조금씩 자기 것을 가꿀 줄 아는 여유가 중요함을 뜻하던 것이었다. 그렇기에 은근 슬쩍 둘러댄 말이었는데, 이 말이 별명이 된 것이다. 직장인의 금기어는 "함부로 말하지 말라"는 뜻을 담는 경우가 많다. 다음과 같은 말을 살펴보자

- 남자는 화장실에서 가장 말조심을 해야 한다.
- 거울 속의 혀끝을 보지 말라

어찌본다면 이러한 말들은 금기어가 아닐 수도 있다. 당연히 지켜야 할 일처럼 보인다. 화장실은 사람들이 가장 방심하기 쉬운 곳이다. 그렇기에 아무 말이나 함부로 하는 경향이 있다. 그러니 홍보는 일이나 감추어야 할 일을 함부로 이야기 하기 쉬운 곳이다. 말조심은 이 곳에서 이루어 질 수밖에 없다.

시대에 따라 직장인들의 풍속도가 달라지는 것은 당연한 일이다. 그 가운데도 남녀 간의 관계는 더욱 그렇다. 남녀 고용 평등 개념이 일반화되기 이전에는 여사원이라면 으레껏 결혼 전까지 임시직 직장인에 불과했다. 홍미로운 사실은 여성에게는 평생 직장 또는 직업이라는 개념이 제대로 확립되지 않은 것이다. 그렇기에 여성이 평생 직업을 갖는다는 의미 대신에 묘한 낱말이 생겼는지도 모른다. 여성과 직업, 이를 달리 표현하면 '직업여성'이 된다. 그러나 우리말에서 직업여성은 일상적인 직장인을 의미하지 않는다. 직업여성은 매춘을 직업으로 삼는 사람에게 일반화된 개념인 듯 싶다. 그러니 직장여성이라는 말이 이를 대신하는 경우가 많은데, 직장은 직업의 장소일 뿐, 직장여성이라는 말은 직업을 갖고 있는 여성들에게 그다지 좋은 말처럼 보이지는 않는다. 그러나 요즘 시대에는 직업인으로서 여성의 권리도 상당히 높아진 것으로 보인다. 어찌본다면 이러한 풍속도가 새로운 금기어를 만드는데 기여할지도 모른다. 얼마전 성희롱 사건이 있은 뒤부터 여러 직장에서는 새로운 금기어들이 많이 생겨났다. 이는 아직까지 금기어로 자리잡았다고 볼 수 없는 냉소적인 성격을 띤다. 그러나 이러한 말들이 생성되는 과정도 일상적인 금기어 발생 원리와 크게 다르지 않다. "주말에 여직원이 눈 웃음을 치면 조심해라.", "여자가 갑자기 옷을 바꾸면 눈을 다른 곳으로 돌려야 한다.", "여자가 머리를 자르면 심적인 변화가 큰 경우이므로 조심해야 한다." 따위의 말들이 가장 쉽게 생겨난 것으로 보이는데, 이 모두 성희롱 사건을 풍자한 냉소적인 언어들이다.

직장에서의 금기어로 단연 으뜸을 이루는 것을 일과 관련된 것들이다. 그렇기에 특정 직업에서 쓰이는 금기어도 많다. 이러한 금기어는 조심성을 촉구하기 위한 것들이 중심을 이룬다. 다음과 같은 금기어를 살펴보자.

- 목수가 집을 지을 때 문짝을 짜다 피를 흘려 문짝에 묻으면 나중에 문짝이 울음 소리를 낸다.
- 장사하는 집에서 우산을 펴면 장사가 안 된다

이와 같은 금기어는 상당히 고전적인 것들이다. 옛날에는 직업의 종류가 많지 않았기 때문에 농사, 장사, 목공 따위의 직업에서 금기어가 생겨난다. 물론 이와 같은 말들은 사소한 일거리에서 비롯된다. 상처를 입거나 피를 흘리는 일이 상서롭지 못함을 빗대서 표현하거나, 하는 일이 잘 안 풀리는 것을 미리 막고자 하는 의식도 이와 같은 까닭에서 비롯된다. 집을 짓거나 큰 공사를 할 때 돼지머리를 올리고 제사를 지내는 의식도 이와 같은 데서 말미암은 것은 아니겠는가.

현대 직장인들의 금기어는 일정한 양상을 띠지는 않는다. 그때그때 형성되었다가 사라지는 경우가 훨씬 더 많다. 샐러리맨, 농사꾼, 교사, 세무사 등등 수많은 직종에서 나름대로 꺼림직한 일들이 생길 때마다 금기어를 만든다. 흥미로운 사실은 야구인들에게서 발견되는 금기어이다. 야구인들은 중요 경기가 있을 경우 머리를 감지 않는 사람, 방망이가 부러지면 그 날은 재수가 없다고 믿는 사람, 홈런을 날린 뒤 지나치게 환호하면 다음 번에는 타율이 떨어진다고 믿는 사람 등등 여러 종류의 금기 풍속을 갖고 있다. 이러한 금기어는 물론 특정 현상에 대한 개인의 믿음에서 비롯된 것이다. 곧 우연의 일치를 금기시 하는 풍속이라 할 수 있다. 따라서 어떤 사람은 정 반대의 해석을 하기도 한다. 곧 홈런을 친 뒤 환호하지 않으면 다음 번 타율이 매우 떨어진다는 믿음 따위라 할 수 있다.

금기어는 시대 상황을 반영한다. 그러나 금기어는 개인의 꺼림직함이 일반화될 수 있을 때만 일상화될 수 있는 것이다. 그렇기에 현대인에게는 금기어가 훨씬 적은 것처럼 보인다. 따라서 어떤 사람은 '금기어는 원시인들의 풍속'이라 단정하기도 한다. 그러나 이는 분명 잘못된 것이다. 금기어 역시 원시인들의 풍속으로만 돌릴 수는 없다. 인간의 가장 보편적인 정서에서 금기어가 만들어지는 것이다.

3. 이름의 소중함

사람에게는 누구나 이름이 있다. 이름을 소중히 여겨온 관습은 우리 민족의 독특한 풍속이라고도 할 수 있다. 하나의 보기로 여성이 시집을 간 뒤에도 우리의 경우 그 사람의 이름을 잃어버리지 않는다. 이는 일본이나 서양 사람들의 경우와는 상당히 다른 제도라 할 수 있다. 얼마전 아시아 탁구 선수권 대회에서 중국인으로 일본에 귀화한 고야마 지레라는 사람이 있다. 그가 세계 탁구 여왕이라 불리는 중국의 덩야핑을 꺾을 때, 많은 중국인들은 배가 아팠다는 말은 한다. 그런데 만일 그가 일본 귀화이름 대신 본명인 허즈리를 그대로 쓰고 있었다면 중국인들의 마음은 어떠했을까? 중국인들의 자존심이라 불리는 덩야핑을 꺾을 때마다 '요시(일본말로 "좋다"는 뜻)'를 외칠 때, 중국인들의 배신감은 두 배가 되었을 것이다.

사실 이름은 어떤 대상에 특별한 언어를 붙여 줌으로써 생성된다. 처음 이름이 붙을 때에야 그다지 큰 의미를 갖지 않는 경우도 많다. 그러나 살아가면서 이름은 그 사람을 대신 표현하는 가장 중요한 수단이 된다. 이름이 있어도 없는 듯한 사람이 있는가 하면, 특정 사람의 이름만 거론해도 벌벌 떠는 장면이 연출될 수도 있다. 이름을 소중히 하는 풍습은 동서양이 마찬가지인 것으로 보인다.성경에도 "너희 이름이 하늘에 기록된 것을 기뻐하라"라는 말이 있다. 대상을 인식하는 수단으로 이름만큼 소중한 것이 없다는 뜻이다. 시골 곳곳을 돌아다니며 살펴보아도 공적비 한 두개쯤 없는 곳은 거의 없다. "호랑이는 죽어서 가죽을 남기고 사람은 죽어서 이름을 남기기" 때문일 것이다. 그러니 이름을 함부로 고친다는 것은 상상만 해도 벌받을 일이 될 지도 모른다. 우리들이 흔히 쓰는 말 가운데, "만약 …이라면 내가 성을 갈겠다."라는 말이 있다. 이름보다 한 차원 더 소중한 성을 거론함으로써 절대로 그런 일은 일어날 수 없다는 것을 강조하는 표현이다. 성씨는 이름이 주는 단순한 상징 의미보다 자신의 뿌리라는 의미까지 포함된 소중한 개념이다. 그렇기에 자신의 뿌리조차 바꾸어 버리겠다는 말 대신에 이와 같은 표현을 쓴다. 어떻든 이름을 고치는 풍습은 우리에게 익숙한 풍습은 아니다.

시대가 바뀌고 가치관이 바뀌게 되니 여러 가지 이유로 이름을 바꾸는 사례가 늘고 있다. 심지어는 우리나라 사람이 외국인 이름을 본따 부르는 경우도 많아졌다. 흥미로운 사실은 이러한 현상을 보는 상반된 가치관이다. 다음 신문기사를 참조해 보라.

국제화 시대를 맞아 회사원들 사이에 외국이름 짓기 붐이 일고 있다.

외국인과 접촉이 많아지고 세계 무대의 업무가 늘어남에 따라 발음이 어려운 우리 나라 이름 대신 외국 이름을 쓰는 사람들이 많아지고 있는 것이다.

특히 기업체의 수출입 관련 부서 대부분 사원들은 한가지 정도는 외국이름을 지어 명함에 새기고 팩스나 편지를 보낼 때도 외국이 삼성전자 AV본부 김기선 과장의 외국이름은 '키스 킴'. 영어 이니셜이 KS인 점에 착안 누구나 한번 들으면 잊어버리지 않을 이름을 지은 것.

같은 부서의 박윤배 씨(와이 비)나 임중호 씨(제이)처럼 영어 약자를 그대로 이름으로 사용하는 수도 많다. (주) 대우 여성의류처럼 배도운 과장은 입사 당시 직속 과장이 붙여준 '도날드'란 이름을 아직도 쓰고 있다. 외모도 만화 영화에 나오는 '도날드 덕'과 흡사해 별명처럼 이 이름을 계속 사용하고 있다고 배 과장은 말했다. 영어식만 있는게 아니다. 멕시코에 파견나가 있는 삼성전자 김재훈 과장은 스페인식의 로베르토란 이름을, 통신사업부 소련 파트 담당자들은 소련쪽 파트너가 지어주거나 유명소설 주인공 이름에서 따온 '소냐, 타냐, 블라디미르, 파벨' 등의 이름을 갖고 있다. 그밖에 스티브 한, 찰스 리, 앤드류 오, 브라이언 박, 윌리엄 정, 등 외국의 대중적인 이름을 그냥 쓰는 경우도 적지 않다.

외국인에게 자신을 제임스 본드, 제임스 딘 다음으로 유명한 제임스 권이라고 소개한다는 금성사 권기언 씨는 '우리 나라 이름은 외국인들이 부르기도 어려워 하고 쉽게 잊어버리지만 외국 이름으로 소개하면 잘 외우고 쉽게 친해진다'고 말했다.

----- 〔조선일보〕 95. 1. 26

외국인과 접촉이 잦은 각 기업의 수출일 관련 부서 사원들 사이에 서양식 이름을 갖는 사람이 늘어나고 어떤 회사에서는 주중 하루를 영어로만 대화하는 날로 정했다고 한다. 세계화라는 과제 앞에서 각 기업들은 온갖 아이디어를 짜내고 있다.

한국 젊은이들이 제임스 김, 찰스 리, 매리 박, 수잔 장 등의 서양식 이름을 새긴 명함을 들고 세계를 상대로 뛰겠다는 것은 보다 적극적인 자세임에 틀림없지만 좀 이상하게 느껴진다. 젊은이들 사이에 이런 명함이 유행하면 어쩌나 걱정스럽기도 하다.

서양식 이름을 가진 동양인을 생각하면 가장 먼저 대만 사람들이 떠오른다. 대만에 처음 갔을 때 나는 만나는 사람마다 서양식 이름을 갖고 있는 것에 어리둥절했다. 고위관리, 여행사 가이드, 상점 판매원 등이 모두 명함에 서양식 이름을 적고 있다. 고위관리들이 한결같이 서양이름으로 불리는 것에 나는 저항감을 느꼈는데, 그들 사이에서는 전혀 흉이 안되는 것 같았다.

왜 그런 풍습이 생겼느냐고 한 관리에게 물었더니 중국 이름은 서양 사람이 발음하기 어렵고, 기억하기도 어렵기 때문이라고 대답했다. 서양식 이름은 대개 중학교 때 영어 선생님이 지어준다고 하는데, 나일론 웡, 나폴레옹 가우스 등의 우수운 이름도 있었다.

대만 뿐만 아니라 싱가포르, 홍콩에도 서양 이름을 가진 사람들이 많다. 서양인들과 상대하려면 그들이 기억하기 쉬운 이름을 가져야 한다는 중국인 특유의 현실적인 성향 때문이라고 짐작된다. 그러나 대만 싱가포르, 홍콩이 세계화에서 우리보다 한발 앞설 수 있었던 것은 서양식 이름 덕분이 아니고, 중국인 고유의 탁월한 상술을 세계 수준의 합리적 제도와 접목시키는 데 성공했기 때문이다. 그들은 현실적 필요에 의해 너도나도 서양이름을 갖고 있지만, 자기를 잊거나 서양화한 것은 아니다. 중국인들처럼 자기것을 잘 지키는 사람은 드물 것이다.

우리가 세계화하려면 주로 미국과 유럽을 상대로 뛰어야 하고, 영어가 필수적인 의사소통 수단이다. 그러니 영어공부를 열심히 해야 하고, 서양인들에게 자기 이름을 잘 기억시키려는 노력도 해야 한다. 그러나 이런 노력들은 자칫하면 '세계화 = 미국화'라는 인식을 심을 우려가 있다.

기업에서 서양식 이름갖기 바람이 불기 전에 젊은이들 사이에는 친구나 연인에게 서양식 이름을 붙여 애칭으로 부르는 풍습이 생겼다고 하는데, 이런 풍습이 세계화 바람을 타고 엉뚱하게 번질까 걱정스럽다. 싱가포르에서는 경제발전에 성공한 후 서양식 이름을 버리고 중국 이름으로 되돌아가는 유명인이 늘고 있다는 점을 눈여겨 볼 필요가 있다.

―――― [한국일보] 95.1.27 (장명수 칼럼)

위의 기사는 이름에 대한 한국인의 의식이 상당히 많이 바뀌고 있음을 드러내 준다. 그러나 십몇 년 전만 하더라도 이름에 대한 직장

인들의 의식은 지금처럼 자유롭지가 않았다. 이름은 곧 자기 자신을
나태내는 것으로 함부로 바꾸거나 속여서는 안 되는 것이었다. 이름
을 바꾸거나 다른 이름을 사용하는 것은 천한 직업에 종사할 징조라
는 것이 일상적인 믿음이었다. 보기로 광대를 천시해 온 겨레의 의식
때문에 일제 강점기에서 70년대까지의 연예인들 가운데 상당수의 사
람들은 가명을 썼음을 들 수 있다.

물론 현대는 대중 시대이다. 대중은 익명성을 좋아한다. 수많은 사
람들 틈새로 스며들면 누가 누구인지 알 길이 없다. 그렇기에 어떻게
이름을 부르든, 또는 어떻게 바꾸든 상관하지 않는다. 금융이나 부동
산 실명제 이후로는 이와 같은 풍속도가 조금은 시정되었는지 모르지
만 아직도 우리 사회에는 수많은 사람들이 실명보다는 익명에 가까운
가명을 쓴다. "이름을 바꾸면 직장을 옮긴다."는 말은 이제 더 이상
설득력이 없는 금기어가 되었음을 의미하는지도 모른다.

4. 운세와 재수

금기어 가운데 "…하면 재수없다"는 식의 말들은 비교적 많은 편이
다. 참고로 다음과 같은 것들을 들 수 있다.

- 거꾸로 자면 재수없다
- 남자의 몸을 여자가 타고 넘으면 재수없다

직장인의 금기어 가운데는 출퇴근 길과 관련된 것도 상당수 많다.
시골 고등학교 재직시의 일이다. 이 학교는 면에 위치한 학교였기 때
문에 등하교길이 모두 산길에 가까왔다. 선생님들조차 시내에서 출퇴
근할 경우도 산길을 돌아 나와야 했다. 물론 자가용이 일상화되지 않
았기 때문에 콩나물 시루같은 만원 버스를 이용해야 했다. 그러다 보

니 항상 아침에는 전쟁을 치르게 되어 있다. 또한 유난히 방위병들도 많았다. 시내에서 들어오는 길 양옆에는 큰 군부대가 두 개나 있어, 이곳에 출퇴근하는 방위병들이 많았던 것이다. 지금은 단기 사병들도 대부분 사복을 입고 출퇴근 하는 것을 볼 수 있지만 당시만 해도 그들에게는 사복이 허용되지 않았던 것으로 보인다. 당연히 그들은 군화를 신을 수밖에 없다. 차가 한 번 기울 때마다 이리 밟히고 저리 밟힌다. 그렇게 출근하고 난 선생님들은 꼭 한마디씩 내뱉을 수밖에 없다. "아이, 오늘은 재수가 옴팡지게 없겠구먼."

"발을 밟히면 재수가 없다."는 말은 비교적 전국적으로 쓰이던 금기어였다. 이 금기어는 집안에서 행동을 조심하라는 뜻으로 생겨난 것이라 할 수 있다. 그러나 지금은 그 의미가 전이되어 직장인들 사이에 자주 쓰이는 말이 되었다. 물론 이와 같은 말들은 시대의 흐름에 따라 쉽게 변화할 수 있다. 요즘처럼 지하철이나 버스가 늘상 만원 사례를 이룬다면 재수 있는 날은 하루도 없을 테니 자연히 이러한 말들이 사라질 수밖에 없다. 따라서 출퇴근시 발을 밟히는 것은 재수없는 일이 될 수 없을지도 모른다. 대신에 황급히 지나가다 다른 사람과 부딪힌다든지, 밟힌다면 이 말을 쓰곤 할 것이다. 물론 그 때 밟힌자가 남자이고 상대가 여자라면 더욱더 그럴 것이다. 게다가 하이힐이라도 신고, 짙은 화장을 한 여자라면 저절로 "재수 없게시리!"란 말이 튀어 나올 것이다.

금기어 풍속을 가장 많이 바꾸는 요소는 역시 사회 제도와 사람들의 의식이다. 이제는 밟힌자가 여자이고 상대방이 남자라도 당연히 "꼴불견이야."라는 말이 튀어 나온다. 직장인의 의식이 그만큼 바뀌고 있음일까? 호텔이나 다방에서 여자들이 담배 한 대 꺼내 무는 것쯤은 이제 특별한 일이 될 수 없는 시대가 되었다. 그러니 누가 밟든, 어디에서 어떻게 밟든 그저 한순간 지나가는 일에 불과할 뿐이다. 단지 상대가 "죄송합니다."라고 한 마디쯤 해 준다면 그나마 웃으며 넘어갈 문제일테고, 그렇지 않고 "이보세요, 눈은 어따 박고 다니세요."

라고 오히려 큰 소리 친다면 그야말로 재수 옴붙은 날이 되고 말 뿐이리라.

" …하면 재수 없다."는 말, 이 말 속에는 본디 꺼림직한 일을 연상하는 기능이 있었다. 거꾸로 잠을 잔다거나, 여자가 몸을 타넘는다는 것 속에서 이미 상서롭지 못함을 느끼기 때문에 이와 같은 말들이 생겨난다. 그러나 오늘날은 방향감이 있을리 없고, 잠자는 풍습도 위 아래가 없으니 더욱 어울리지 않는 말일 따름이다. 더욱이 여자가 타넘기 때문에 재수가 없다는 말을 여권운동가들이 듣는다면 "그놈 미친놈" 소리를 듣지 않으면 다행일 수밖에 없다. 옛 풍속에서 비롯된 단순한 언어가 현대에 와서 의미를 잃어버리는 경우는 역시 의식의 차이에서 비롯된 것이라 하지 않을 수 없다. 직장인으로서 조심해야 할 일 가운데 하나는 역시 남녀간의 의식상의 차이라 할 수 있을 것이다. 간혹 "옛날 심마니(산삼 캐는 사람들)들은 산삼을 캐러 가기 몇일 전부터 아예 집사람과 동침하는 것도 꺼렸다는데…"라는 말을 한다면 그 날은 재털이 세례를 받는 날이 될 것임에 틀림없다.

<table>
<tr><td>열셋째 마당</td><td>전조어</td></tr>
</table>

　　금기어와 비슷한 말로 전조어가 있다. 금기어는 인간이 능동적으로 어떤 행위를 꺼리는 데서 나온 말이나 전조어는 자신의 의지와는 상관없이 어떤 일이 일어나는데, 그 일이 앞으로 일어날 길흉화복을 예언하는 기능을 하는 말들이다. 이에 대해 일부 학자들은 속신어, 전조어 따위의 개념을 사용하기도 하는데, 속신어는 금기어를 포함하는 개념이므로 전조어라는 마당을 따로 설정한다. 물론 여기에 풀이한 전조어는 극히 일부분이다.

1. 결혼과 사주팔자

- 머리에 가마가 둘이면 두번 장가간다
- 두 팔을 머리 뒤에 얹으면 여러번 장가간다

'팔자가 사납다'거나 '팔자를 고친다'는 말이 있다. 팔자는 자신이 타고난 운명을 말한다. 흔히 사주와 팔자를 붙여 '사주팔자'라고 하는데, 자신이 태어난 해와 달, 날짜와 시간을 간지에 맞추어 풀이하는 것이다. 그런데 '팔자가 사납다'는 말은 곧잘 결혼에 실패했다는 말로 쓰인다. 오늘날의 세태야 이혼이 큰 죄악까지 될 것은 없으니 팔자타령이 별반 문제가 될 것은 없지만 유교 윤리 아래에서는 이혼이란 좀처럼 있을 수 없는 일임에 틀림없다. 더욱이 여자는 단지 소박을 맞는 것일 뿐이다. 그러나 결혼 실패란 여자든 남자든 모두 달가운 일은 아니었으니 '장가를 두번 간다'는 것은 누구든지 꺼림직한 일이었음에 틀림없다. 이러한 운명을 나타내는 말로 '머리에 가마가 둘이면 장가를 두번 간다'거나 '두 팔을 머리 뒤에 얹으면 여러번 장가간다'는 말이 생겼다. '가마'가 운명을 상징하는 것은 비교적 쉽게 풀이될 수 있다. 가마는 정수리에 소용돌이 모양으로 난 머리털 부분이다. 가마는 일생동안 변화가 없다고 하는데, 이는 곧 태어나면서부터 운명지워진 것을 뜻하는 것이다. '두 팔을 머리 위에 얹는다'는 것은 고민하거나 괴로워하는 모습이라 볼 수 있다. 아내의 죽음은 남자로 하여금 초라함을 면하지 못하게 만든다. 그러니 이 역시 운명의 굴레에 빠져드는 것이라 할 수 있다.

사실 장가뿐만 아니라 성이나 사랑과 관련된 금기 의식도 상당히 많다. 오늘날도 '여자가 다리를 벌리고 앉으면 흉잡힌다'는 말이 있다. 농담조로 '입이 큰 여자는 성욕도 강하다'거나 '소변 소리가 힘있는 남자는 물건(?)이 크다'는 말도 쓴다. 이런 말이 반드시 금기어가 되는 것은 아니지만 '…하면 …하다' 형식을 띠는 말 가운데는 금기 사항이 많이 들어 있다. 그런데 문학 작품이나 민속에서 이런 표현을 찾기 힘든 까닭은 무엇일까? 이는 아마도 성 표현을 은밀하고 조심스레 했던 조상들의 관습 때문이었을 것으로 보인다. 어느 시대 어느 민족을 막론하고 성에 대한 관심이 없었던 때는 없었을 것이다. 단지 표현 양식이 달랐을 뿐이다. 그런 점에서 서거정의 〈태평한화〉는 흥미로운 이야기 책이다. 참고로 당시의 성에 대한 인식을 드러내는 한 장면을 옮겨보자.

　　성주 고을의 한 선비집에 아들이 있었는데 장가를 든 뒤 공
　　부를 게을리했다. 그 아버지가 타이르기를 "어렸을 때 색을 멀
　　리하여 남녀 사이의 정에 끌리지 않아야 집안의 기풍을 이룰

수 있으니 서울에 유학하여 이름을 얻고 나서 돌아오라"고 했다. 그 아들이 떠나는 체하고 이웃집을 얻어 밤마다 담을 넘어와서 아내를 만났다. 이것을 알 리 없는 유모가 담을 넘는 것을 보고 노인(아버지)에게, 새 며느리가 다른 사람과 정을 통하니 빨리 끊게 하라고 말했다. 어느날 밤에 유모가 담을 넘는 것을 보고 노인에게 말하니 노인이 몽둥이를 들고 소리치며 쳐죽이려고 하다가 다시 보니 아들이었다. 서로 부둥켜 안고 울면서 "어찌 자식을 죽이겠느냐. 내 듣기로 단술을 마시는 사람은 비록 많이 마신다고 해도 취하지 않는다고 했으니 그 아내를 사랑함에 비록 가까이 한다고 해도 상함이 없으리라.내가 허물을 묻지 않을 터이니 네 마음대로 해라"고 했다.
　　　---- 신동욱 "닫힌 사회에서의 성과 사랑" 〈뿌리깊은나무〉
　　　　　　1976. 6

이와 같이 양반 사회에서의 성 표현은 지극한 관심사이면서도 전제되어 있었다. 다만 평민들의 문학 작품에서는 매우 진솔한 표현이 나오곤 하는데 〈배비장전〉이나 〈열녀춘향수절가〉에서는 이러한 사랑 표현은 자주 볼 수 있다. 어찌본다면 평민들의 삶에서 성은 가장 짙은 관심사 가운데 하나였을지도 모르는데, 이 점에서 본다면 현대소설에 나오는 외설 작품 판단 기준도 모호해질지도 모른다. 성여학이 지은 〈속어면순〉에도 이런 이야기가 자주 나오는데 그 가운데 하나가 〈세 처녀의 벙어리 검사〉와 같은 유형이다. 내용은 어떤 집의 처녀 세자매가 자기집 여종에게 지아비가 있음을 듣고 불러들여 성에 대한 이야기를 자세히 듣는다. 그리고 나서는 벙어리라면 소문을 낼 수 없을 것이라 여겨, 벙어리를 불러들여 호기심을 충족시키고자 남자를 구했다. 마침 그 이야기를 엿듣고 있던 소년이 있었는데, 벙어리 흉내를 내어 처녀와 만나게 된다. 그리고 나서는 세 처녀를 협박하여 세 자매와 모두 성교를 갖는다는 내용이다. 곧 어느 시대나 성에 대한 관심은 남녀 모두에게 동일한 것이었다. 이러한 이야기는 〈처녀가 먼저 익히다〉에도 나오는데 결혼을 앞둔 처녀가 이웃 소년에게 꼬임을 당하여 성행위의 기술을 익혔다가 첫날밤 문밖으로 내쫓기는 이야기이다. 어떻든 성 개방이나 성 도덕 문란이니 하는 말들이 신문 지상에 오르내리는 오늘날에는 흥미가 떨어지는 말일지도 모른다. 그러나 아직도 '남자는 세뿌리(혀, 손, 성)를 조심해야 한다'거나 '헤프게 웃음을 짓지 말라'는 말은 성과 관련된 금기 사항이 되고 있다. 더욱이 성희롱 사건이 터져나온 이후로는 손끝만 닿아도 '삼천만원짜리' 따위의 우스개소리가 나오니 성은 인류가 존재하는 한 끊임없는 관심과 금기를 낳을 것이 틀림없다.

2. 자연현상의 상징관계

    · 소나무 순이 많이 죽으면 그 해 사람이 많이 죽는다
    · 소나무가 붉게 말라 죽으면 난리난다

몇 해 전, 강원도 지역에서는 솔잎 혹파리 때문에 야생 소나무들이 붉게 물들어 버린 적이 있었다. 방충 활동으로 일부는 살아나기도 했지만, 이때 노인들 층에서 떠돈 이야기 가운데 하나는 '난리가 날 징조'라는 것이었다. 사실 소나무가 말라 죽는데는 자연현상으로서의 원인이 있을 수밖에 없다. 그러나 옛 사람들은 이러한 자연 현상에 길흉을 의미하는 언어를 붙인다. 소나무나 고목나무가 대표적인데 다음과 같은 말들이 더 있다.

    · 고목나무가 쓰러지면 흉사가 생긴다
    · 나무가 쓰러지는 방향에 집을 지으면 망한다
    · 대나무 밭에 대가 말라 죽으면 전쟁난다

자연 현상이 인간에게 해를 예언한다는 믿음은 어느 시대에나 있었다. 흥미로운 사실 가운데 하나는 '잣나무'에 얽힌 고대 전설이다. 이 전설은 〈삼국유사〉 권5. 신충괘관조에 실려 있다.

효성왕이 잠저시에 현사 신충과 더불어 잣나무 밑에서 바둑을 두더니 일찍이 말하기를 후일에 만일 경을 잊으면 저 잣나무 같으리라 하매 신충이 일어나 절하였다.
두어달이 지난 뒤 왕이 즉위하여 공신들에게 상을 줄 때 신충을 잊어버리고 쓰지 않았더니 신충이 원망하여 노래를 지어 잣나무에 붙이매 나무가 갑자기 누렇게 말라 버렸다. 왕이 이상히 여겨 살피게 하였더니, 주위 사람들이 노래를 얻어 바치매 크게 놀라 말하기를 국사에 골몰하여 각궁을 잊을 뻔하였다고 하고, 불러들여 작록을 주니 잣나무가 도로 살아났다.

이 노래는 '원가(怨歌)'라는 이름으로 널리 알려져 있다. 내용은 임금이 자신을 잊어버림을 한탄하는 것으로 되어 있지만 자연물을 의지하여 인간의 심리를 표현했다는 점에서 금기어가 생기는 이유를 충분히 설명해 준다.

이밖에도 자연물이 재앙을 암시하는 경우는 제법 많다. 우물물이 넘치면 재앙이 생긴다든지, 저수지 물빛이 변하거나, 산이나 바위가 울음 소리를 내면 재앙을 일으킨다는 따위의 말들이 비교적 많다.

- 달이 몹시 붉으면 가뭄 든다
- 월식이 생기면 전염병이 유행할 징조이다
- 일식이 생기면 난리가 날 징조이다
- 태양 주위에 별이 나타나면 국가에 변이 생길 징조이다
- 혜성이 나타나면 전쟁이 일어난다

이러한 금기어는 수많은 전설을 낳기도 한다. 혜성과 관련된 것으로

는 융천사가 지은 '혜성가'가 있고, 김유신과 연에 얽힌 이야기도 있다. 먼저 '혜성가'에 대해 알아보자.

이 노래는 신라가 고구려와 금강산에서 대치하고 있을 때, 하늘에 갑자기 혜성이 나타나 불길함을 예고하자, 융천사가 지어 불렀다는 노래로 〈삼국유사〉에 나온다. 이 전설에 따르면, 제5거열랑, 제6실처랑, 제7보동랑 등 세 화랑의 무리가 풍악에 놀이를 가려 할 제 혜성이 나타나 심대성을 범하였으므로, 이를 불길한 징조라 하여 풍악행을 중지하려 하매, 이 때에 융천사가 노래를 지어 부름으로써 혜성을 즉멸케하고 일본병을 물리치게 하였다. 이에 왕은 화가 변하여 복이 되었다고 기뻐하며 화랑들에게 풍악놀이를 시켰다고 한다. 혜성이 나타나면 이를 없애야 환란을 막을 수 있다고 생각한데서 이러한 전설이 생겨난 것이다. 뿐만 아니라 김유신에 얽힌 이야기는 혜성의 암시적 기능뿐만 아니라 연의 유래를 알려주는 흥미로운 이야기이다. 김유신이 비담, 염장과의 전투에서 혜성이 유신의 진영으로 떨어지자 연을 고안하여 혜성을 다시 날려 염장의 진영으로 떨어지게 함으로써 전투를 승리로 이끌었다는 이야기에서 혜성의 기능을 충분히 짐작할 수 있다.

어떻든 자연의 변화는 인위적인 힘으로는 해결하기 힘든 것들이다. 그럼에도 자연 변화가 인간 만사를 암시한다고 믿는 데에는 그럴만한 특별한 이유가 있다. 생로병사, 혹은 국난, 재앙 등이 모두 인간의 보편적인 심리를 틈타 자연의 변화를 암시적 기능으로 해석하도록 만드는 것이다. 뿐만 아니라 자연의 변화 속에는 변화할 만한 조건이 내재될 수도 있다. 보기를 들어 개미가 이동하면 큰 비가 올 것이라든지, 곤충이 갑자기 많이 늘어나면 가뭄이 들 것이라든지 하는 것들은 인간은 느낄 수 없지만 동물은 본능적으로 느낄 수 있기 때문에 일어나는 현상이라 볼 수 있다. 자연물의 경우도 생명체와 관련된 것들은 대부분 자연 조건의 변화가 생명체에 영향을 미치기 때문에 일어나는 것이라 풀이할 수 있다.

3. 신체적인 특징과 인간됨

사람의 외모가 그 사람의 성격을 나타내는 경우가 많다. 이러한 말들은 간혹 특정한 외모를 갖고 있는 사람을 경계하라는 뜻으로 쓰이는데, 외모의 특성이 성격을 대신한 표현으로 쓰이는 경우가 대부분이다. 다음과 같은 말들이 있다.

- 이마에 핏줄이 생기면 심통사납다
- 인중이 짧으면 명이 짧다
- 가슴이 새가슴이면 병이 잦다
- 광대뼈가 나오면 팔자가 세다
- 둘째 발가락이 엄지발가락보다 길면 아버지가 먼저 돌아가신다
- 뒷머리가 제비꼬리처럼 나오면 아버지가 먼저 돌아가신다
- 머리털 억센 사람은 마음도 억세다
- 발가락이 길면 어머니가 먼저 돌아가신다
- 사마귀가 눈밑에 있으면 눈물받이가 된다
- 손눈썹이 길면 양친 가운데 한분이 돌아가신다
- 손바닥에 흉터가 있으면 재수가 없다
- 손에 잔금이 많으면 팔자가 세다
- 앞니 사이가 벌어지면 팔자가 세다

이러한 전조어는 외형상의 특징에서 쉽게 이해될 수 있다. 이마에 핏줄이 돋으면 화를 내는 모습이 된다. 화를 내면 얼굴색이 변하고 핏줄이 솟게 마련이다. 또한 인중은 생명선으로 인식되었으므로 생명선이 짧은 사람이 일찍 죽는 것은 당연한 일이다. 둘째 발가락이 엄지보다 길면 질서를 어긴 것이 된다. 따라서 가장이 먼저 죽는다는 말이 생김 직하다. 잔금이 많은 것도 일종의 근심을 뜻한다. 고생을 많이 한 사람은 주름살이 많고 손바닥이 쉽게 갈라지게 마련이다.

물론 최근에는 이러한 말들이 많이 사라진 것 같다. 옷이 날개요,

외양이 그 사람을 평가하는 척도가 된 세상이니 당연한 일일 것이다. 더욱이 사회가 변하면서 인간도 하나의 상품이 될 수밖에 없다. 상품에서는 사용가치 못지 않게 교환가치도 중요한 가치 척도가 될 수밖에 없다. 어떻게 하면 더 높은 가격에 자신을 판매할 수 있느냐가 문제인 것이다. 그러니 화장술이나 맵시는 현대인에게는 필수적인 삶의 기술이 된다. 그러니 단순한 전조어가 무슨 소용이 있겠는가. 더욱이 성형술이 발달한 지금, 얼굴이나 이를 바꾸고 교정하는 것쯤이야 식은 죽 먹기 아니겠는가.

장단지 털쯤이야 관심을 갖는 이도 없을 것이다. 그러나 대머리라면 사정이 다르다. 사흘이 멀다하고 대머리를 고친다는 광고가 신문에 오르내린다. 흥미로운 사실은 아직도 대머리는 사람들에게 유쾌한 현상이 아니다. '공짜를 좋아하면 대머리가 된다'는 말도 있지 않은가. 사실 공짜와 대머리가 왜 관련을 맺을 수 있는지 설명하기는 쉽지 않다. 그러나 한편으로 지금까지 출세한 사람들을 살펴본다면 은근히 이해할 수 있는 측면도 있다. 5공화국 시절은 대통령을 비롯하여 장관직에 오른 사람들 가운데 수많은 사람들이 대머리였다. 관료사회가 오랜 전통으로 내려온 우리 사회에서 고급 관직자들은 곧잘 공짜를 좋아하는 사람으로 여겨졌다. 그러니 '대머리는 고급관료, 곧 공짜를 좋아하는 사람'이라는 의미상의 전이 현상이 생김직도 하다.

대머리가 인색한 사람을 뜻하는데 비해 잔털은 인정을 뜻하는 것도 묘한 대비를 이룬다. 그 까닭도 외형상의 조건에서 기인한다. 잔털은 솜털이라 표현될 경우도 많다. 솜은 부드럽고 따뜻한 성질을 갖는다. 그러니 인정과 상통할 수밖에 없다. 그렇기에 '솜옷에 티가 들어가면 근심 걱정이 는다'는 말도 생겨난다. 지금이야 솜옷이 별로 유행하는 시대는 아니다. 솜을 틀어 이불을 짓고 옷을 만드는 시대도 벌써 한 세대 전의 일이 되고 만 것이다.

4. 쥐의 생태와 전조

한 동안 쥐잡기 운동을 극성스레 펼치던 때가 있었다. 쥐는 가장 번식력이 뛰어나며 쥐로 인한 곡식이나 재물 손실량이 막대하다는 이유 때문이었다. 그러나 요즘에는 쥐잡기 운동이 거의 사라진 듯하다. 쥐의 번식력이 떨어진 때문일까. 아니면 쥐의 식성이 바뀐 것일까. 사실 이 현상은 여러 사람들에게 궁금증을 불러 일으키기에 충분할 것으로 보인다. 어찌본다면 콘크리트 벽이 사방을 둘러싼 도심지에서는 쥐의 생존이 더욱 어려울지도 모른다. 다만 아직도 들쥐나 시골쥐의 경우는 막강한 번식력을 자랑하고 있는 듯하다.

쥐와 관련된 흉조어도 비교적 많은 편이다. 쥐는 우리 겨레에게 두 가지 의미를 주고 있었는데, 한편으로는 서생원이라 하여 가장 부지런한 존재로, 다른 한편으로는 남의 물건을 탐내는 좀도둑쯤으로 여긴 것이다. 흉조어가 생겨난 까닭은 물론 뒤엣것 때문이다. 다음 말들을 살펴보자.

- 쥐가 많아 우글거리면 세상이 시끄러워진다
- 쥐가 많은 해는 나라가 어지러워진다
- 쥐가 배에서 없어지면 침몰한다
- 쥐가 이불을 갉으면 상제된다
- 쥐가 아궁이에서 나오면 불날 징조다
- 쥐가 천장에서 소란스러우면 집안에 좋지 않은 일이 생긴다

이와 같은 말 속에는 두 가지 특징이 있다. 하나는 '많은 쥐'로 표현되면 불길함을 뜻한다는 것이다. 이는 쥐의 생활 습성상 인간에게 피해를 준다는 의미가 된다. 유사한 경우로 '곤충이 갑자기 늘어나면 난리가 난다.'는 말도 있다. 또 하나는 '쥐의 행동이 어떠하면'으로 표현되어 불길함을 뜻한다는 것이다. 곧 쥐가 어떤 일이 일어날 것을

본능적으로 알고 미리 행동하기 때문에 뒷일을 알 수 있게 된다는 의미가 들어 있다.

반대로 이와 달리 한 마리의 쥐가 인간에게 보이는 친근한 행동은 길함을 상징하는 경우가 많다. 다음과 같은 말들을 살펴보자.

- 쥐가 모자를 씹으면 재물을 얻게 된다
- 쥐가 방 안에서 쏘다니면 귀한 손님이 온다
- 쥐가 집 안에 흙을 파서 쌓으면 부자가 된다
- 쥐에게 물릴 때 '천석'이라 외치면 천석꾼이 된다

이러한 말들은 한 마리의 쥐가 특정 행동을 함으로써 사람들에게 좋은 일이 생길 것임을 암시해 준다. 물론 이와 같은 경우는 쥐의 생활 습성에서 나온 것이라 생각된다. 쥐의 생김새로 본다면 누구든 혐오감을 느낄지도 모른다. 그러나 생활 습성상 숨기 좋아하고, 흙을 파기 좋아하는 쥐가 사람의 눈에 뜨이는 행동을 보인다면, 그리 기분 언짢은 일은 아닐 것이다. 주의할 점은 언어 표현 형식이다. '쥐가 모자를 씹으면…'에서 보이듯이 쥐의 행동이 결코 과격하지 않다는 것이다. 흔히 쥐가 물어뜯는 것을 '썰다'라는 낱말을 써서 표현한다. 보기를 들어 '쥐가 멍석을 썰었다.'거나 '가마니를 썰었다.'와 같은 경우이다. 다소 강하게 표현된 '썰다'라는 낱말 속에는 결코 길조의 의미가 들어가지 않는다. 그렇기에 농사를 짓던 사람들은 '쥐가 멍석을 썰면 비가 온다.'라는 말을 쓰곤 했다.

이밖에 쥐는 식생활과 관련된 전조어를 낳기도 한다. 물론 이 경우는 금기어로 해석될 수도 있다. 다음과 같은 말을 살펴보자.

- 쥐고기 먹이면 식충이를 낳는다.
- 쥐꼬리 잡으면 음식 솜씨가 떨어진다

쥐고기를 먹는다고 하면 오늘날 사람들은 이해하지 못할 경우도 있을 것이다. 그러나 삼십대 후반에 속하는 사람들이라면 한 번쯤은 쥐고기를 먹는 것을 보았거나 들은 적이 있었을 것이다. 이외수의 〈들개〉라는 소설 속에서도 쥐고기를 먹는 소재가 나오곤 하는데, 이러한 소재는 결코 꾸며낸 이야기는 아니다. 글쓴이의 경우도 어렸을 때, 이웃집 어른께서 쥐를 잡아 굽던 것을 본 적이 있었다. 한 점 살을 떼어주면서, "이건 맛있는 고기야. 사온 거지."라고 말씀하시던 것을 기억하는데, 사실은 그 집에 잡은 쥐였다. 이와 같이 쥐고기를 나누어 줄 경우 절대로 쥐고기란 말을 쓰지는 않는다. 다른 고기로 둘러대는 것이다. 금기어 생성 원리로 볼 때 쥐고기를 먹는 풍습이 일반화되었다면 이를 대신할 또다른 대용어가 생겼을 것이다. 그러나 어디까지나 쥐고기를 먹는 경우는 가난 때문이었지, 식생활 자체가 쥐를 먹도록 되어 있던 것은 아니었던 듯싶다. 그렇기에 대용 표현까지 생겨나지는 않은 것으로 보인다. 어떻든 쥐고기를 먹는 것은 배고픔을 면하기 위해 어쩔 수 없이 먹는 것이기 때문에 일반인에게 보편적으로 받아들여지기는 어려웠던 것으로 보인다. 따라서 쥐고기와 관련된 금기, 또는 흉조어가 생겨난 것으로 생각된다.

금기어는 두 가지 면에서 오해를 불러일으킨다. 첫째는 일반적으로 '--어'라는 범주를 설정할 경우 낱말을 대상으로 삼는데, 금기어는 낱말 범주가 아니라 문장이 대상이 될 경우가 대부분이기 때문이다. 둘째는 금기어 범주는 언어 형식에 따라 설정된 것이 아니라 의미에 따라 설정된 것이기 때문이다. 그렇기 때문에 보는이에 따라 금기 범주를 나누는데는 차이가 많을 수밖에 없다. 일부 학자들은 금기어 대신, 금기담, 또는 전조이(길조, 흉조어), 속신어라는 낱말을 쓰기도 한다. 뒷풀이 글에서는 금기어의 특징과 금기어가 생겨나는 까닭을 살피고자 했다.

1. 금기어란 무엇인가

1.1. 금기와 금기어

금기란 사전적 풀이로 볼 때 '꺼리어서 싫어하는 것'이란 뜻을 지닌다. 싫어한다는 말은 인간을 중심으로 능동성을 지닌다는 의미를 갖는다. 이 점에서 금기어는 '꺼리끼고 싫어하는 대상, 또는 행위'를 표현한 말이라 할 수 있다. 이러한 말은 어떤 대상이나 존재, 또는 일을 신성시해야 하는데 그렇지 못함으로써 '고상하고 좋은 상태에서 나쁜 상태로 떨어진다'는 의미를 담고 있다. 유의할 점은 금기어 범주는 언어학적인 범주라기보다는 사회문화적인 범주라는 점이다. 언어학은 정확한 기준을 적용하여 언어 형식이나 틀을 나눈다. 그러나 사회학은 일정한 틀을 마련한다 해도 정확한 분류 기준을 세우기는 어렵다. 따라서 통계나 사유를 바탕으로 기준을 설정해야 하기 때문에 나누는 이의 주관이 개입될 우려가 높다. 금기어 범주 설정에서도 이 점을 잘 살펴야 한다. 그렇기 때문에 금기어, 전조어, 흉조어, 길조어를 혼동하는 경우도 있다.

금기의 본 뜻은 '기피, 금지, 꺼림'의 의미를 지닌다. 금기에 해당하는 영어 타부는 본디 '신성' 또는 '부정'을 뜻하는 말로 쓰였다. 이에 대해 심재기 교수는 다음과 같이 설명한다.

> 원래 타부란 용어는 폴리네시아 단어로서 "신성" 또는 "부정"을 뜻하는 말이었다. 이 두 가지 개념이 공유하는 특성은 일정한 사물에 대한 접근 또는 접촉의 금지나 꺼림을 나타내게 되었으므로 우리말로는 흔히 "금기"라고 하였다. 이러한 금기의 기본 개념은 점차로 적용범위를 확대하여 인간의 다양하고 무수한 행동의 제지, 억제, 기피를 통칭하는 뜻으로 변하였다.
>
> (심재기 〔국어어휘론〕 제6장 집문당)

1.2. 금기어 발생 원인

금기어는 심리적인 요인에 의해 발생한다. 곧 '인간의 가장 원초적인 본성 가운데는 불가해한 힘, 곧 마술 마력에 대한 공포'가 있다. 따라서 원시인으로부터 현대인에게 이르기까지 광범위하게 금기어가 나타날 수밖에 없다. 이에 대해 이윤성 씨는 다음과 같이 설명하고 있다.

> 금기, 위반, 타락, 그리고 잃어버린 낙원에 대한 서구인의

정신적 시달림은 밀튼에 와서 한 편의 서사시로 그 모습을 드러낸다. 죄, 타락, 그리고 잃어버린 단어들이 암시하듯 인간은 어떤 사건(대부분의 경우 고상한 상태에서 그보다 못한 상태로 떨어지는 사건) 발생 이전의 상태에 대한 그리움을 품고 있는 것처럼 보인다. 어쩌면 인간은 그렇게 느끼도록 강요당해 왔는지도 모른다. 사건 발생 이전의 상태에 대한 인간의 지칠 줄 모르는 갈망은 사건 발생 이전의 상태가 그 이후의 상태보다 정신적으로나 도덕적으로 우월하다는 믿음을 근거로 한다. 그래서 그 이전의 상태는 인간에게 항상 회복되어야 할 무엇으로 남는다.

(이윤성 "금기와 위반 그리고 소외된 서사 ―다행스런 타락"
〈경희대논문집〉 제9집)

밀튼의 〈실락원〉을 분석 대상으로 한 위의 논문에서는 금기 발생의 심리를 언어와 무의식, 상징체계에서 찾으려 했다. 물론 이러한 발생 원인은 〈실락원〉에만 있는 것이 아니고 어떤 문화에든 공통으로 나타날 수밖에 없다. 유의할 점은 금기어가 반드시 원시문화, 미개문화에만 광범위하게 나타나는 것만은 아니라는 사실이다. 일부 학자들은 금기어가 원시문화에 치중하여 나타난다고 풀이하는 경우도 있는데, 이는 정확한 풀이로 보이지는 않는다. 현재 남아 있는 금기어를 문헌에 의존하여 조사한다면 당연히 옛 것이 많을 수밖에 없다. 그러나 오늘날에도 개개인의 광범위한 금기 사항을 정리한다면 반드시 원시, 또는 문화 우열을 논하는 자리에서 금기어를 다룰 수는 없음을 깨닫게 된다.

하나의 보기로 금기어의 쓰임을 들 수 있다. 옛 문헌이나 민속에 나타나는 금기어는 대부분 상징체계에 의해 이루어진다. 그러나 최근 쓰이는 금기어는 상징체계 이외에 권력이나 인위적인 힘을 두려워하여 금기시하는 것들도 많다. 이 또한 심리적인 면에서 발생되는 것이다.

1.3. 금기어의 특성

금기어의 성격을 이해하기 위해 금기를 뜻하는 언어 형식과 의미 특성을 살펴볼 필요가 있다. 먼저 언어 금기의 특성을 알아보자. 의미론의 대가인 울만은 금기를 의미론적인 면에서 세 가지 유형으로 분류한다.

첫째는 공포 또는 외경의 의미를 갖는 경우이다. 이런 말들은 죽은 사람이나 악령의 이름을 함부로 부르지 못하게 하는 경우에서 발견된다. 이는 동식물의 이름을 부르거나 함부로 대하는 태도로까지 확대되기도 한다. 이것이 심화되면 종교적인 행위로 바뀌기도 한다. 둘째는 직접 호칭하기를 꺼려 우아한 밀로 표현하고자 하는 욕망에서 비롯된 금기어이다. 질병이나 죽음, 육체적 고통, 정신적 결함, 부도덕 따위를 표현할 때 직접 언급하기보다는 다른 표현으로 바꾸어 나타내는 경우를 말한다. 이른바 완곡어법이라 부르는 이런 형식의 언어는 낱말 형태로 나타나는 경우도 많다. 보기로 호랑이 대신 산신령을(호환을 우려함), 무속언어에서 신을 뜻하는 말로 '대감'을 쓰는 경우 따위가 있다. 완곡어법이 생겨나는 심리는 더욱 다양하여 더럽거나 추한 것 대신 색채나 형태가 유사한 다른 낱말로 표현하는 경우도 있다. 셋째는 예절 바르고 정중한 표현을 하기 위해 성기 따위의 신체 부위나 맹서의 말(함부로 언약할 수 없다는 뜻)을 부드럽게 표현하는 것을 든다. 이 경우도 완곡어법의 전형적인 모습이다. 셋째 유형은 엄밀히 말해 심리적인 두려움이나 꺼림을 뜻하는 금기어로 보기는 힘들다. 다만 '특정 대상은 직설적으로 말하지 않는다'는 의미에서 금기어 범주로 포함시킬 수 있다.

금기어를 풀이할 때 유의할 점이 있다. 그것은 바로 금기어 형식을 어떻게 설정할 것인가라는 문제이다. 일반적으로 언어형식의 단위는 구조적인 면에서 말소리 측면의 '음운 – 음절' 단위와 뜻을 갖는 '형태소 – 단어 – 어절 – 문장'의 짜임새를 생각해 볼 수 있다. 특히 언어형식으로서 단어는 자립할 수 있는 가장 작은 단위를 뜻하기 때문에 일반적으로 의미 연구의 기본 단위로 많이 쓰였다. 그렇기 때문에 일정한 언어 의미 범주를 설정할 때는 당연히 낱말을 대상으로 구분하는 것이 일반적이었다. 그러나 금기어 범주 설정에서는 이와 같은 낱말의 틀에 묶인다면 특별한 의미를 찾을 수 없다. 특히 금기 발생 심리를 살펴보면 공포나 꺼림으로 말미암는 경우가 많기 때문에 여러 낱말이 한 문장을 짜이루어 표현되는 경우가 대부분임을 주목할 필요가 있다. 따라서 금기어는 문장 형식의 의미를 대상으로 살피지 않으면 안된다.그렇기 때문에 심재기 교수는 금기어라는 말 대신에 '금기담'이라고 표현한다.(물론 특정 낱말은 그 자체로만도 금기어를 이룰 수 있다) 이와 같이 볼 때 금기어는 두 가지로 나누어 설정할 수 있다. 하나는 어휘론적인 금기어이고, 다른 하나는 문장 형식의 금기어이다. 의미론의 두 분야가 어휘의미와 문장의미를 따지는 것을 고려한다면 이같은 설정에는 큰 무리가 없을 것이다. 이를 정리하면 다음과 같다.

(가) 어휘론적 금기어 -- 한 낱말이 금기를 이루는 경우

　〔보기〕　천연두 -- 마마, 손님마마, 시두 손님
　　　　　　(평북 길주 회령에서는 마누라라고도 한다)

　자기네의 성씨를 존중하기 위하여 자기네 성씨와 유사한 음의 사물을 직접 지칭하지 않는 경우 : 홍씨는 홍시를 무른감이라 부른다. 또한 이씨는 개를 이개라고 하지 않고 반드시 요개라고 하는 풍습이 있다. 신씨는 숙주나물을 녹두나물로 부른다. 원주 강씨는 강아지, 송씨는 송아지를 직접 부르는 것을 꺼린다.

　　　　　　　　　　　(문효근 "한국의 금기어(속)"에서)

　　어린아이가 홍역을 앓으면 '홍진한다'는 말 대신에 '과거한다'
라고 한다.

　　(나) 문장 형식의 금기어(금기담): 문장 형식의 금기어는 다음
과 같이 유형화시킬 수 있다. 금기어 형식을 비교적 자세히 다
룬 심재기 교수의 논문에 따르면 조건문과 종속문의 겹문장으
로 이루어진 것이 대부분임을 알 수 있다.(심재기, 앞의 글)
이를 정리하면 다음과 같다.

　　　　(1) A가 B하면 C가 D한다
　　　　(2) B하면 D한다
　　　　(3) A가 B하면 D한다
　　　　(4) B하면 C가 D한다

　문장 금기어의 형식은 대체로 '① 다른 사람이 특정한 일을 하면
또다른 사람에게 해를 끼친다 ② 자신이 특정한 일을 하면 해를 입는
다 ③ 자신이 어떤 일을 하면 다른 사람(가까운 사람)에게 해를 끼친
다'는 세가지 유형으로 표시된다. 흥미로운 사실은 금기어에는 모두
금기 대상 행위가 명시되어야 하고, 금기 방법이 제시되어야 한다는
점이다. 그렇지 못한 금기어는 다의적으로 해석될 우려가 있다.

1.4. 금기어로 혼동하기 쉬운 말들

　금기어는 특정 행위나 대상을 꺼리는 심리로부터 발생된다. 그러나
어떤 말들은 사람의 의지와는 무관한 일이 발생함으로써 해로운 일을
암시하는 경우가 있다. 그렇기 때문에 금기어 범주에서는 이러한 말
들을 다룰 때 일정한 기준을 세울 필요가 있다. 일반적으로 금기어와
혼동을 일으키는 유형은 다음과 같다.
　첫째로는 전조어이다. 전조어는 '앞으로 어떤 일이 일어날 것'이라

고 예언하는 말이다.

- 꿩이 몹시 울면 지진이 일어난다
- 까마귀가 울고가면 사람이 죽는다
- 겨울에 개나리꽃이 피면 나라에 큰 혼란이 일어난다

따위의 말들은 자연 현상의 변화가 앞으로 일어날 일을 미리 알려주는 구실을 하는 언어들이다. 이러한 전조어는 흉한 일을 예언하면 흉조어, 좋은 일을 예언하면 길조어라 부를 수 있다. 전조어는 인간의 의지와 관련없이 자연 현상을 일컫는 말이므로 금기어라 보기는 힘들다. 다만 이러한 말들도 특정 자연현상이 일어나면 해로운 일을 당하지 않도록 조심하라는 뜻으로 확대 해석한다면 금기어 범주에서 다룰 수도 있다. 간혹 금기어와 흉조어 사이에는 명확한 한계를 긋기 어려운 경우도 있다. 특히 꿈과 관련된 언어는 이 유형이 많다. 꿈은 인위적인 것이 아니므로 흉조어로 볼 수 있다. 이 말들은 '꿈에 …하면 나쁘다'라는 형식으로 짜여 있다. 이 말 가운데 앞의 형식 '꿈에'라는 표현을 제외한다면 일상적인 금기어 유형과 같아지는 경우가 많다. 따라서 이 말들은 평소 특정한 행위를 하지 말아야 한다는 금기 사항이 꿈을 빌어 표현된 것으로 볼 수 있다. 더욱이 꿈은 현실에서 가장 소망하는 바, 또는 우려하는 것들이 그대로 나타나는 경우가 많다. 따라서 꿈을 빌어 표현한 금기어도 하나의 범주로 설정할 수 있다.

이와 관련된 또 하나의 용어를 알아둘 필요가 있다. 금기어나 전조어를 포함하여 '속신어'라는 말을 쓰는 경우가 있다. 속신어는 말 그대로 민간에서 믿고 있는 말이라는 뜻이다. 따라서 속신어는 금기어를 포함하는 개념이 된다. 그러나 속신어가 반드시 금기어를 포함한다고 볼 수는 없다. 속신어는 이미 사회성을 얻은 언어이어야만 한다. 그러나 금기어는 발생 과정상 사회성을 얻기 이전의 언어도 포함될 수 있다. 하나의 보기로 학교 사회에서 선생님들은 월요일 아침

첫 시간 수업 때 분필이 부러지면 그날은 아이들을 때리지 않는다. 곧 '분필이 부러지면 체벌하지 말라'는 말이 있는데 이 말은 광범위하게 퍼진 말은 아니다. 이는 심리적인 요인에 의해 발생된 말로 금기어 형식으로 볼 수는 있지만 속신어로 보기는 힘들다. 따라서 시대나 문화를 중심으로 금기어를 살펴보는 일은 인간 심리와 문화 이해의 좋은 자료가 될 수 있다.

둘째, 당연한 일을 금기어로 혼동하는 경우이다. 건강이나 예의와 관련된 문장에서 금기어 형식처럼 나타난 문장이지만 지극히 당연한 일을 표시하는 것을 금기어 범주로 넣는다면 일상 언어에서 금기의 의미가 지나치게 확대될 수밖에 없다.

- 환절기가 되면 감기를 조심해야 한다
- 해바라기 씨를 너무 먹으면 배탈난다
- 풋과일을 함부로 먹으면 나쁘다
- 문지방에 앉으면 종기난다
- 덧문을 닫고 자면 밤이 길어진다

이러한 말들은 금기어라기보다는 당연한 일을 서술한 것이다. 이러한 까닭에서 에절이 생겨나고, 생활 관습이 생겨나는 것이다. 홍문화 교수가 펴낸 〈생활 속의 금기〉라는 책은 이러한 유형의 전형적인 내용이 될 것이다.

셋째 꿈과 관련된 표현이다. 꿈풀이를 마치 금기어인듯 혼동하는 경우가 있다. 꿈풀이는 두 가지 측면의 해석이 가능하다. 하나는 무의식적으로 나타난 꿈이 일정한 일의 발생을 예언하는 전조어 구실을 하는 경우이고, 다른 하나는 꿈 속에서도 자신의 행위를 조심해야 한다는 의미를 담고 있는 경우이다. 금기어 범주를 설정할 경우에는 뒤의 말들에 한정하여 금기어를 설정할 수밖에 없다. 이 경우의 말은 '꿈에'라는 표현을 제거한다면 일상적인 금기어 유형과 비슷한 모습을 갖는다.

1.5. 금기어와 문화

금기어는 문화의 성격을 알려주는 좋은 자료가 된다. 이는 한 민족의 상징체계나 의식을 담고 있기 때문이다. 꺼리는 현상도 시대와 지역에 따라 달라질 수밖에 없는데, 이는 인간이 자연 환경에 기대어 살기 때문인 것으로 보인다.

언어는 사회와 문화의 산물이다. 더욱이 자연 조건은 인간의 삶과 밀접한 관련을 갖는다. 이 점에서 언어학자 바이스게르버는 인간의 공동 생활 형태를 본질적으로 자연, 의지, 정신 세가지 요건으로 정리한 바 있다. 자연이라는 조건은 공간적인 면에서 언어에 직접적인 영향을 미친다. 따라서 자연물과 관련된 언어는 일반적인 금기어를 낳는 기본이 된다. 또한 사람살이에서 다른 사람과의 관계도 언어를 좌우하는 밀접한 요소가 된다.

금기어가 시대적 산물이자 문화적 산물이라고 하는 점은 일반적인 문화 변동 과정과도 유사하다. 하나의 보기로 성과 관련된 언어를 들 수 있다. 예전에는 '정초에 여자가 남의 집을 제일 먼저 방문하면 그 집은 일년 내내 재수가 없다'라는 따위의 금기어가 일반적이었다. 그러나 요즘에 와서 이러한 말을 쓴다면 여권운동가들에게 집중포화를 맞을 것임이 틀림없다. '안성맞춤, 삼수갑산, 함흥차사, 삼천포로 빠진다'따위의 땅이름이 들어간 말도 마찬가지이다. 얼마전 모 정치인이 '삼천포로 빠졌다'는 표현을 써서 곤욕을 치른 적도 있었다. 결국 언어란 시대적 산물이자 문화적 산물임을 반영하는 것이라 할 수 있다. 이 점에서 금기어를 다시 조사하고 정리해 두는 것은 문화 발전에 이바지할 수 있는 길이라 본다. 전통도 마찬가지이다. 금기어와 마찬가지로 우리 고유의 전통이나 생활 습관이 단지 미신이나 무속이라고 격하된 채 버려진 때도 있었다. 이 점과 관련하여 임재해의 "전통 발전 단계와 변혁의 전통"에서는 굿과 탈춤 마당극을 풀이하고 있는데, 눈여겨 볼 만한 대목이다.

> 굿이 종교 주술적 사고에 입각한 주술적 형상물이라면(물론 굿에도 예술적 요소와 사회적 요소가 많이 내포되어 있다), 탈춤은 인문학적 인식에 입각한 예술적 형상이고(탈춤 역시 주술적 요소와 사회적 요소가 많이 내포되어 있다), 마당극(굿)은 사회과학적 인식에 입각한 변혁적 형상물이다. 자연히 세시풍속에 따라 일정 주기를 가지며 공동체 단위의 신앙 행위로서 , 또는 보여주기 위한 구경거리로서 연행되던 굿이나 탈춤에서 변화 발전되어 이제는 민주화 운동과 통일운동의 현장에서 시위의 한 양식으로 필요에 따라 수시로 연행되며 정치적 변혁을 목적으로 삼고 있다.

언어나 문화 현상은 인간 삶의 모습을 그대로 드러내며 의식의 향상을 반영하는 산물임에 틀림없다. 금기어나 금기 대상도 시대적 산물이자 문화적 산물이다. 세시풍속, 굿, 자연물, 인간 관계 따위에서 어떤 행위가 금기 대상이었는지를 살피는 것은 겨레 삶을 이해하는 지름길이 될 것임에 틀림없다.

2. 금기 발생의 심리학

2.1. 공포

금기어 발생은 인간의 보편적인 심리에 의해 이루어진다. 그 가운데 대표적인 것은 공포감이다. 특정 사물이나 존재를 두려워하기 때문에 직접 지칭하기를 꺼리거나 행동하기를 꺼리는 경우가 이에 속한다. 공포 대상은 자연 현상일 수도 있고, 동식물, 생로병사(귀신)와 관련된 것도 있을 수 있다. 이러한 언어 형식은 종속문에 내용이 직접 진술되는 경우가 대부분이다. 참고로 다음과 같은 것들이 있다.

1) 자연현상
. 어린 아이가 투레하면 큰 비가 온다
. 몸에 지니던 부적을 없애면 큰 재앙을 만난다
. 낮에 별을 보면 별본 사람에게 큰 흉이 미친다
. 두꺼비를 잡으면 홍수난다

2) 동식물
. 깊은 산중에서 맹수의 이름을 부르면 진짜 그 맹수가 나타난다
. 산중에 가서 '물먹고 싶다'라고 말하면 호랑이가 물을 파놓고 유인한다
. 밤중에 휘파람 불면 뱀나온다

3) 생로병사
. 송장 앞에서 냄새난다는 말을 하면 시체가 일어난다
. 베개를 세워 놓으면 어머니가 돌아가신다

4) 하늘과 귀신
. 하늘을 보고 주먹질하면 벼락 맞는다
. 하늘을 향해 빈 가위질하면 해롭다
. 밤에 쇳소리를 내면 귀신 나온다

공포에 의한 금기는 대체로 회피 심리를 유발한다. 따라서 직접 대상을 부르지 않고 돌려 표현하는 완곡어법을 이룬다.

2.2. 연상

모든 언어가 그렇듯이 연상은 금기를 만드는 또 하나의 요소가 된다. 이 때 연상 작용은 사물의 모양이나, 이름에 나타나는 음이 비슷하기 때문에 생겨난다. 연상에 관해 깊은 연구를 시도한 이의철 씨에 따르면 연상 요인은 ① 최초 인상의 강도와 인상 후의 시간적 간격 ② 반복 도수와 지속성 ③ 수반된 감정 ④ 개인의 유전과 환경에 의한 개인차가 작용한다고 한다. 금기어의 경우는 이같은 여러 요인이 사회적으로 공인될 경우에 한하여 일어난다. 이러한 언어는 조건문에 주어진 내용이 종속문에서 유사한 연상 내용을 포함하며 진술된다. 다음과 같은 보기가 있다.

1) 사물 모양에 따른 연상
 · 대나무 막대로 맞으면 말라 죽는다
 · 자루를 베고 자면 귀머거리가 된다
 · 바늘로 고기를 찍어 먹으면 눈이 먼다
 · 바가지를 머리에 쓰면 키가 자라지 않는다
 · 세숫대야 하나를 두 사람이 같은 시간에 같이 쓰게 되면 싸우게 된다
 · 쌍밤은 두 사람이 나누어 먹어야 한다. 혼자 먹으면 쌍둥이를 낳게 된다

2) 음의 유사성에 따른 연상
 · 넉사자는 죽을 사자와 같은 음이기 때문에 함부로 쓰지 않는다
 · 치자가 든 이름의 물고기(참치, 칼치, 꽁치)는 제사에 안 쓴다
 · 불교에서 '보제(菩提)'를 '보리'라 하는 것은 음란함을 연상하기 때문이다

2.3. 회피

금기어 발생의 일반적인 심리 가운데 또다른 유형은 더럽거나 불결한 것을 회피하기 위한 행동에서 연유하는 것이라 할 수 있다. 회피 심리는 공포로 말미암아 꺼리는 것도 있으나 대부분은 불결함, 또는 관계하고 싶지 않음을 나타내는 경우가 대부분이다.

1) 불결함
- 집안에 노래기가 많이 낄 때 노래기란 말을 안하고 '망나니' 또는 노랑각시, 향랑각시라 한다
- 똥을 보고 '금덩이' 또는 '돈'이라 표현한다
- 빈대를 갈보, 벼룩을 노룩, 이를 황소라 부른다

2) 언어로 표현할 경우 상태가 악화될 것을 우려하는 경우
- 송장 앞에서 냄새난다고 하면 냄새가 더 난다
- 송장 옆에서 깨끗하다거나 곱다라고 말하면 시체가 금방 부풀어 오르고 진물이 난다
- 어린아이에게 제 죽은 형 가운데 00을 닮았다고 하면 그 아이가 머지 않아 죽게 된다
- 어린아이의 성질이 유순함을 보고 순하다고 하면 성질이 악해진다
- 어린아이에게 잘생겼다고 하면 반대로 된다
- 썩는 농작물을 보고 썩는다 말하면 더 빨리 썩는다
- 개를 보고 집을 잘 지킨다고 하면 도둑을 맞는다

3) 피휘
- 자기 성씨와 비슷한 음을 가진 사물은 바꾸어 부른다
- 부모의 이름과 같은 이름을 아이에게 짓지 않는다
- 이름이 너무 거창하면 아이가 못산다

2.4. 운명론과 풍수사상

　전통 사상이나 운명론도 금기를 만드는데 관여한다. 이같은 현상은 각 민족이 서로 다른 특색을 보일 수 있는데, 대표적인 것이 숫자이다. 기독교 문화가 지배하는 곳에서는 '3'과 관련된 언어를 기피한다. 반면 동양문화권에서는 '4'와 관련된 언어를 기피한다. 운명론은 자신의 타고난 운수가 길흉에 관계된다는 뜻으로, 액운을 피할 수 있도록 미리 준비해야 한다는 뜻에서 금기어를 만든다

　　1) 운명론
　　　・ 말띠가 든 해에 출생한 여자가 결혼하게 되면 그 남편은
　　　　죽게 되거나 재수가 없거나 다른 불행이 온다
　　　・ 용띠는 큰 일이 있을 적마다 비가 온다
　　　・ 정초에 장님에게 무꾸리하면 나쁘다
　　　・ 사주가 맞지 않는데 결혼하면 나쁘다

　　2) 풍수지리
　　　・ 산소를 잘못 쓰면 나쁘다
　　　・ 배산임수의 묘자리에서 갑자기 물길이 끊기면 자손이 없다
　　　・ 집터가 나쁘면 기운이 쇠한다
　　　・ 묘자리가 나쁘면 자손에게 해가 미친다

2.5. 행동 경계

　공리적인 목적이나 특정 개인에게 행동을 조심하도록 하기 위한 금기어도 많이 나타난다. 이러한 금기어는 예절과 관련되거나 남에게 시기의 대상이 되지 않도록 하기 위한 것들이 많다. 심재기 교수의 논문에서는 '보호의 대상'이라고 설명하고 있는데, 사람의 경우는 아들이나 어린아이, 임산부가 주요 대상이 되고, 사물의 경우는 생활

필수품이 주요 대상이 된다. 물론 생활 속에서 시기 대상이나 미움 대상이 되지 않도록 하기 위해, 가족이나 이웃 관계를 금기어로 설정하는 경우도 많다. 다음과 같은 보기가 있다.

1) 보호의 대상으로서 금기
 - 아들을 낳았을 때 아들 낳았다고 말하면 그 아이의 생명이 짧아진다
 - 말 못하는 어린아이들끼리 입을 맞추게 하면 벙어리가 된다
 - 임신한 여자 앞에서 사람 죽는 이야기를 하지 않는다
 - 출산을 앞둔 사람은 상가집에 가지 않는다
 - 꾸부리고 앉으면 곱사등이 된다
 - 마른 때를 벗기면 애매한 소리를 듣는다
 - 돌베개를 베고 자면 입이 비뚤어진다
 - 이 빼고 술 마시면 해롭다
 - 임신한 여자가 숯불을 피우면 언짢다
 - 임신한 여자가 절구통을 깔고 앉으면 해롭다
 - 임신 중에 방을 뜯어 고치면 언청이를 낳는다
 - 아이들의 손을 때리면 커서 손재주가 없다
 - 대들보가 부러지면 집안 망한다
 - 대들보가 울면 주인이 죽는다

2) 조심해야 할 행위나 음식
 - 임신중에 오리고기를 먹으면 아이 발가락이 붙는다
 - 땡감 먹고 기름 먹으면 죽는다
 - 가재나 게 먹고 설탕먹으면 해롭다
 - 개장먹고 찬물 마시면 해롭다
 - 숙지황먹고 생무우 먹으면 머리가 센다
 - 손을 까불면 복 나간다
 - 손가락을 입에 물면 아버님 돌아가신다
3) 시기나 미움 대상이 되지 않도록 하는 것

- 시아버지 앞에 아이 젖을 먹이면 나쁘다
- 부모 초상 때는 머리를 빗지 않는다
- 부모 앞에 방구 뀌면 밖에 나가 창피를 당한다
- 어른의 신을 아이가 신으면 해로운 일이 생긴다
- 어른에게 드릴 물을 자기부터 마시면 그릇에 입이 붙는다
- 어른의 모자를 써보면 키가 자라지 않는다
- 어른의 수저로 끓는 음식물을 저으면 그 어른이 옥밥을 먹는다
- 동네 초상 났을 때 머리를 감으면 해롭다
- 밤에 빨래 방망이질을 하면 동네 늙은이 죽는다
- 밤에 맷돌을 돌리지 않는다
- 남의 광문을 열어보면 복을 가져가는 일이다
- 남의 부엌에 들어가서 솥뚜껑을 열면 그 속으로 제 복 들어간다
- 밥그릇에 손을 받치고 먹으면 가난해진다
- 밤 먹을 때 턱을 괴면 나쁘다
- 밥을 흘리고 먹으면 군식구가 많다
- 남의 대변보는 것을 쳐다보면 귀먹는다
- 남의 몸을 함부로 넘어가면 불길하다
- 나무 잘 타는 놈은 나무에서 떨어져 죽는다
- 집안에 소금과 성냥이 떨어지면 복 나간다
- 여자가 한숨을 쉬면 될 일도 안된다
- 부부가 함께 남의 집 잔치 구경가면 이별하게 된다

이 밖에도 금기어를 만드는 심리 작용은 다양한 관점에서 더 연구해 볼 수 있다. 보기를 들어 전설이나 민담이 금기를 만드는 경우도 있으며, 종교적인 의미에서 금기어가 생겨나기도 한다. 최근에는 특정인의 활동 범위나 건강을 비롯한 생활 속의 관심사에서부터 금기어가 생겨나기도 한다. 결국 금기어 발생은 인간의 보편적인 감정으로부터 생겨나는 것이라 할 수 있다.

〈참고문헌〉

고정옥(1947), 〈조선민요연구〉 보선사

구미래(1992), 〈한국인의 상징세계〉 교보문고

김대행(1992), 〈문학이란 무엇인가〉 문학사상사

김두하(1990), 〈박수와 장승-자료와 해설〉 집문당

김성배(1962), '한국의 금기어(상,하)' 〈국어국문학〉 25, 26 국어국문
　　　　　　　학회

김성배(1969), '한국의 길조어 연구' 〈논문집〉3. 명지대학교

김성배(1975), 〈한국의 금기어와 길조어〉 정음사

김열규(1976), 〈한국의 신화〉 일조각

김태곤(1971, 1976, 1978, 1979), 〈한국무가집〉(1)-(4) 집문당

문효근(1962), '한국의 금기어', 〈인문과학〉8 · 9. 연세대학교

박용식(1985), 〈한국 설화의 원시종교 사상〉 일지사

신동욱(1976), 닫힌 사회에서의 성과 사랑, 〈뿌리깊은나무〉1976. 6.

심재기(1983), 〈국어어휘론〉 집문당

유동식(1975), 〈한국 무교의 역사와 구조〉 연세대학교출판부

유종목(1990), 〈한국 민간의식요 연구〉 집문당

유창돈(1971), 〈어휘사연구〉 선명문화사

이관일(1973), '민속과 금기' 〈고대문화〉 14. 고려대 총학생회

이석호 엮(1985), 〈동국세시기〉 을유문화사

이필영(1994), 〈마을 신앙의 사회사〉 웅진

이필영(1998), 〈샤머니즘의 종교사상〉 한남대 지성문고

임재해(1986), 〈민속문화론〉 문학과 지성사

장주근(1975), 〈한국의 향토신앙〉 을유문고

장주근(1984), 〈한국의 세시풍속〉 형설출판사

지춘상(1992), '금역표식고' 〈한국민속학〉 23.

진성기(1973), 〈남국의 금기어 연구〉 제주민속연구소

최근학(1987), 〈한국 민담사전〉 문학출판공사

최근학(1987), 〈한국 속담사전〉 문학출판공사

최길성(1992), 〈한국 무속지〉(1)-(2) 아세아문화사

최래옥(1995), 〈한국 민간 속신어 사전〉 집문당

최창조(1984), 〈한국의 풍수사상〉 민음사
한국정신문화연구원(1991), 〈민족문화대백과사전〉 한국정신문화연구원
한상복·이문웅·김광원(1985), 〈문화인류학개론〉 서울대학교출판부

◆ 저자소개

허 재 영

건국대학교 국문과를 졸업하고 같은 대학원에서 문학석사·박사학위
를 받았으며 현재 건국대, 경원대, 협성대 강사로 있다.

저서로는 〈국어교육 어떻게 할 것인가〉, 〈교양인과 글쓰기 기술〉 등
   이 있으며, 〈지움월(부정문)의 통시적 연구〉 등 20여 편의 논문이
   있다.

생활 속의 금기어 이야기

◆ 인쇄 2000년 11월 29일   ◆ 발행 2000년 12월 5일
◆ 지은이 허재영   ◆ 발행인 이대현   ◆ 편집 이태곤
◆ 발행처 역락출판사 / 서울 성동구 성수 2가 3동 277-17
              성수아카데미타워 319호
◆ TEL 대표·영업 3409-2058 / 편집 3409-2060 / FAX 3409-2058
◆ 전자우편 YOUKRACK@hitel.net
◆ 등록 1999년 4월 19일 제2-2803호
◆ 정가 9,000원
◆ ISBN 89-88906-69-1-93710   ◆ ⓒ역락출판사, 2000
 * 잘못된 책은 교환해 드립니다.